# 乳児保育
## Ⅰ・Ⅱ

後藤由美　菊地篤子

中山書店

# 序

　乳児保育は，平成29年に改定された保育所保育指針で新たな視点が設けられ，さらに，こども家庭庁の設立に伴い子どもに関する制度が整えられたように，社会背景の変化と連動して整備され続けている教科目です．つまり，これからの時代における子どもや子育て支援に大きな変革がもたらされ，保育施設をはじめとする保育者にとっても重要な時期の学びといえます．本書はそのような時代の流れに応じた最新の情報を基に，乳児保育にとって必要な知識や技術がまとめられています．

　本書は保育者をめざす学生の皆さんが乳児保育について学び，理解につながるよう事例を多く取り入れ，少しでも子どもの姿や保育者の関わりをイメージできるようにしました．さらに，厚生労働省から出されている保育士養成課程に即して構成しており，講義編と演習編に分けて記載することで乳児保育Ⅰ・Ⅱの授業をこの1冊で対応できるようにしてあります．講義編で理論を学び，演習編では実際に実践できるよう図を多くし，わかりやすくしました．各章にワーク(演習問題)も作成しましたのでご活用ください．

　「乳児保育」は，保育所保育指針のなかでは「乳児」「1歳以上3歳未満児」に分けて明記されます．また，保育士養成課程における「乳児保育Ⅰ・Ⅱ」では「乳児保育」は，3歳未満児を念頭においた保育を示すとされています．そのため，本書では0〜3歳未満児までの保育ととらえて構成してあります．

　乳児保育が行われている場は年々増加しており，新たな課題にも直面しています．そのため，従来の保育施設のみならず保育士が活躍する新たな場についても述べました．

　これからの子どもを取り巻く環境や社会情勢の変化に伴い，乳児保育への期待は増すことと思います．乳児保育を通して保育者をめざす学生や，すでに保育の場で活躍されている保育者の方々にも本書をご活用いただけると幸いです．

　最後に，中山書店の皆様には，編集作業にあたりご尽力賜りましたこと，誠に感謝申し上げます．

名古屋柳城短期大学
**後藤由美**

名古屋柳城女子大学
**菊地篤子**

# 目次 Contents

## 講義編

**1 乳児保育とは** 後藤由美　2
乳児保育の目的と意義 ／ 乳児保育の歴史的変遷

**2 乳児保育を取り巻く社会的環境** 市野繁子　12
乳児保育の役割と機能 ／ 乳児保育における養護と教育

**3 乳児保育が営まれる多様な場** 菊地篤子　24
保育所における乳児保育 ／ 保育所以外の児童福祉施設(乳児院など)における
乳児保育 ／ 地域型保育事業における乳児保育 ／
3歳未満児とその家庭を取り巻く環境と子育て支援の場

**4 0歳児の発育・発達と保育** 後藤由美　34
0歳児の発育と発達 ／ 0歳児の保育における援助と配慮

**5 1歳児の発育・発達と保育** 松園直美　42
1歳児の発育と発達 ／ 1歳児の保育における援助と配慮

**6 2歳児の発育・発達と保育** 鬼頭弥生　50
2歳児の発育と発達 ／ 2歳児の保育における援助と配慮

**7 移行期の子どもへの関わり** 菊地篤子　58
2歳児クラスに在籍する3歳児 ／ 集団形成への配慮 ／ 移行期の環境的配慮

**8** **乳児保育における連携・協働** ······················· 山下晶子 **66**
職員間の連携・協働 ／ 保護者との連携・協働 ／ 地域や諸機関との連携・協働

**9** **乳児保育における基本的生活の援助** ·················· 後藤由美 **76**
基本的生活の援助 ／ 乳児保育に適した環境

**10** **乳児保育における健康支援** ·························· 鈴木幸子 **82**
健康面への配慮・援助 ／ 配慮を必要とする子どもへの対応

**11** **乳児保育における衛生・安全** ························ 鈴木幸子 **96**
衛生管理と配慮 ／ 事故防止と安全対策 ／ 災害対策と危機管理

**12** **乳児保育における生活と遊びの実際** ················· 植松 愛 **108**
0歳児の保育の1日 ／ 1歳児の保育の1日 ／ 2歳児の保育の1日

**13** **乳児保育における計画と評価** ························ 水野恭子 **118**
長期的な指導計画と短期的な指導計画 ／ デイリープログラム ／
個別の指導計画 ／ 記録と評価

**14** **多様性をめざす乳児保育** ···························· 後藤由美 **128**
保育ニーズの多様化 ／ SDGsから考える乳児保育

**15** **乳児保育の基本から応用へ** ·························· 菊地篤子 **136**
子どもと保育者との愛着関係 ／ 子どもの主体性と自己の育ち ／
保育者が整える生活環境

**コラム** レッジョ・エミリア・アプローチからの環境づくりのヒント ······· 松園直美 **142**

# 演習編

**1 生活の援助　食事編** ..................................................... 髙井芳江　144
乳児期の栄養 ／ 離乳食と幼児食

**2 生活の援助　排泄編** ..................................................... 髙井芳江　152
排泄機能とおむつ交換 ／ 排泄の自立

**3 生活の援助　睡眠編** ..................................................... 國京惠子　160
1日の生活リズムと睡眠 ／ 午睡環境

**4 生活の援助　着脱編** ..................................................... 松本真理子　168
衣服の機能と着脱援助 ／ 着脱の自立

**5 生活の援助　清潔編** ..................................................... 松本真理子　176
沐浴と清拭 ／ 清潔習慣の始まりと援助

**6 体を動かす遊び** ..................................................... 森本紗貴子　184
室内遊び ／ 戸外遊び

**7 人と関わる遊び** ..................................................... 森本紗貴子　192
大人との遊び ／ 子ども同士の遊び

**8 物と関わる遊び** ..................................................... 水野恭子　200
遊具やおもちゃを用いた遊び ／ 児童文化財との触れ合い


● **索引** ..................................................................... 209

# 執筆者一覧

## ● 編集／執筆

後藤　由美　名古屋柳城短期大学 保育科 講師
菊地　篤子　名古屋柳城女子大学 こども学部こども学科 教授

## ● 執筆

市野　繁子　駒沢女子短期大学 保育科 教授
松園　直美　名古屋市立大学大学院 人間文化研究科 研究員
鬼頭　弥生　名古屋短期大学 保育科 准教授
山下　晶子　フェリシアこども短期大学 国際こども教育学科 教授
鈴木　幸子　常葉大学短期大学部 保育科 准教授
植松　　愛　元名古屋柳城短期大学 保育科 助教
水野　恭子　岡崎女子大学 子ども教育学部子ども教育学科 准教授
髙井　芳江　名古屋柳城短期大学 保育科 非常勤講師
國京　惠子　鈴鹿大学 こども教育学部 准教授
松本真理子　尾張旭市役所 こども子育て部 保育課
森本紗貴子　清須市役所 健康福祉部児童保育課 須ケ口保育園

講義編

# 乳児保育とは

**学習のポイント**
1. 乳児保育の目的と意義について学ぶ
2. 歴史的変遷からみえる乳児保育の変化と乳児保育を取り巻く環境について知る

## 乳児保育の目的と意義

### 1. 乳児保育とは

　保育士養成課程における「乳児保育Ⅰ・Ⅱ」では，乳児保育とは3歳未満児を念頭においた保育を示すとされており，2017(平成29)年改定の保育所保育指針のなかで「乳児」「1歳以上3歳未満児」に分けて明記されている．また，乳児期には，健やかに伸び伸びと育つ身体的発達に関する視点，身近な人と気持ちが通じ合う社会的発達に関する視点，身近なものと関わり感性が育つ精神的発達に関する視点が重要であるとされている．なお，この時期は子どもの成長に個人差が大きいため，一人ひとりの子どもの発達を丁寧に保障していく保育が求められる．

　さらに乳児の保育は，子どもの生命の保持および情緒の安定を図るために保育者が行う援助や関わりである「養護」と子どもが健やかに成長し，その活動がより豊かに展開されるための発達の援助である「教育」が一体となって展開されることに留意しなければならない(中坪ら，2021)．

　日本では，深刻な少子化問題，核家族の増加，乳児保育の需要の高まりとともに顕著になった待機児童問題の改善といった多様な課題に対応すべく，保育所保育指針の改定，こども家庭庁の創設など国をあげての政策が行われてきた．同時に保育施設の増加などから保育の質が求められるようになった．

> **！ 知っておこう**
> **乳児期**
> 保育所保育指針では，「乳児」0歳児，「1歳以上3歳未満児」1, 2歳児に分けて明記されている．そのため，保育所保育指針における「乳児期」は0歳児のことを示す．
>
> 中坪史典ら，編『保育・幼児教育・子ども家庭福祉辞典』ミネルヴァ書房．2021．p.151．

## 2. 乳児保育における目的・意義

保育所保育指針 第1章1の(1)では，保育所の役割を以下のように示している．

> ア　保育所は，児童福祉法(昭和22年法律第164号)第39条の規定に基づき，保育を必要とする子どもの保育を行い，その健全な心身の発達を図ることを目的とする児童福祉施設であり，入所する子どもの最善の利益を考慮し，その福祉を積極的に増進することに最もふさわしい生活の場でなければならない．
>
> イ　保育所は，その目的を達成するために，保育に関する専門性を有する職員が，家庭との緊密な連携の下に，子どもの状況や発達過程を踏まえ，保育所における環境を通して，養護及び教育を一体的に行うことを特性としている．
>
> ウ　保育所は，入所する子どもを保育するとともに，家庭や地域の様々な社会資源との連携を図りながら，入所する子どもの保護者に対する支援及び地域の子育て家庭に対する支援等を行う役割を担うものである．
>
> エ　保育所における保育士は，児童福祉法第18条の4の規定を踏まえ，保育所の役割及び機能が適切に発揮されるように，倫理観に裏付けられた専門的知識，技術及び判断をもって，子どもを保育するとともに，子どもの保護者に対する保育に関する指導を行うものであり，その職責を遂行するための専門性の向上に絶えず努めなければならない．

保育所保育指針第1章1の(1)では，保育所の役割について，保育所における意義(下線)と目的(波線)が述べられている．そのなかで，乳児保育では子どもの成長や発達を支え，保護者への支援が必要とされる．ここでいう保護者支援とは，保護者の就労やその他の事由に関する支援のみならず，著しい成長を成し遂げる乳児期に保育を利用する保護者に対して子どもの成長や発達をともに支えることが求められる．

# 乳児保育の歴史的変遷

ここでは，児童福祉法が交付された1947(昭和22)年以前から現在までの保育の歴史的変遷と乳児保育を取り巻く社会的背景について概観する．

## 1. 乳児保育のはじまり

### ▎明治期から昭和中期まで

児童福祉法制定以前より，日本での福祉事業の始まりは諸説ありさまざまな事業が行われてきた．

1883年，渡辺嘉重が子守学校を開設し，その後1890(明治23)年に赤沢鍾美が妻ナカ(仲子)と託児所を開設し，3歳未満児も保育していたという記録がある．その後，次々と保育施設が開設されていった．1916(大正5)年に双葉幼稚

園が「幼稚園保育及設備規定」(1899年明治32年文部省令)により対象年齢や保育時間が決められていたため，双葉保育園と名称を変更している．ここでは，3歳以下の乳児から預かり，長時間保育や給食など貧困街の人々の実情に応えていた．

　1919(大正8)年，大阪府に公立託児所を設置，翌1920(大正9)年に東京市にも開設され，貧しい保護者が安心して子どもを預けられるようになり，その後全国的に広がった．

　とくにこの時代は失業者があふれ，1918年には米騒動が起こる．こうした社会情勢のなか，働くために子どもを預けたい家庭や事情を抱えた家庭が増え，子どもを預ける場を求める声があがったことで公立託児所の開設が増えていった．託児の形態や内容は地方公共団体によって対象年齢や保育時間に違いはあるものの，他の保育項目などはさほど違いがなく，保育の内容は統一されていった．

　その後，第二次世界大戦が起こり，社会全体を含め子どもたちを取り巻く環境は混乱した．各地にあった保育施設は「戦時保育所」「戦時託児所」として名称が変更され，軍事労働に協力を強いられることとなった．

　第二次世界大戦後，さらに混乱する社会のなかで1947年に「児童福祉法」が交付され，乳児保育施設では，乳児院と保育所が児童福祉施設に位置づけられたのである．

### ▌昭和後期から現在まで

　1955(昭和30)年ごろからの高度経済成長により，労働力不足を背景に女性の社会進出が進展した．しかし，当時は保育所が増加する傾向にあったが十分とは言い難い状況であった．そのなかで，経済的事情や女性の労働意識も変化し，労働継続を望む人が増え保育への要求は増え，1970年代には，0歳児からの系統的な保育をより豊かに発展させていった．

## 2. 保育所保育指針の変遷からみる乳児保育

　1960年代，めざましい経済成長を成し遂げた高度成長期へと突入するが，その反面，婦人労働や共働きの増加により，乳幼児，とくに3歳未満児の保育が社会問題化した．

　1965（昭和40）年に保育所の内容に関する国の初めての基準となった保育所保育指針が厚生省児童家庭局から示され，「各保育所が保育内容の充実をはかるにあたって，参考とするもの」とされた．しかし，法的拘束力は伴わなかった．年齢区分ごとの保育内容は「能力の獲得」に重点がおかれている．1歳3か月未満，1歳3か月から2歳までの領域は「生活・遊び」とされ，2歳の領域は「健康，社会，遊び」とされていた（表1）．

　1990（平成2）年に保育所保育指針の改定が行われ，養護と教育を一体とした全年齢を通じての生命の保持，情緒の安定に関わる事項が記載され，幼稚園教育要領との整合性のため6領域から5領域に改正された．また乳児保育の重要性が求められ，年齢区分が6か月未満，6か月～1歳3か月未満，1歳3か月～2歳児未満，2歳児，3歳児，4歳児，5歳児，6歳児と細分化され，子どもの個人差の重視，発達の順序性の明確化がめざされた．

　1999（平成11）年の保育所保育指針改定では，多様化する保育ニーズに対する保育施策の実施や子育て支援の充実が掲げられ，従来の年齢区分から発達過程区分に変更された．また，1994年に策定されたエンゼルプラン，緊急保育対策等5か年事業により，保育所における延長保育，一時保育，乳児保育，地域子育て支援センターなどが展開されるようになった．

　2008（平成20）年の改定では，保育所の役割，保育士の業務，保育所の社会的責任，保育課程の編成や自己評価の明確化がなされた．保育内容では，乳幼

表1　1965（昭和40）年版の保育所保育指針における年齢区分と保育内容

| 年齢区分 | 領域 |
|---|---|
| 1歳3か月未満 | 生活・遊び |
| 1歳3か月から2歳まで | |
| 2歳 | 健康・社会・遊び |
| 3歳 | 健康・社会・言語・遊び |
| 4歳 | 健康・社会・言語・自然・音楽・造形 |
| 5歳 | |
| 6歳 | |

〔保育所等における保育の質に関する基本的な考え方等（総論的事項）に関する研究会報告書．2020．p.22.〕

講義編

児期の全体に通じたねらいおよび内容が示された．発達過程区分では「おおむね」という表現が用いられ，発達の個人差を前提とした．初めて幼稚園教育要領の改定と合わせて「同時」改定となった．

2017（平成29）年の改定では，幼稚園教育要領，幼保連携型認定こども園教育・保育要領の同時改定となった．3歳未満児を中心とした保育所利用児童数の増加に伴い，乳児および1歳以上3歳未満時の保育について，それぞれねらいと内容が記載された．

年齢区分の変更について天野は「乳児保育が増えて，需要が高まったことによる変更」としている（天野，2009）．また，2017年の改定では，2015年に施行された子ども・子育て支援新制度を踏まえて，1，2歳児を中心に保育所利用児童数が大幅に増加したことから，乳児および3歳未満児の保育に関する記載の充実が確認された．

このように，保育所保育指針の変遷からみても，社会的背景により乳児保育に求めるものが変化していることがわかる．また保育所保育指針の改定は，その時代ごとの課題を象徴している．しかし，保育施設が子どもが安心して過ごせる場であることには違いがない．

天野佐知子．保育所保育指針の変遷に関する一考察．金沢星稜大学人間科学研究．2009：13(1)．3．

🔑 **キーワード**

**子ども・子育て支援新制度**
2012（平成24）年に成立された子ども・子育て支援に関する子ども・子育て支援新制度関連3法の1つ．

### 3. 乳児保育の現状

次に，令和の時代に入ってからの乳児保育の現状をみていく．1990年代より都市部では少子化にもかかわらず慢性的な保育所不足となり，待機児童の増加につながっていき，社会問題にまで発展した．そこで，待機児童解消加速プラン，子ども・子育て支援新制度，子育て安心プランが出され，解消に向かっている（図1，図2）．

とくに，乳児保育が対象となる2歳未満児は，2018年には待機児童が多く保育所数に限りがみられたが，2021年には保育施設の拡充を行い解消に向かってきている（図3）．

このような背景からも，乳児保育の重要性が求められ，急激に保育の場が増加していることが明らかだが，その反面，乳児保育の質の充実も求められるようになってきた．

🔑 **キーワード**

**待機児童問題**
保育の必要性が認定され，保育所の利用を申し込んでいるにもかかわらず，保育所に入所していない児童（中坪ら．p74-5）．

**待機児童解消加速プラン**
2013年に策定された待機児童解消を加速化するための取組み（中坪ら．p.456）．

**子育て安心プラン**
2017年に策定された保育の受け皿整備のための計画

### 4. 乳児保育および子育て家庭に対する支援をめぐる社会的状況と課題

▌**少子化の進行**

出生数は減少の推移をたどっており，合計特殊出生率では2005年に1.26と

1 乳児保育とは

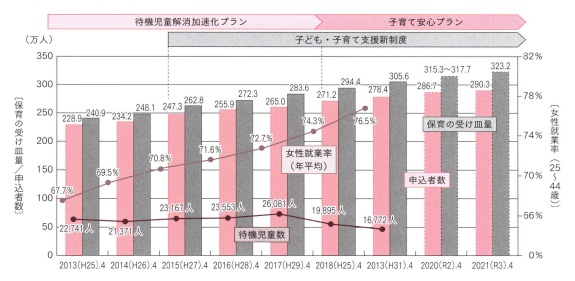

**図1 待機児童解消に向けた取組状況**
〔厚生労働省. 待機児童解消に向けた取組の状況について. 2019.〕

**図2 待機児童数および保育利用率の実施の推移**
〔厚生労働省. 待機児童解消に向けた取組の状況について. 2019.〕

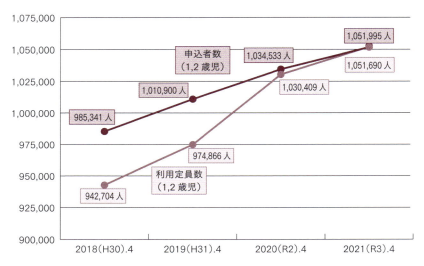

**図3　1・2歳児の申込者数および受け皿整備などの見込み数**
〔厚生労働省．待機児童解消に向けた取組の状況について．2019．〕

最低数となり，その後緩やかに回復の傾向がみられたが，2020年では1.33，2022年には1.26と再び過去最低の数値となっている（図4）．このような状況を鑑み，国によりさまざまな少子化対策がとられてきたが，一向に改善の兆しがみられず，さらなる深刻化が懸念される．

### 児童虐待の増加

児童相談所における児童虐待相談対応数は，2020年度に205,029件で過去最多となっている（図5）．主な相談の契機として，心理的虐待に係る相談対応数の増加と警察などからの通報の増加があげられている．その要因の多くが児童が同居する家庭における配偶者に対する暴力であった．

さらに，死亡事例（心中以外の虐待死）の死亡した子どもの年齢は0歳が多い31事例・32人65.3%であった（社会保障審議会，2022）．このことからも乳児の虐待の深刻さがわかる．

このように児童虐待相談件数の増加や乳児の虐待の現状からもわかるように，子どもを取り巻く家庭環境は閉鎖的であり問題が深刻化傾向にあるといえる．

### こども家庭庁の設立

2023（令和5）年4月1日に**こども家庭庁**が新しく設置され，同時に，子どもの権利に関する「**こども基本法**」が施行された．

社会保障審議会児童部会児童虐待等要保護事例の検証に関する専門委員会．子ども虐待による死亡事例等の検証結果等について（第18次報告）の概要．2022．

1 乳児保育とは

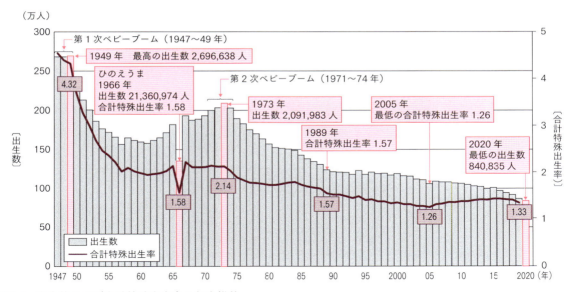

**図4 出生数および合計特殊出生率の年次推移**
〔内閣府．令和4年度少子化の状況及び少子化への対処施策の概況「少子化社会対策白書」2022.〕

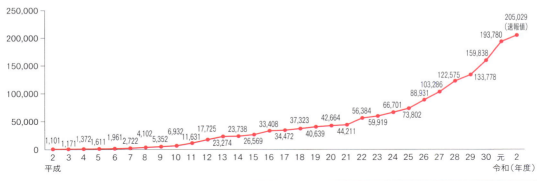

| 年度 | 平成21 | 平成22 | 平成23 | 平成24 | 平成25 | 平成26 | 平成27 | 平成28 | 平成29 | 平成30 | 令和元年 | 令和2（速報値） |
|---|---|---|---|---|---|---|---|---|---|---|---|---|
| 件数 | 44,211 | ※56,384 | 59,919 | 66,701 | 73,802 | 88,931 | 103,286 | 122,575 | 133,778 | 159,838 | 193,780 | 205,029 |
| 対前年度比 | ＋3.6％ | － | － | ＋11.3％ | ＋10.6％ | ＋20.5％ | ＋16.1％ | ＋18.7％ | ＋9.1％ | ＋19.5％ | ＋21.2％ | ＋5.8％ |

（※）平成22年度の件数は，東日本大震災の影響により，福島県を除いて集計した数値．

**図5 児童虐待相談対応件数の推移**
〔厚生労働省．令和2年度児童相談所での児童虐待相談件数（速報値）．〕

## 講義編

| 今後のこども政策の基本理念 | |
|---|---|
| こどもの視点，子育て当事者の視点に立った政策立案 | ● こどもは保護者や社会の支えを受けながら自己を確立していく主体と認識し，保護すべきところは保護しつつ，こどもの意見を年齢や発達段階に応じて政策に反映．若者の社会参画の促進．<br>● 家庭が基盤．親の成長を支援することがこどものより良い成長につながる．子育て当事者の意見を政策に反映． |
| 全てのこどもの健やかな成長，Well‐being の向上 | ● 妊娠前から，妊娠・出産，新生児期，乳幼児期，学童期，思春期，青年期の一連の成長過程において，良質かつ適切な保健，医療，療育，福祉，教育を提供．<br>● 安全で安心して過ごせる多くの居場所を持ちながら，様々な学びや体験ができ，幸せな状態（Well‐being）で成長できるよう，家庭，学校，職域，地域等が一体的に取り組む． |
| 誰一人取り残さず，抜け落ちることのない支援 | ● 全てのこどもが，施策対象として取り残されることなく，当事者として持続可能な社会の実現に参画できるよう支援．<br>● こども本人の福祉というだけにとどまらない我が国社会の持続可能性にも資するとの認識． |
| こどもや家庭が抱える様々な複合する課題に対し，制度や組織による縦割りの壁，年齢の壁を克服した切れ目ない包括的な支援 | ● こどもの困難は，こどもの要因，家庭の要因，家庭内の関係性の要因，環境の要因等，様々な要因が複合的に重なり合って表出．問題行動はこどもからの SOS．保護者自身にも支援が必要．<br>● 教育，福祉，保健，医療，雇用などに関係する機関や団体が密接にネットワークを形成し支援．18 歳など特定の年齢で一律に区切ることなく，こどもや若者が円滑に社会生活を送ることができるようになるまで伴走． |
| 待ちの支援から，予防的な関わりを強化するとともに，必要なこども・家庭に支援が確実に届くようプッシュ型支援，アウトリーチ型支援に転換 | ● 地域における関係機関や NPO 等の民間団体等が連携して，こどもにとって適切な場所に出向いてオーダーメイドの支援を行うアウトリーチ型支援（訪問支援）の充実．<br>● SNS を活用したプッシュ型の情報発信の充実． |
| データ・統計を活用したエビデンスに基づく政策立案，PDCA サイクル（評価・改善） | ● 様々なデータや統計を活用するとともに，こどもからの意見聴取などの定性的な事実も活用し，個人情報を取り扱う場合にあってはこども本人等の権利利益の保護にも十分配慮しながら，エビデンスに基づき多面的に政策を立案し，評価し，改善． |

**図 6　こども政策の基本理念**
〔内閣官房「こども政策の新たな推進体制に関する基本方針（概要）」2021．〕

　　こども家庭庁は，「こどもまんなか」をスローガンに掲げ，子ども子育て政策の強化，保育事業の拡充，虐待防止対策などがあげられ，6つの基本理念が示された（図 6）．

　　本章では，乳児保育の目的や意義，歴史的変遷からみえる乳児保育の変化と取り巻く環境を歴史的背景を踏まえてまとめた．このように，乳児保育は社会の変化の影響を受けながらも，その都度，子どもや子どもを取り巻く大人の子育てを支援してきた．今日，乳児保育の需要が増え，求められる期待も大きいことがわかる．そのため，乳児保育の質の保証や充実が大切であり，今後の課題である．

**考えてみよう**
乳児保育の歴史的変遷からみる乳児保育の課題について考えてみよう．

**引用文献**
- 保育所等における保育の質に関する基本的な考え方等(総論的事項)に関する研究会報告書．2020．p.22．
  https://www.mhlw.go.jp/content/11907000/000631478.pdf （最終閲覧：2024年5月27日）
- 天野佐知子．保育所保育指針の変遷に関する一考察．金沢星稜大学人間科学研究．2009：13(1)．3．
- 厚生労働省．待機児童解消に向けた取組の状況について．2019
  https://www.mhlw.go.jp/content/11907000/000544884.pdf(最終閲覧：2024年6月6日)
- 内閣府．令和4年度少子化の状況及び少子化への対処施策の概況「少子化社会対策白書」2022．
  https://warp.da.ndl.go.jp/info：ndljp/pid/12772297/www8.cao.go.jp/shoushi/shoushika/whitepaper/measures/w-2022/r04pdfgaiyoh/pdf/04gaiyoh.pdf(最終閲覧：2024年6月6日)
- 厚生労働省．令和2年度児童相談所での児童虐待相談件数(速報値)．
  https://www.mhlw.go.jp/content/000824359.pdf(最終閲覧：2024年6月6日)
- 内閣官房「こども政策の新たな推進体制に関する基本方針(概要)」2021．
  https://www.cas.go.jp/jp/seisaku/kodomo_seisaku/pdf/kihon_housin_gaiyou.pdf(最終閲覧：2024年6月6日)

**参考文献**
- 中坪史典ら，編『保育・幼児教育・子ども家庭福祉辞典』ミネルヴァ書房．2021．p74-5, p.151, p.456．
- 社会保障審議会児童部会児童虐待等要保護事例の検証に関する専門委員会，子ども虐待による死亡事例等の検証結果等について(第18次報告)の概要．2022．
  https://www.mhlw.go.jp/content/11900000/01.pdf （最終閲覧：2024年5月11日）
- 後藤由美．乳児保育における保育内容の歴史的変遷に関する研究．瀬木学園紀要．2020：17．37-44．
- 西村真実．乳児保育研究に示された課題についての検討．帝塚山大学現代生活学部紀要．2015：11．95-102．
- 加藤静ら．明治から昭和初期における保育と現代の保育．中村学園大学短期大学部「幼花」論文集．2009：1．24-3．
- 乳児保育研究会『改訂5版 資料でわかる乳児の保育新時代』ひとなる書房．2018．p.138．

# 乳児保育を取り巻く社会的環境

> **学習のポイント**
> ❶ 乳児保育が制度上どのように位置づけられているかを知る
> ❷ 乳児保育における養護と教育の一体化の必要性を理解する
> ❸ 社会的環境の変化に対する保育者の果たす役割の重要性を知る

## 乳児保育の役割と機能

**待機児童数の推移**

|  | 待機児童数 |
|---|---|
| 2017<br>（平成29）年 | 26,081人 |
| 2023<br>（令和5）年 | 2,680人 |

〔参考：こども家庭庁「保育所等関連状況取りまとめ（令和5年4月1日）」を公表します．2023．〕

乳児保育を取り巻く社会的環境は，2000年代以降大きく変化してきた．

たとえば，厚生労働省が公表する「令和5年度版 厚生労働白書」の共働き等世帯数の年次推移をみてみると，2001（平成13）年には共働き世帯が951万世帯，夫のみ働く世帯が890万世帯であり，61万世帯の差であった．これが2022（令和4）年には，共働き世帯が1,262万世帯，夫のみ働く世帯が539万世帯と差が723万世帯に拡大している（図1）．共働き世帯が増えると乳児保育をはじめとする保育施設の必要性が増すことになる．

具体的には，保護者が就業中に保育施設に預けたいと思う子どもの数が，保育施設の受入人数を上回った場合，保育所に入所できなくなる．いわゆる待機児童が増え，待機児童問題が社会問題化する．

2023（令和5）年に発足したこども家庭庁によると，待機児童数は，2017（平成29）年がピークで26,081人であったが，2023（令和5）年には2,680人と約10分の1にまで減少している（保育所等関連状況取りまとめ，2023）．

2015（平成27）年4月からスタートした**子ども・子育て支援新制度**（以下，新制度）が，社会問題となっていた待機児童の解消に大きな役割を果たしたと考えられる．

このように，共働き世帯の大幅な増加など保育を取り巻く社会的環境が変化すると，新たな制度の導入が社会から求められるようになる．その一つの例として新制度がスタートした．そこで本章では，乳児保育の役割と機能という

こども家庭庁．「保育所等関連状況取りまとめ（令和5年4月1日）」を公表します．2023．

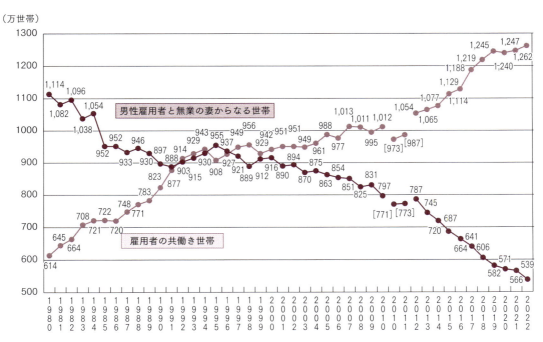

**図1　共働き等世帯数の年次推移**
〔厚生労働省．令和5年版 厚生労働白書―つながり・支え合いのある地域共生社会．https://www.mhlw.go.jp/stf/wp/hakusyo/kousei/22/backdata/02-01-01-03.html〕

テーマで，まずは児童福祉法における乳児保育に関する内容を概観し，その後，乳児保育の役割を考える手がかりとして，新制度における乳児保育の位置づけを確認する．

## 1. 児童福祉法からみる乳児保育

　児童福祉法は，第2次世界大戦後の1947(昭和22)年に教育基本法，学校教育法とともに制定され，それまでの救貧的なものから，すべての児童の心身の育成を基本理念とした．その後，児童福祉法は社会の状況に合わせ，改正を重ねてきている．

### ■児童福祉法における乳児・幼児とは

　乳児とは，一般的に赤ちゃんと呼ばれる時期の子どものことをいう．厳密には，母子保健法では出生後28日未満(生後4週までの子ども)を新生児としていて，新生児を赤ちゃんと呼ぶことが多いが，実際には，よちよち歩きの満1歳くらいまでの子どもを赤ちゃんと呼んでいる．

講義編

では，この赤ちゃん（乳児）は，児童福祉法において，どのように規定されているのだろうか．児童福祉法では，児童を18歳までの者とし，以下のように，児童を乳児，幼児，少年と3段階に分けて示している．

---

児童福祉法
第2節　定義
第4条　この法律で，児童とは，満18歳に満たない者をいい，児童を左のように分ける．
一　乳児　満1歳に満たない者
二　幼児　満1歳から，小学校就学の始期に達するまでの者
三　少年　小学校就学の始期から，満18歳に達するまでの者

---

上記，児童福祉法第4条の一に示されているように，「乳児」は満1歳に満たない者である．では，乳児保育は満1歳に満たない子どもだけを対象としているのだろうか．一般的に保育所では，3歳未満児の子どもを対象とした保育を，慣習として乳児保育と呼び，3歳児以上の子どもを対象としたクラス（幼児クラス）と区別するために乳児クラスとしている．乳児クラスにおいては，満1歳に満たない「乳児」0歳児と，1歳以上3歳未満児，いわゆる1，2歳児（低年齢幼児）を対象として保育を行っている．したがって，乳児保育とは，児童福祉法第4条一の「乳児」0歳児と，二の「幼児」のうち，1，2歳児を対象とした，3歳未満の乳児・幼児を対象とした保育を指す．

### ■児童福祉法における保育所・認定こども園の目的と位置づけ

1947（昭和22）年に制定された児童福祉法において，保育所は児童福祉施設の一つとして位置づけられた．同法において保育所は，「日日保護者の委託を受けて，保育に欠けるその乳児又は幼児を保育することを目的とする施設とする」と規定された．その後，2015（平成27）年4月からの新制度の施行にともない，児童福祉法の一部改定が行われ，現行の児童福祉法第39条は，「保育所は，保育を必要とする乳児・幼児を日々保護者の下から通わせて保育を行うことを目的とする施設（利用定員が20人以上であるものに限り，幼保連携型認定こども園を除く．）とする」と改正されている．

このように保育所は保育を必要とする乳児・幼児を保育することを目的とする施設であることがわかる．また，この改定では，同時に幼保連携型認定こども園も児童福祉施設の一つとして位置づけられ，児童福祉法第3章第39条の二に「（略）及び保育を必要とする乳児・幼児に対する保育を一体的に行い，これらの乳児又は幼児の健やかな成長が図られるよう適当な環境を与えて，その心身の発達を助長することを目的とする施設とする」とされている．

このように，児童福祉法において，保育所および幼保連携型認定こども園は，「保育を必要とする」乳児および幼児を保育することを目的とする施設とし

---

**！知っておこう**

**低年齢幼児**

1，2歳児のことを指す．ただし，2歳児のクラスには，満3歳児が在籍していることもある．2歳児クラスで誕生日を迎えて満3歳になるが，次の4月にならないと3歳児クラス（幼児クラス）には移行しないので各園のクラスの状態について確認が必要である．

---

**！知っておこう**

「保育を必要とする事由」とは以下のいずれかに該当することをいう．
※同居の親族その他の者が当該児童を保育することができる場合その優先度を調節することが可能
①就労，②妊娠・出産，③保護者の疾病または，障害，④同居または長期入院している親族の介護，看護，⑤災害復旧，⑥求職活動，⑦就学，⑧虐待やDVの恐れがあること，⑧育児休業取得時にすでに保育を利用している子どもがいて，継続利用が必要であること，⑩その他，上記に類する状態として市町村が認める場合
下線箇所は，「保育に欠ける」から「保育を必要とする」に変更・追加された部分

2　乳児保育を取り巻く社会的環境

て位置づけられている．

## 2. 子ども・子育て支援新制度からみる乳児保育

　1990（平成2）年の1.57ショックを受けて，国は本格的に少子化対策に力を注ぐこととなった．その後，2003（平成15）年に少子化対策支援法や次世代育成支援対策推進法を施行するなど，次々に政策を打ち出していった．2007（平成19）年には，「子どもと家族を応援する日本」として「仕事と生活の調和（ワーク・ライフ・バランス）憲章」が出されたことにより，仕事と育児の両立を支援する制度の整備がさらに進められることとなった．

　2012（平成24）年8月，子ども子育て関連3法が制定されたことに基づき，2015（平成27）年4月より新制度がスタートした．この新制度は，図2に示すように，とても複雑な制度となっている．新制度が施行されたことにより，保育所および認定こども園のほかに，地域型保育給付を受ける施設が乳児保育を担うこととなった．

> **キーワード**
> 
> **1.57ショック**
> 1989（平成元）年の合計特殊出生率が過去最低となり，丙午という特殊な要因により過去最低となった1996（昭和41）年の1.58を下回った記録となった衝撃を指す．
> 
> **子ども子育て関連3法**
> ①子ども・子育て支援法，②就学前の子どもに関する教育，保育等の総合的な提供の推進に関する法律の一部を改正する法律（認定こども園法の一部改正法），③子ども・子育て支援法及び就学前の子どもに関する教育，保育等の総合的な提供の推進に関する法律の一部を改正する法律の施行に伴う関係法律の整備等に関する法律（児童福祉法の一部改正等関係法律の整備法）の3つの法律を示す．

**図2　子ども・子育て支援新制度の概要**
※子育てのための施設等利用給付については，2019年10月から施行された「無償化」に関わる支援法改定によって加えられた．
〔参考：こども家庭庁「子ども・子育て支援制度の概要」〕

講義編

# 乳児保育における養護と教育

保育施設において，保育の質の確保に重要な指針を与えるのが，保育所保育指針または幼保連携型認定こども園教育・保育要領であり，ここに記載される内容に則って保育が行われることが求められている．

2017（平成 29）年の保育所保育指針の改定では，0，1，2歳児の保育の充実が大きな改定のポイントとしてあげられた．本章では，保育所保育指針 第2章 保育の内容を概観することで，乳児保育における「養護と教育」について整理する．

## 1. 保育所保育指針から捉える乳児保育

### 最善の利益が尊重される最もふさわしい生活の場

まず，保育所保育指針に示される保育所の役割から，乳児保育についてみていく．

保育所保育指針 第1章 総則
1 保育所保育に関する基本原則
（1）保育所の役割
ア 保育所は，児童福祉法（昭和 22 年法律第 164 号）第 39 条の規定に基づき，保育を必要とする子どもの保育を行い，その健全な心身の発達を図ることを目的とする児童福祉施設であり，入所する子どもの最善の利益を考慮し，その福祉を積極的に増進することに最もふさわしい生活の場でなければならない．（下線筆者）

保育を必要とする子どもは，1日の生活時間の大半を保育施設で過ごす．そのために保育施設は，入所する子どもの心身の発達を図ることを目的として，子どもの最善の利益を守らなければならないと明示されている．

この子どもの最善の利益という言葉は，1989 年に国連で採択された「児童の権利に関する条約」（通称：子どもの権利条約）第3条の1に「子どもの権利」を象徴する言葉として示された．日本は 1994 年（平成 6）年，国連の子どもの権利条約を批准し，2016（平成 28）年児童福祉法にも明示された．

児童福祉法 第1章 総則
第2条 全て国民は，児童が良好な環境に生まれ，かつ，社会のあらゆる分野において，児童の年齢及び発達の程度に応じて，その意見が尊重され，その最善の利益が優先して考慮され，心身ともに健やかに育成されるよう努めなければならない．（下線筆者）

子どもの最善の利益は，自分の欲求や意思を言葉で伝えられない乳児においても優先されるべきことである．たとえば，保育者の不適切な保育により，子

どもの気持ちが無視されることや尊重されないこと，ましてや命が脅かされることなどがあってはならない．さらに保育所保育指針では，保育施設は入所する子どもにとって，「最もふさわしい生活の場」でなければならないとしている．この言葉は，上記の児童福祉の理念にもつながるものであり，保育施設は子どもにとって安心して伸び伸びと育つことのできる場でなければならないことを示すものである．

## ▌養護と教育の一体化

乳児保育が行われる保育施設では，子どもの最善の利益を守ることを基本として，保育所保育指針において，養護と教育が一体的に行われることを特性としている．

> 保育所保育指針　第1章　総則
> 1　保育所保育に関する基本原則
> （1）保育所の役割
> 　　イ　保育所は，その目的を達成するために，保育に関するその専門性を有する職員が，家庭との緊密な連携の下に，子どもの状況や発達過程を踏まえ，保育所における環境を通して，養護及び教育を一体的に行うことを特性としている．（下線筆者）

また，第1章の1の（2）保育の目標　アには，保育の目標が次のように明示されている．

> ア　子どもが生涯にわたる人間形成にとって極めて重要な時期に，（中略）次の目標を目指して行わなければならない．
> 　　（ア）十分に養護の行き届いた環境の下に，くつろいだ雰囲気の中で子どもの様々な欲求を満たし，生命の保持及び情緒の安定を図ること．（下線筆者）

保育における養護とは，生命の保持と情緒の安定である．生命の保持は，子どもの命が守られるために，子どもの最善の利益を保障するための営みの一つである．たとえば，保育者はミルクまたは食事を子どもに与える際に，ただ単に空腹を満たすだけではなく，くつろいだ雰囲気のなかで子どもに言葉をかけながら行う．また，食事面だけでなく，子どもの欲求に対して受容的に，愛情豊かに応答的に関わることで，子どもにとって心身ともに安定し，心地よい状態を作ることが情緒の安定につながる．

一方，教育とは，さまざまな環境を通して，子どもが自らものや人と関わることであり，健やかに成長し，その活動がより豊かに展開されるための発達の援助である．自分で話すことができない乳児は，保育者が話す言葉を聞き取りながらその言葉や言葉の意味を理解していく．教育は大人が子どもに一方的に教え込むことではなく，生活や遊びを通して子どもが自ら学ぶ力の芽生えを養っていくのである．

教育については保育所保育指針　第1章の1の（2）保育の目標のなかで，次の

### 👆 ポイント

**自ら学ぶ力の芽生え**

ガチョウが「ガーガー」と鳴いている様子を1歳児が見て，同じような声音で「ガーガー」と言って繰り返しガチョウとのやりとりを楽しむ．1歳児がガチョウとの関わりを通してガチョウの鳴き声を自分なりに表現する教育的な側面である．それは，保育者に教えてもらったことではなく，自分なりに感じたことを表現した大きな成長の姿である．

ように示している.

> （イ）　健康，安全など生活に必要な基本的な習慣や態度を養い，心身の健康の基礎を培うこと．
>
> （ウ）　人との関りの中で，人に対する愛情と信頼感，そして人権を大切にする心を育てるとともに，自主，自立及び協調の態度を養い，道徳性の芽生えを培うこと．
>
> （エ）　生命，自然及び社会の事象についての興味や関心を育て，それらに対する豊かな心情や思考力の芽生えを培うこと．
>
> （オ）　生活の中で，言葉への興味や関心を育て，話したり，聞いたり，相手の話を理解しようとするなど，言葉の豊かさを養うこと．
>
> （カ）　様々な体験を通して，豊かな感性や表現力を育み，創造性の芽生えを培うこと．

　また，保育所保育指針 第2章 保育の内容には，『保育における「養護」とは，子どもの生命の保持及び情緒の安定を図るために保育士等が行う援助や関わりであり，「教育」とは，子どもが健やかに成長し，その活動がより豊かになるための発達の援助』とある．言い換えると，養護は保育の基盤となる営みであり，教育は環境を通して豊かな活動の展開（5領域）を行うことにより，その後の教育の土台となる力を培う営みである．

　このように，保育施設で行われる保育は，養護と教育を切り離して行うものではなく，一体的に行わなければならない．それは，生活と遊びを通して総合的に行われるものであり，子どもたちが主体的に生き生きと活動するために保育者の専門的な援助が必要となる．

### ❓キーワード

**保育の5領域**
保育所保育指針で保育のねらいや内容を定めた以下の領域のこと．「健康」「人間関係」「環境」「言葉」「表現」．

## 2. 乳児保育における養護と教育

### ▌乳児保育（0歳児保育）における養護の側面

　改定保育所保育指針 第1章の2養護に関する基本的事項を参考に乳児保育（0歳児の保育）における養護と教育について図3をもとにイメージしてみよう（以下，乳児保育を0歳児の保育という）．

　保育所保育指針では，第2章の1の(2)ねらい及び内容を3つの視点から示している．

> ア　健やかに伸び伸びと育つ
>    健康な心と体を育て，自ら健康で安全な生活をつくり出す力の基盤を培う．
>
> イ　身近な人と気持ちが通じ合う
>    受容的・応答的な関わりの下で，何かを伝えようとする意欲や身近な大人との信頼関係を育て，人と関わる力の基盤を培う．
>
> ウ　身近なものと関わり感性が育つ
>    身近な環境に興味や好奇心をもって関わり，感じたことや考えたことを表現する力の基盤を培う．

### ❗知っておこう

**乳児保育（0歳児保育）**
本テキストで扱う「乳児保育」は，3歳未満児（0歳児，1歳児，2歳児）を対象とした保育のことであるが，保育所保育指針に示される「乳児保育」は，児童福祉法に規定される「乳児」（満1歳に満たない者：0歳児）の保育を示しているので注意．

2 乳児保育を取り巻く社会的環境

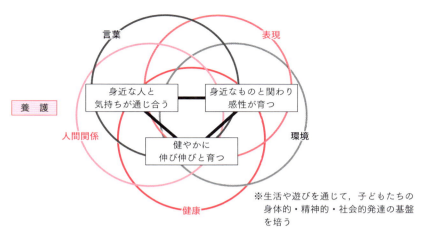

**図3　乳児保育3つの視点と5領域との関係性から養護と教育のイメージ**
〔厚生労働省社会保障審議会児童部会保育専門委員会「保育所保育指針の改定に関する議論のとりまとめ」2017.〕

表1　0歳児の保育における3つの視点

| | |
|---|---|
| 「健やかに伸び伸びと育つ」身体的発達に関する視点 | 主に「健康」の領域に示す保育の内容へつながる |
| 「身近な人と気持ちが通じ合う」社会的発達に関する視点 | 主に「人間関係」「言葉」の領域に示す内容へつながる |
| 「身近なものと関わり感性が育つ」精神的発達に関する視点 | 主に「環境」「表現」の領域に示す内容へつながる |

　乳児保育，つまり，0歳児の保育におけるこの3つの視点(表1)は，子どもがどのような育ち方をしているのかをみる視点である(大豆生田ら，2019)．保育者の養護的な関わりを基礎として培われるものとなり，同時に1歳以上3歳未満児の教育的視点の5領域の内容につながっていくことを想定している．

　乳児保育の保育内容は，養護的な側面がベースとなり，一人ひとりの子どもの生活や遊びを3つの視点からとらえ，ねらいを達成するために，子どもたちが経験する内容である．この経験の積み重ねは，1歳以上3歳未満児の保育の内容へ連続性をもって行われていくことが重要である．

大豆生田啓友，おおえだけいこ『0・1・2歳児クラスの現場から 日本が誇る！ていねいな保育』小学館．2019. p.8, p.49, pp.154-5.

■ 1歳以上3歳未満児における養護と教育

　この時期の子どもは，運動機能や身体的機能の発達も目覚ましく，保育者に援助してもらいながらも身の回りのことが自分でできるようになってくる．また，語彙も増加し，自分の意思や欲求も伝えられるなど，自分でできることが増えてくる時期である．

　保育者は，言葉を使う楽しさを共感しながら，自分でしようという気持ちを

尊重し，遊びや生活の自立を温かく見守りながら応答的にていねいに接することが大切である．

　この時期の発達の特徴を理解したうえで，養護における生命の保持および情緒の安定に関わる保育の内容と領域ごとに示される「ねらい」と「内容」を一体的に行うことが必要である．

　養護的な関わりを基礎として，乳児保育（0歳児保育）の保育の内容の3つの視点を基に培われた力は，1歳以上3歳未満児の保育内容の5領域の能力を総合的に獲得していくよう導かれる．また，1歳以上3歳未満児の保育内容は，さらに3歳以上児の保育内容に発展していく内容になっている．

---

**演習　書いてみよう**

　次の事例を読み，養護と教育の一体化についてグループで考えてみよう．
1. 食事を終えた0歳児（10か月）のナオトは，ベッドの上で保育者におむつを交換してもらい，身体をさすられて嬉しそうに手足を動かしている．その後，ナオトは自分で起き上がってベッドの柵につかまり，屈伸をするように足を動かしていた．保育者はナオトをベッドからおろして音楽をかけ，ナオトの手を取りリズムに合わせて歩行を楽しんだ．ナオトは保育者の手を離れ，色々なところにつかまりながらおしりをフリフリしたり，足踏みをしたりして楽しんでいる．
   ①おむつ交換の際の養護的な関わりに赤で線を引いてみよう．その際の保育者の言葉がけを考えてみよう．
   ②つかまり立ちができるようになったナオトの成長や育ちの姿を青で線を引いてみよう．また，保育者のどのような関わりがナオトの育ちにつながるかを考えてみよう．
2. 実習やボランティアなど保育現場で観察した場面を思い出し，養護と教育が一体的に行われていると感じた場面のエピソードを書いてみよう．保育者の関わりや子どもの姿をイメージしてグループで話し合ってみよう．

---

## 3. 乳児保育における保育者の役割

　乳児保育を取り巻く社会的環境がどのように変化したとしても，乳児保育に携わる保育者は，その変化に応じて専門職としての能力を発揮し，柔軟に対応していくことが求められる．以下では，保育所保育指針 第1章の1の(3)保育の方法に示されていることを前提としながら，乳児保育に携わる保育者の果たす役割のなかで，とくに重要だと思われる4つの点を解説していきたい．

### ■情緒的な絆（アタッチメント）を形成する役割

　保育所保育指針 第2章の1の(1)基本的事項では，「特定の大人との応答的

な関わりを通じて，情緒的な絆が形成されるといった特徴がある．これらの発達の特徴を踏まえて，乳児保育は，愛情豊かに，応答的に行われることが特に必要である」と示されている．

乳児保育における，保育者の大きな役割の一つとして，アタッチメント（愛着）形成があげられる．アタッチメントとは，特定の大人との愛情豊かで応答的な関わりのもとで形成される情緒的な絆である．本来，この愛着形成は，家庭のなかで，母親または母親に代わる人との間に形成されるものであるが，同時に1日の大半の時間を過ごす保育施設では，保育者と子どもの間に形成されることが重要である．

情緒的な絆を形成するためには，乳児保育においては保育体制も重要となる．たとえば，保育担当制（育児担当制）があげられる．担当制とは特定の保育者が決まった乳幼児の食事や排泄などの援助や生活面での関わりを中心的に行うことであり，その結果，双方の関係が密となり情緒的な絆を形成しやすくなる．そのため多くの園で保育担当制が導入されている．ただし，保育者の勤務がシフト制であることや長時間保育を利用する子どももいるため，ゆるやかな担当制も考慮する必要がある．

### ▌非認知能力を高めるための保育者の役割

子どもは，自分が不安な思いのときにその気持ちを受け止めてくれる特定の大人がいることで，自分の気持ちが安定し，自分の気持ちを立て直すことができる．たとえば，泣いているときに，しっかりと子どもを抱きしめ，子どもの気持ちを受け止め寄り添う．また，何かに挑戦しようとするときに見守ってくれる大人がいることに安心する．そのことにより，この人は自分にとって信頼できる人だと認識し，情緒が安定し，自立に向かうこととなる．そして，信頼できる人から愛されることにより，自分は愛されている存在なのだと感じ，自己肯定感が育まれていく．

乳児保育においては，特定の大人つまり，子どもの気持ちを受け止められる特定の保育者がいることで安心の基盤ができ非認知能力が育つとされている．非認知能力とは，読む，書く，計算することにより得られる能力，つまり認知的能力ではないものであり，社会情動的スキルともいわれているものである（大豆生田ら，2019）．

OECD（経済協力開発機構）では，この非認知能力を①何かに熱中・集中して取り組む姿勢「目標の達成（忍耐力，自己抑制，目標への情熱）」②他者とうまくコミュニケーションできる力「他者との協働（社交性，敬意，思いやり）」，③自分の気持ちをコントロールする力「情動の抑制（自尊心，楽観性，自信）」としている．乳児期からの発達の連続性の過程で，この非認知能力が育つことによ

大豆生田啓友，おおえだけいこ『0・1・2歳児クラスの現場から 日本が誇る！ていねいな保育』小学館．2019．p.8, p.49, pp.154-5.

経済協力開発機構（OECD）．無藤隆，秋田喜代美，監訳．ベネッセ教育総合研究所，企画・制作．荒牧美佐子，他，訳『社会情動的スキル─学びに向かう力』明石書店．2018．p.52.

り，自信がつき自己肯定感も育まれる．子どもの非認知能力を育む援助を行うことも保育者の役割としてあげられる．

### ■「育みたい資質・能力」と「幼児期の終わりまでに育ってほしい姿」と保育者の役割

　この非認知能力を育むために，保育所保育指針には幼児教育を行う施設として共有すべき事項として育みたい資質・能力(表2)と幼児期の終わりまでに育って欲しい姿(表3)が明示されている．育みたい資質・能力と幼児期の終わりまでに育ってほしい姿は，小学校以降の育ちの連続性，生涯にわたる生きる力の基礎であり，乳児期から培われるものである．

　先に述べた乳児保育の3つの視点「健やかに伸び伸びと育つ」「身近な人と気持ちが通じ合う」「身近なものと関わり感性が育つ」は，子どもの育ち方の視点であり，1歳以降は，5領域に分化し，さらに，「育みたい資質・能力」および「幼児期の終わりまでに育ってほしい姿(10の姿)」へとつながっていく(大豆生田ら，2019)．

　保育者は，乳児期から幼児期の終わりまでの発達の過程を連続的にとらえたうえで，遊びや生活のなかでの経験を積み重ねていくことにより，この資質・能力と10の姿(表3)を見通し，乳児期から援助していくことが求められる．

大豆生田啓友，おおえだけいこ『0・1・2歳児クラスの現場から 日本が誇る！ていねいな保育』小学館．2019．p.8，p.49，pp.154-5．

### 表2　育みたい資質・能力

| 知識及び技能の基礎 | 豊かな体験を通じて，感じたり，気付いたり，分かったり，できるようになったりする |
|---|---|
| 思考力，判断力，表現力等の基礎 | 気付いたことや，できるようになったことなどを使い，考えたり，試したり，工夫したり，表現したりする |
| 学びに向かう力，人間性等 | 心情，意欲，態度が育つ中で，よりよい生活を営もうとする |

〔厚生労働省『保育所保育指針〈平成29年告示〉』フレーベル館．2017.〕

### 表3　幼児期の終わりまでに育ってほしい姿(10の姿)

① 健康な心と体
② 自立心
③ 協同性
④ 道徳性・規範意識の芽生え
⑤ 社会生活との関わり
⑥ 思考力の芽生え
⑦ 自然との関わり・生命尊重
⑧ 数量や図形，標識や文字などへの関心・感覚
⑨ 言葉による伝え合い
⑩ 豊かな感性と表現

〔厚生労働省『保育所保育指針〈平成29年告示〉』フレーベル館．2017.〕

## 2　乳児保育を取り巻く社会的環境

### ■入所する子どもとその保護者の支援と地域の子育て家庭の支援を担う役割

　最後に保護者支援・子育て支援について確認する．乳児保育における保育者の役割としては，入所する子どもの保育を行うと同時に，子どもの24時間の生活全体を見据え，保護者と共同して子どもを育てるという意識をもちながら連携する気持ちが大切である．

　子どもを出産するまでに子どもを抱いた経験がない保護者も少なくないため，保育施設の保育者は，保護者にとって一番身近で相談しやすく，専門的な知識と技術を持ち備えた人材である．登園時や降園時に，または連絡帳などを通して，保護者に寄り添いながら何気ない話をしたり育児の相談に乗ったり共感し労をねぎらったりすることは，子どもだけでなく保護者とも関係が深まり，保護者の育児力の向上に繋がることが期待される．また，入所する子どもの保護者に対する支援と同時に地域の子育て家庭にも専門性を通して支援することが求められている．

#### 引用文献

- 厚生労働省『令和5年版厚生労働白書（令和4年度厚生労働行政年次報告）―つながり・支え合いのある地域共生社会』厚生労働省．2023．p.149.
https://www.mhlw.go.jp/wp/hakusyo/kousei/22/dl/zentai.pdf
- 厚生労働省『保育所保育指針〈平成29年告示〉』フレーベル館．2017.
- 厚生労働省社会保障審議会児童部会保育専門委員会「保育所保育指針の改定に関する議論のとりまとめ」厚生労働省．2017．p.18.

#### 参考文献

- こども家庭庁．「保育所等関連状況取りまとめ（令和5年4月1日）」を公表します．2023.
- こども家庭庁「子ども・子育て支援制度の概要」https://www.cfa.go.jp/policies/kokoseido/
- 大豆生田啓友，おおえだけいこ『0・1・2歳児クラスの現場から　日本が誇る！ていねいな保育』小学館．2019．p.8，p.49，pp.154-5.
- 経済協力開発機構（OECD）．無藤隆，秋田喜代美，監訳．ベネッセ教育総合研究所，企画・制作．荒牧美佐子，他，訳『社会情動的スキル―学びに向かう力』明石書店．2018．p.52.
- 厚生労働省，編『保育所保育指針解説 平成30年3月』フレーベル館．2018.
- 内閣府こども家庭庁「子ども・子育て支援制度」https：//www.cfa.go.jp/policies/kokoseido
- 全国保育団体連絡会，保育研究所，編著『2020保育白書』ひとなる書房．2020.
- 全国保育団体連絡会，保育研究所，編著『2022保育白書』ひとなる書房．2022.
- 全国保育団体連絡会，保育研究所，編著『2023保育白書』ひとなる書房．2023.
- ジェームズ・J・ヘックマン．大竹文雄，解説．古草秀子，訳『幼児教育の経済学』東洋経済．2015.
- 菊地篤子，編『ワークで学ぶ乳児保育Ⅰ・Ⅱ』みらい．2022.
- 髙内正子，豊田和子ら，編著『健やかな育ちを支える乳児保育Ⅰ・Ⅱ』建帛社.2020.
- 志村聡子，編著『はじめて学ぶ乳児保育 第三版』同文書院．2022.
- 阿部和子，編『改訂乳児保育の基本』法文書林．2021.
- 松本峰雄，監『よくわかる保育士エクササイズ5乳児保育演習ブック　第2版』ミネルヴァ書房．2019.
- 松本園子，編著『乳児の生活と保育　第3版』ななみ書房．2019.
- 児童育成協会，監．寺田清美，大方美香ら，編『新基本保育シリーズ15乳児保育Ⅰ・Ⅱ』中央法規．2022.

講義編

# 乳児保育が営まれる多様な場

**学習のポイント**
① 3歳未満児を保育するさまざまな施設や事業と，その機能や特徴を理解する
② 3歳未満児とその家庭に寄り添う子育て支援の機能について学ぶ

## 保育所における乳児保育

### 1. 保育所の役割と機能

　保育所は，児童福祉法第39条に規定された児童福祉施設である．第39条には「保育を必要とする乳児・幼児を日々保護者の下から通わせて保育を行うこと」を目的とした施設である，と記載されている．
　さらに保育所保育指針には，児童福祉法の規定を受け，保育所，保育士の役割について示している．その第1章に詳しく書かれているものをまとめると次のようになる．
　①保育所は，子どもの最善の利益を守る最もふさわしい生活の場である．
　②保育所は，専門性を有する職員が発達過程を踏まえ，養護と教育を一体的に行うことを特性としている．その際，家庭との連携を緊密にする．
　③保育所は，入所する子どもの保育とともに，その保護者に対する支援および地域の子育て家庭への支援などを行う．
　④保育士は，専門的知識や技術，判断をもって保育する．

### 2. 保育所における乳児保育の特徴

　保育所は0歳児から就学前の子どもが保育の対象であるが，なかでも0，1，2歳児の利用者数は年々増加傾向にある．
　乳児保育は，一人ひとりの発達や健康状態に応じた保健的な対応を行うこと，特定の保育士が応答的に関わるよう努めることが重要である．また保育士

3 乳児保育が営まれる多様な場

表1 保育所等利用児童数の割合

|  | 令和5年4月 | 令和4年4月 |
|---|---|---|
| 3歳未満児（0～2歳） | 1,096,589人（44.6%） | 1,100,925人（43.4%） |
| うち0歳児 | 135,991人（17.0%） | 144,835人（17.5%） |
| うち1・2歳児 | 960,598人（57.8%） | 956,090人（56.0%） |
| 3歳児以上 | 1,620,746人（59.5%） | 1,628,974人（57.5%） |
| 全年齢児計 | 2,717,335人（52.4%） | 2,729,899人（50.9%） |

保育所等利用率：当該年齢の保育所等利用児童数÷当該年齢の就学前児童数
〔こども家庭庁「保育所等関連状況取りまとめ（令和5年4月1日）」を公表します．2023.〕

0歳児
子どもおおむね3人に保育士1人以上

1・2歳児
子どもおおむね6人に保育士1人以上

図1 保育士の配置基準

のみではなく，看護師や栄養士などとの職員間の連携や，保護者への支援にも努めることが求められる（保育所保育指針）．そのため，3歳以上児とは異なる保育士の配置基準となっている（図1）．

保育所保育指針 第2章保育の内容 1乳児保育に関わるねらい及び内容．

## 保育所以外の児童福祉施設（乳児院など）における乳児保育

### 1. 児童福祉施設とは

児童福祉施設とは，1989（平成元）年に国連で採択された児童の権利に関する条約（子どもの権利条約）の基本原則である子どもの最善の利益に基づき，児童に対する社会的養護を実践している場のことで，児童福祉法第7条に次の12施設が定められている．

日本は1994（平成6）年に批准した．

| 助産施設，乳児院，母子生活支援施設，保育所，幼保連携型認定こども園 |
|:---|
| 児童厚生施設，児童養護施設，障害児入所施設，児童発達支援センター |
| 児童心理治療施設，児童自立支援施設及び児童家庭支援センター |

このなかで，最も施設数が多いのは保育所で約2万4,000近くの施設があり，ここで乳児保育が行われている．保育所以外では，幼保連携型認定こども園，乳児院などで乳児保育が行われているが，そのほかにも乳児やその保護者が利用するさまざまな施設がある．

## 2. 認定こども園における乳児保育

認定こども園は，教育および保育を一体的に行う施設で，幼稚園と保育所の両方の機能を併せもち，4つの類型がある（表2）．このなかの幼保連携型認定こども園と保育所型認定こども園が児童福祉施設に該当する．

在籍する子どもは表3の3つの型に区分・認定されるが，乳児保育に該当する3歳未満児は3号認定にのみ区分されることがわかる．そのため，日々の生活のなかで在園時間がさまざまな子どもが混在する3歳以上児クラスよりも，落ち着いた雰囲気のなかで保育が展開されやすいという特徴がある．認定こども園は，保護者の就労の状況などにかかわらず利用が可能で，3歳未満児の保育の様子は基本的には保育所と同様といえる．

## 3. 乳児院における乳児保育

乳児院は，保護者の養育を受けられない乳幼児を養育する施設である．児童福祉法第37条には「乳児（保健上，安定した生活環境の確保その他の理由により特に必要のある場合には，幼児を含む．）を入院させて，これを養育し，あわせて退院した者について相談その他の援助を行うことを目的とする施設」と示されている．保育所や認定こども園と異なり，通所ではなく入所の施設で，職員とともに生活する場である．

乳児院は0歳児から小学校就学前までの乳幼児であれば利用できるが，入所にあたっては基本的には都道府県，政令市，中核市などに設置されている児童相談所に相談する必要がある．入所理由は図2のようにさまざまである．

乳児院は全国に144か所あり，約2,700名の乳幼児が利用している（社会的養護の施設等について，2020）．何らかの疾患や障害があったり，家族との別れで心が傷ついたりしている子どもたちに対し，行政機関や医療機関との連携や協働により，専門性の高い総合的なサポートができる．

---

**！知っておこう**

2022（令和4）年時点の保育所数は2万3,899か所．

2022（令和4）年時点の幼保連携型認定こども園数は6,475か所
（保育所等関連状況取りまとめ，2023）．

2019（令和元）年時点の乳児院数は144か所（全国乳児福祉協議会HP）．

こども家庭庁．社会的養護の施設等について．2020（令和2）年3月現在

## 表2 認定こども園の類型

| 類型 | 特徴 |
|---|---|
| 幼保連携型 | 幼稚園的機能と保育所的機能の両方を併せもつ単一の施設として，認定こども園としての機能を果たすタイプ．学校かつ児童福祉施設 |
| 幼稚園型 | 認可幼稚園が保育を必要とする子どものための保育時間を確保するなど，保育所的な機能を備えて認定こども園としての機能を果たすタイプ |
| 保育所型 | 認可保育所が保育を必要とする子ども以外の子どもを受け入れるなど，幼稚園的な要素を備えることで認定こども園としての機能を果たすタイプ．児童福祉施設 |
| 地域裁量型 | 幼稚園・保育所いずれの許可もない地域の教育・保育施設が，認定こども園としての機能を果たすタイプ |

〔内閣府．認定こども園制度の概要．〕

## 表3 認定こども園における子どもの認定区分

| 認定区分 | 条件 |
|---|---|
| 1号認定の子ども | 満3歳児以上就学前の子どもで，保育に必要な事由(保護者の就労，妊娠，出産，疾病，障害など)に該当しない，2号認定以外の子ども．教育標準時間4時間程度で通園する |
| 2号認定の子ども | 満3歳児以上就学前の子どもで，保育に必要な事由(保護者の就労，妊娠，出産，疾病，障害など)に該当する．保育標準時間や保育短時間(原則8時間以内)で通園する |
| 3号認定の子ども | 0歳～満3歳児未満の子どもで，保育に必要な事由(保護者の就労，妊娠，出産，疾病，障害など)に該当する．保育標準時間や保育短時間(原則8時間以内)で通園する |

〔参考：内閣府．認定こども園制度の概要．〕

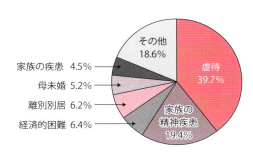

図2 乳児院への入所理由
〔全国乳児福祉協議会．平成30年度全国乳児院入所状況実態調査．2019．〕

### ▌乳児院の運営

乳児院の設備，運営基準は表4のとおりである．

### ▌乳児院での養育の特徴

大きな特徴の一つが，担当養育制という点である．1人の子どもの入所から
退所まで担当者を決め1対1で養育することで，アタッチメント形成が行われ

### 表4 乳児院の設備，運営基準

| 項目 | 条項及び規定内容 |
|---|---|
| 設備 | （第19条）<br>寝室，観察室，診察室，病室，ほふく室，相談室，調理室，浴室及び便所．<br>寝室の面積は，乳幼児1人につき2.47m² 以上 |
| 職員 | （第21条）<br>小児科の診療に相当の経験を有する医師又は嘱託医，看護師，個別対応職員，家庭支援専門相談員，栄養士及び調理員（ただし，調理業務の全部を委託する施設にあっては調理員を置かないことができる）<br>※乳幼児10人未満を入所させる乳児院を除く<br>家庭支援専門相談員は，社会福祉士若しくは精神保健福祉士の資格を有する者，乳児院において乳幼児の養育に5年以上従事した者又は法第13条第2項各号のいずれかに該当する者<br>心理療法を行う必要があると認められる乳幼児又はその保護者10人以上に心理療法を行う場合には，心理療法担当職員（学校教育法の規定による大学の学部で，心理学を専修する学科若しくはこれに相当する課程を修めて卒業した者又は同等以上の能力を有する者）<br>看護師の数は，乳児及び満2歳に満たない幼児おおむね1.6人につき1人以上，満2歳以上満3歳に満たない幼児おおむね2人につき1人以上，満3歳以上の幼児おおむね4人につき1人以上（これらの合計数が7人未満であるときは，7人以上）とする．看護師は，保育士又は児童指導員をもってこれに代えることができる．ただし，乳幼児10人の乳児院には2人以上，乳幼児が10人を超える場合は，おおむね10人増すごとに1人以上看護師を置かなければならない<br>前項に規定する保育士のほか，乳幼児20人以下を入所させる施設には，保育士を1人以上置かなければならない |
| 観察 | （第24条）<br>乳児が入所した日から，医師又は嘱託医が適当と認めた期間，これを観察室に入室させ，その心身の状況を観察しなければならない |
| 関係機関<br>との連携 | （第25条）<br>乳児院の長は，児童相談所及び必要に応じ児童家庭支援センター，里親支援センター，児童委員，保健所，市町村保健センター等関係機関と密接に連携して乳幼児の養育及び家庭環境の調整に当たらなければならない |

〔「児童福祉施設の設備及び運営に関する基準」昭和23年厚生省令．令和6年内閣府令による改正より抜粋〕

やすいように配慮されている．また，家庭的な生活をするための工夫がされている．一般的な家庭と同じような生活リズムで過ごすことで，子どもの情緒の安定をめざす．そして，少人数単位での生活形態をとり，担当養育者という特定の大人との，密接で家庭的な人間関係の構築をめざしている．

しかし，乳児院で過ごしていると，家庭で生活している子どもよりも生活経験が少ないことが課題となっている．生活経験を重ねるために，近隣の散歩やお出かけの機会を設けるなどのさまざまな工夫がされている．

■ 退所に関する配慮

乳児院で過ごす子どもたちは，退所後，児童養護施設，里親制度利用，その他（実父母・親戚などの家庭引き取りほか）へ生活の場を移す．子どもにとって，児童養護施設や里親制度利用などの措置変更は，心身への影響が大きく，配慮が必要である．2006（平成18）年に児童福祉法が一部改正され，状況により就学前までの子どもも生活可能になった．また，生活の場の移行の前後から，両施設が連携し職員が相互に訪問したり，体験的な宿泊を設けたり，里親家庭へのサポートをするなど，子どものストレス軽減に努めている．

> **知っておこう**
> 近隣住民と挨拶する大人を見たり一緒にお辞儀をしたりする経験や，コンビニエンスストアにちょっと立ち寄るなどの，日常の何気ない出来事が乳児院ではあまり経験できないといわれている．

> **キーワード**
> 里親制度
> 要保護児童を一般の家庭に委託し養育する制度．「養育里親」「専門里親」「養子縁組里親」「親族里親」などがある（中坪ら，2021）．

## 地域型保育事業における乳児保育

地域型保育事業とは子ども・子育て支援新制度により2015（平成27）年4月から開始された市町村による認可事業で，認可保育所だけでは解決できなかった保護者のニーズへ対応した乳児保育が行われる子育て支援事業といえる．これによって，都市部の待機児童解消や，人口減少地域の子育て支援機能の維持・確保などをめざしている．

地域型保育事業には，「小規模保育事業」「家庭的保育事業」「事業所内保育事業」「居宅訪問型保育事業」の4つの類型がある．これらは基本的に3歳未満児を対象にしており（図3），事業概要は図4の通りである．

**演習　考えてみよう**
4つの地域型保育事業のうち1つ選び，もし自分がそこで保育者として働くとしたら，どのような配慮をし，どのような保育を行いたいか，考えてみよう．

| 事業類型 | | 職員数 | 職員資格 | 保育室等 | 給食 |
|---|---|---|---|---|---|
| 小規模保育事業 | A型 | 保育所の配置基準＋1名 | 保育士 | 0・1歳児：1人当たり3.3m² 2歳児：1人当たり1.98m² | ●自園調理（連携施設等からの搬入可）●調理設備 ●調理員 |
| | B型 | 保育所の配置基準＋1名 | 1/2以上が保育士 ※保育士以外には研修を実施します. | | |
| | C型 | 0〜2歳児3：1（補助者を置く場合，5：2） | 家庭的保育者※1 | 0〜2歳児：1人当たり3.3m² | |
| 家庭的保育事業 | | 0〜2歳児3：1（家庭的保育補助者を置く場合，5：2） | 家庭的保育者※1（＋家庭的保育補助者)※2 | 0〜2歳児：1人当たり3.3m² | |
| 事業所内保育事業 | | 定員20名以上…保育所の基準と同様 定員19名以下…小規模保育事業A型，B型の基準と同様 | | | |
| 居宅訪問型保育事業 | | 0〜2歳児1：1 | 家庭的保育者※1 | — | — |

A型：保育所分園，ミニ保育所に近い類型　B型：中間型　C型：家庭的保育(グループ型小規模保育)に近い類型
・小規模保育事業については，小規模かつ0〜2歳児までの事業であることから，保育内容の支援及び卒園後の受け皿の役割を担う連携施設の設定を求めます.
・連携施設や保育従事者の確保等が期待できない離島・へき地に関しては，連携施設等について，特例措置を設けます.
・給食，連携施設の確保に関しては，移行に当たっての経過措置を設けます.

参考

| | 職員数 | 職員資格 | 保育室等 | 給食 |
|---|---|---|---|---|
| 保育所 | 0歳児　　3：1 1・2歳児6：1 | 保育士 | 0・1歳児 乳児室：1人当たり1.65m² ほふく室：1人当たり3.3m² 2歳児以上 保育室等：1人当たり1.98m² | ●自園調理 ※公立は外部搬入可（特区）●調理室 ●調理員 |

※1　家庭的保育者：必要な研修を修了した保育士又は保育士と同等以上の知識及び経験を有すると市町村長が認める者
※2　家庭的保育補助者：必要な研修を修了した者で，家庭的保育者を補助する者

## 図3　地域型保育事業の分類

〔子ども・子育て支援新制度ハンドブック(施設・事業者向け)抜粋. 内閣府，文部科学省，厚生労働省資料. p.6.〕

3　乳児保育が営まれる多様な場

| 事業類型 | 概要 |
|---|---|
| 小規模保育事業  | 定員が6～19人以下の小規模な施設型の保育事業．家庭的保育に近い環境で，0～2歳の子ども一人ひとりにきめ細かな保育を実施する．認可保育所に比べ，施設準備や認可までの期間がかからず，マンションやオフィスビルの一室など，多様なスペースで新設園を開園できるため，待機児童が多い都市部では待機児童解消のための施設として期待される．目が行き届きやすく臨機応変な対応をすることが可能だが，園庭がないなど設備が整っていないこともある |
| 家庭的保育事業  | 保育者の居宅などで家庭的な雰囲気のもとで行われる，少人数を対象にした異年齢の保育事業．家庭的保育者(通称「保育ママ」)1人につき3人の子どもまでを預かることができ，家庭的保育補助者とともに2人で保育する場合は，最大5人まで預かることができる．家庭的保育者は，保育士，自治体によっては資格がなくても従事することができるが，市町村が指定した研修の修了が必要になる |
| 事業所内保育事業  | 事業主が従業員のために設置した施設などにおいて，保育を必要とする3歳未満児を対象にした保育事業．定員は数人～数10人程度，設置場所も園によって事業所やその他のさまざまなスペースで，必要に応じて3歳以上児の保育を担うこともある．事業所の従業員である利用者が自分の業務に合わせて保育を利用することができ，利用者の職場と保育する場が近いことが利点である |
| 居宅訪問型保育事業  | 保育を必要とする0～2歳児の居宅を家庭的保育者が訪問して1対1で保育を行う事業．通所による保育が困難な子どもを想定している(障害や疾病などにより個別のケアが必要なケース，保育所の閉鎖などで利用できなくなったケース，離島などで子の保育事業以外の保育を受けられないケース，他)．日常過ごしている自宅での保育なので，子どもにとって安心感が大きい．保育は1対1で行われるが，常に同一の保育者ではなく，複数の担当者が決められて交代で訪問保育をすることで，保育の質と安全を確保するよう工夫されている |

図4　地域型支援事業の概要

> 参考
> 2016(平成28)年からは，企業主導型保育事業も実施されている．これは，地域の企業が共同で設置・利用する認可外保育施設に対して，施設の整備費および運営費の助成を行うものである．複数の企業での共同設置や保育事業設置型もある．企業の従業員の子ども以外を受け入れることもできるが，自治体が関与しない保育施設であり，事業所内保育事業とは区別される(中坪，2021／菊地，2019)．

講義編

# 3歳未満児とその家庭を取り巻く環境と子育て支援の場

2012（平成24）年に施行された「子ども・子育て支援法」に基づき，**地域子ども・子育て支援事業**が示された．これら13事業に対し，国は子ども・子育て支援交付金として，市町村に対して財政的な支援をしている．表5に，乳児保育に関係するいくつかの事業を紹介する．

家庭で過ごす3歳未満児とその保護者に対し，このほかにも多様な子育て支援に関するサービスや取り組みがある．地域子ども・子育て支援事業は，家庭で保護者が子育てに不安やストレスを抱えたり孤立したりすることを防ぎ，同時に子どもや子育てに関する情報を提供し，家庭内で過ごす子どものよりよい育ちの一助となることをめざしている．子育てに関する実状はさまざまで，状況や地域によって異なるが，各地域でニーズに応じた取り組みが行われている．

**⚠ 知っておこう**

地域子ども・子育て支援事業の13事業の内容は以下のものである．(1)利用者支援事業(2)延長保育事業(3)実費徴収に係る補足給付を行う事業(4)多様な事業者の参入促進・能力活用事業(5)放課後児童健全育成事業(6)子育て短期支援事業(7)乳児家庭全戸訪問事業(8)養育支援訪問事業(9)子どもを守る地域ネットワーク機能強化事業(10)地域子育て支援事業(11)一時預かり事業(12)病児保育事業(13)子育て援助活動支援事業（ファミリー・サポート・センター事業）

表5　地域子ども・子育て支援事業（一部）

| 事業名 | 事業の概要 |
|---|---|
| 利用者支援事業 | 妊婦や子育て中の親子などが，地域の子育て支援サービスのなかから自らのニーズに応じて必要な支援を選択し，利用できるように，職員が情報提供，相談，援助，関係機関と連携する事業 |
| 乳児家庭全戸訪問事業 | 原則生後4か月までの乳児のいるすべての家庭を保健師・助産師，主任児童委員などの家庭訪問スタッフが訪問し，育児相談や子育て支援の情報提供などを行う事業．子育て中の保護者の孤立を防ぐ．通称，こんにちは赤ちゃん事業 |
| 地域子育て支援拠点事業 | 主として3歳未満児の親子が交流するための場所（子育て支援センターなど）を提供する事業．子育て相談・援助，情報提供，講習の実施などを行う．実施主体は市町村，社会福祉法人，NPO法人など |
| 一時預かり事業 | 家庭で一時的に保育が困難になった場合に，認定こども園や保育施設で子どもを預かる事業 |
| 子育て援助活動支援事業（ファミリー・サポート・センター事業） | 子育て家庭の保護者が，労働や病気その他のニーズに応じて，保育施設の送迎や預かりなどの援助を受ける相互援助事業．事業者は，登録された援助を求める者（依頼会員）と「援助を提供する者（提供会員）を紹介し繋ぐ役割を担う |

〔参考：中坪史典ら，編著．少子化と子育て支援サービス．『保育・幼児教育・子ども家庭福祉辞典』ミネルヴァ書房．2021．p.462-7.〕

**調べてみよう**

自分が居住する地域では，どのような子ども・子育て支援事業があるか，調べてみよう．

## 引用文献

- 内閣府．認定こども園制度の概要．
  https://www.cao.go.jp/bunken-suishin/kaigi/doc/senmon138shi02_8.pdf（最終閲覧：2024年6月11日）
- 子ども・子育て支援新制度ハンドブック（施設・事業者向け）抜粋．内閣府・文部科学省・厚生労働省資料．p.6.
  https://www.pref.kagoshima.jp/ab14/kenko-fukushi/kodomo/kosodate-kaigi/documents/42486_20141114151357-1.pdf（最終閲覧：2024年6月11日）

## 参考文献

- 厚生労働省，編『保育所保育指針解説 平成30年3月』フレーベル館．2018.
- 小山朝子ら『講義で学ぶ乳児保育』わかば社．2019. p.13.
- こども家庭庁．保育所等関連状況取りまとめ．2023.
  https://www.cfa.go.jp/policies/hoiku/torimatome/r5（最終閲覧：2024年6月11日）
- 児童育成協会，監．寺田清美ら，編『新・基本保育シリーズ15 乳児保育Ⅰ・Ⅱ』中央法規．2019.
- 松本峰雄，監『よくわかる！保育士エクササイズ⑤ 乳児保育演習ブック 第2版』ミネルヴァ書房．2019.
- 全国乳児福祉協議会．平成30年度全国乳児院入所状況実態調査．2019.
- こども家庭庁．社会的養護の施設等について
  https://www.cfa.go.jp/policies/shakaiteki-yougo/shisetsu-gaiyou/（最終閲覧：2024年11月20日）
- 「児童福祉施設の設備及び運営に関する基準」昭和23年厚生省令．令和6年内閣府令による改正．
- 中坪史典ら，編著『保育・幼児教育・子ども家庭福祉辞典』ミネルヴァ書房．2021. p.462-7, p.493, p.559.
- 菊地篤子，編著『ワークで学ぶ乳児保育Ⅰ・Ⅱ』みらい．2022. p.46.

# 0歳児の発育・発達と保育

> **学習のポイント**
> ❶ 0歳児の身体的・生理的発達や運動機能の発達ついて学ぶ
> ❷ 0歳児の発育・発達を理解し，育ちを促す働きかけを知る

## 0歳児の発育と発達

### 1. 身体的・生理的機能の発達

#### ■身体的発育・発達

> **知っておこう**
> **ポルトマン（1897-1982）**
> スイスの動物学者，人類学者．人間の出産に関して生理的早産という考え方を提唱した．

　生まれたばかりの子どもは，周りの大人が関わることで成長していく．スイスの生理学者ポルトマン（Portmann, A.）は，哺乳類の新生児の状態を離巣性（巣を離れる）と就巣性（巣に就く）に分類した．

　人間は妊娠期間が長く，出生時の体重，神経系を含め発達が進んでいるが，他の哺乳類とは違い，立ったり言葉も話したりしないという状態ではなく，何もできない状態で生まれてくるとし，このことを二次的就巣性と呼んだ．また，人間の大脳は発達が著しいため，体の大きさの問題から十分な成熟を待って出産することは難しく，未熟な状態で約1年早く生まれるとし，生理的早産という考え方で説明している．これは，人間が出生後に大人に頼らなければ生きていけないため，環境に柔軟に適応する力（可塑性）をもっているということである．そのため，子どもを取り巻く環境の充実こそが乳幼児の発達に大きく影響することとなる．

　さらに，胎児は出産時，産道をスムーズに通過するため，頭蓋骨を重ねながら頭の大きさを小さくし通過する．誕生後，小泉門は3か月で閉鎖していくが，大泉門は1年ほどかけて閉鎖していく（図1）．そのため，この時期の子どもの頭への刺激や衝撃は脳に伝わりやすいので注意が必要である．

　ここで0歳児の身体の発育について概観していく．出生時の平均的な身長は約50cm，体重は3kg前後であるが，体重の増加は著しく3か月を経過すると

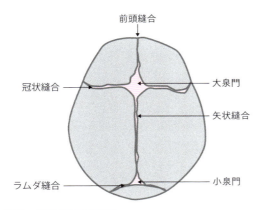

図1　新生児の頭蓋骨

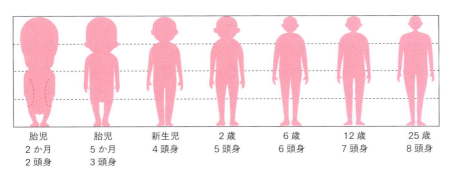

図2　身体各部のつり合い

〔Kliegman, R.M. ら，衛藤義勝，監『ネルソン小児科学 原著第19版』エルゼビア・ジャパン，2015．〕

約2倍の6kgとなる．

　体格は胎齢2か月では2頭身であるが，新生児では4頭身になる（図2）．成人では7～8頭身になるため，子どもは大人に比べ，頭が体のバランスでは大きいことがわかる．子どもが窓から乗り出して転落事故につながりやすいことが示唆され，注意が必要である．

　このように胎児期から出産，誕生にかけて乳児はめまぐるしい成長をしていることが，さまざまな研究から明らかになってきた．子どもと関わる保育者や周囲の大人は子どもの成長を理解し，発育・発達を見守りながら関わることが大切である．

　また，子どもの成長は，保護者や保育者を含めた子どもと関わる大人にとっても喜びが深まる．保育施設の時間保育を利用している保護者には，日中とも

に過ごす時間が少ないことから，情報を共有することが子どもを育てる喜びにもつながるため丁寧に伝えていきたい．

## 運動機能の発達

### 原始反射

新生児期にみられる，ある特定の刺激に対して自動的に行われる行動のことを原始反射という(図3)．原始反射は無意識に行っている不随意運動で，生後2か月ごろから徐々に消えはじめ，外部の刺激に関係なく自発的に体を動かす**随意運動**になっていく．

### 乳児期の運動

原始反射が消失していくと，次第に随意運動がみられるようになる．随意運動には体の体幹部(胴体)や体肢(足や腕)を中心とした**粗大運動**(図4)と手指などを中心とした**微細運動**(図5)に分けられる．このように，身体の発達とともに運動機能が発達することで，行動範囲が広がり，今まで目にしていた環境だけでなく自らが動き，手を伸ばすことで興味関心がさらに広がる．

> **キーワード**
>
> **随意運動**
> 自分の意志や意図によって行う運動．
>
> **粗大運動**
> 座ったり歩いたり立ったりといった全身運動．
>
> **微細運動**
> 手指を使った細やかな調整を必要とする運動．

| 吸啜反射<br>(0〜3か月ごろ) | モロー反射<br>(0〜3か月ごろ) | 把握反射<br>(0〜4か月ごろ) | 足踏み反射<br>(0〜2か月ごろ) |
|---|---|---|---|
|  |  |  |  |
| 口の中に入った物をすう | 外部からの音や光などの刺激に対して，驚いたように手足をピクッとさせたり両腕で万歳のような動作をする | 手のひらに何かが触れるとそれを握ろうとする | 両脇を持ち乳児の体を前方に軽く傾けてみると，両足を前後に出して歩くようなポーズをする<br>※自動歩行ともいう |

**図3 原始反射の例**
〔参考：日本小児神経学会．小児神経学的検査チャート作成の手引き．〕

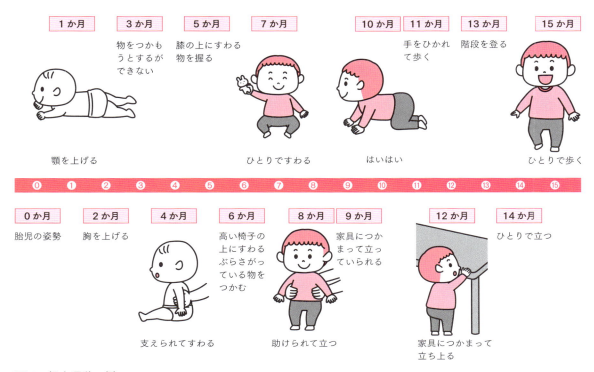

図4 粗大運動の例
〔参考：Shirley, M.M. The first two years：a study of twenty-five babies. 1931：1. University of Minnesota Press.〕

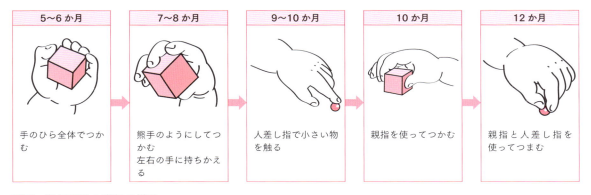

図5 微細運動の獲得の様子
〔神道那実ら．運動機能の発達．大西文子，編『子どもの健康と安全 改訂第2版』中山書店．2022.〕

## 講義編

### ■心の発達

　乳児は身体の発育・発達に著しい成長がみられるが，それと同時に心の成長もみられる．快の感情の成長について，笑顔の表出を通してみてみると，まず原始反射とは異なる，外部からの刺激がなく自覚もない生理的微笑が表れる．生理的微笑は生後2か月ごろまでみられるが，乳児のにっこりする笑顔を周りの大人が見ると愛おしさがこみあげ，その後の信頼関係の構築につながってくる．生後3か月ごろからは，大人の関わりに反応する社会的微笑がみられるようになる．

　また，社会性の発達も乳児期からみられ，恐れや不安があるときに，特定の人に近づく（接触する）ことで感情状態の崩れを回復する傾向性を愛着（アタッチメント）と呼ぶ．これは，ボウルヴィ（Bowlby, J.）が母親にしがみつくことなどのように乳児が自分の保護を求めて取る行動をとらえて提唱した．

　生後7〜8か月ごろから，知らない人に対して不安を抱き，泣いたり嫌がったりする人見知りが表れるようになる．これは，養育者と乳児との間に愛着の絆が形成されているからこそみられる．時期は個人差があるが，愛着は周囲の大人とも形成することが可能であるため，この時期の子どもへの関わりは丁寧なやりとりが重要である．

---

**キーワード**

**生理的微笑**
原始反射とは異なる，外部からの刺激がなく，自覚もない微笑．

**社会的微笑**
大人の関わりに反応する微笑．

---

**知っておこう**

**ボウルヴィ（1907-1990）**
WHOの調査を通じて母子関係の重要を主張したイギリスの児童精神医学者．

---

## 2. 人の関わりと言葉の獲得

　乳児は，不快感を訴えるときに泣くことで思いを伝える．その泣きを，周りの大人が受けとめ対応することで信頼関係につながっていく．「どうしたの？」「○○しようね」などと優しく語りかけることで，乳児にとって，思いが伝わった経験，応じてもらえた経験になる．

　また，「アー」「ウー」といった，主に母音を使って声を出すクーイングや「アーアー」「アブアブ」といった意味をもたない喃語（言葉の前の言葉ともいわれる）によって大人とのやり取りをし，そして，人間関係の構築だけではなく，身の周りのモノにも興味を示してそれらに積極的に関わろうとする．このころは人対人，乳児対モノの関係であり二項関係（図6）となる．このようにして自分の世界を広げていく．

　生後10か月を過ぎたあたりから大人−モノ−自分の3者間の関係を認識する共同注意が備わるようになる．

　共同注意は，大人が見ているものと同じものを見るようになり，他者理解や三項関係（図6）の基礎となる．

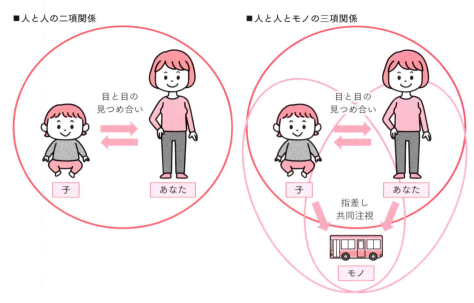

図6 二項関係と三項関係

## ● 0歳児の保育における援助と配慮

### 1. 「生活」からとらえた援助や配慮

#### ■食事
　月齢によって発達の姿が個々に異なるが，5～6か月ごろから歯が生えはじめ，離乳食を開始する．その後，自分で食べる意欲がみられるようになると手づかみ食べがはじまる．手づかみ食べは自らが手を伸ばし食べようとする行為のため，うまく食べられずにこぼしてしまったり，嫌な食べ物は放ってしまったりするなどの姿がみられるが，見守りながら進めていきたい．

#### ■排泄
　おむつ交換は子どもの様子に合わせて行っていく．交換をする際は，突然おむつを変えるのではなく「おむつをきれいにしようね」「さっぱりするね」と声をかけてから行うようにすることで，子どもの人権を大切にしていく．

### ■睡眠

個々の発達により個人差は大きいが，0歳児の初めは午前睡と午後睡の2回睡眠をとっていたものが，次第に午後にまとめて睡眠をとるようになる．少しでも安心して眠れるような環境を用意し，乳幼児突然死症候群（SIDS）の予防のため，顔色や呼吸の確認を0歳児は5分に1回ブレスチェックを行う．

> 🔑 **キーワード**
> SIDS：Sudden Infant Death Syndrome
> 乳幼児突然死症候群と呼ばれ，元気な赤ちゃんが事故や窒息ではなく眠っているときに突然死亡してしまう病気のこと．

## 2. 「遊び」からとらえた援助や配慮

0歳児前半は感覚器官を使って外界からの刺激を取り入れ，動くおもちゃを追視したり，先にあるおもちゃに手を伸ばそうとしたりする探索活動がみられる．そして，手に入れたおもちゃを舐めてみたり，振ってみたりして関心を広げていく．そのため，乳児が関心をもてるよう見える位置におもちゃをぶら下げたり，手で持てるサイズのおもちゃを用意したりする．また，舐める可能性もあるため，衛生的に保管もしていく．

とくに，乳児が「アー」「ウー」といったクーイングや「アーアー」「アブアブ」といった喃語で要求をしてきたときには，言葉かけをしながら応答することで，信頼関係の構築につながっていく．

また，大人と向かい合って歌や語りかけに合わせて行うあやし遊びも好み「いないいないばあ」「おおかぜこい」「ちょちちょちあわわ」などがある．

このように0歳児は，心身の成長・発達が著しく，個人差も大きい．そのため，一人ひとりにあった対応が求められる．とくに，愛着形成につながる大人とのやり取りは，信頼関係の構築につながるため，丁寧な声かけや遊びに誘っていきたい．

> **演習　考えてみよう**
> 乳児がクーイングや喃語などで要求をしてきたときに，どのような言葉かけをするか考えてみよう．
>

**引用文献**

- Kliegman, R.M. ら．衞藤義勝，監『ネルソン小児科学 原著第 19 版』エルゼビア・ジャパン．2015.
- 神道那実ら．運動機能の発達．大西文子，編『子どもの健康と安全 改訂第 2 版』中山書店．2022.

**参考文献**

- 中坪史典ら，編『保育・幼児教育・子ども家庭福祉辞典』ミネルヴァ書房．2021．p.122.
- 松本博雄ら『0123 発達と保育―年齢から読み解く子どもの世界』ミネルヴァ書房．2012.
- 内田照彦，増田公男『要説 発達・学習・教育臨床の心理学』北大路書房．2000.
- 成田朋子『子どもは成長する，保育者も成長する―人とかかわる力を育む保育と成長し続ける保育者』あいり出版．2008.
- 成田朋子『子どもは成長する，保育者も成長するⅡ―子どもとともに，保護者とともに，成長し続ける保育者』あいり出版．2016.
- 無藤隆ら，編『よくわかる発達心理学 第 2 版』ミネルヴァ書房．2009
- 青木紀久代，編『保育の心理学―シリーズ知のゆりかご』みらい．2019.
- 日本小児神経学会．小児神経学的検査チャート作成の手引き．
  https://www.childneuro.jp/uploads/files/about/tebiki.pdf（最終閲覧：2025 年 1 月 23 日）
- Shirley, M.M. The first two years：a study of twenty-five babies. 1931：1. University of Minnesota Press.

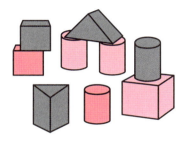

講義編

# 1歳児の発育・発達と保育

> **学習のポイント**
> ❶ 1歳児の発育・発達の特徴である，運動機能や言語の発達，自我意識の芽生えなどについて学ぶ
> ❷ 1歳児の発育・発達を理解し，その受容的・応答的な関わり方，環境づくりについて学ぶ

## 1 歳児の発育と発達

### 1. 身体的・生理的機能の発達

　乳児期はめざましい成長を示す時期である．厚生労働省が乳幼児身体発育の調査に基づき，乳幼児の発育状態を正しく捉え確認できるパーセンタイル値を用いたグラフを明示し，母子健康手帳に収載している．

パーセンタイル発育曲線
➡ p.84 を参照

　このパーセンタイル値からもわかるように，1歳児ごろの体重は，出生時の約 3,000g と比較すると 3 倍の約 9,000g になり，身長も出生時に約 50cm であったが，その 1.5 倍の約 75cm となる．しかし，このような数値は目安であり，発育には個人差があるため，発育状態を評価せず個々の育ちに目を向けていきたい．

　また，呼吸が乳児期の腹式呼吸から胸式呼吸への移行期となり，体型は乳児体型から幼児体型へ変化するため動きが活発になる．

　このように，1歳児の身体的・生理的発達はめざましい成長をするが，個人差が大きいため一人ひとりの成長の把握が重要となる．

### 2. 運動機能の発達

　1歳前後になると歩行が始まる．歩き始めはハイガード歩行となり，脇を大きく広げバランスをとり足幅は左右に大きく広がっている．徐々に歩行が安定してくると，両腕を少し下げて歩くミドルガード歩行へと変化する．1歳後半ごろになると，両腕を下して歩くローガード歩行を獲得し，足幅も狭くなりス

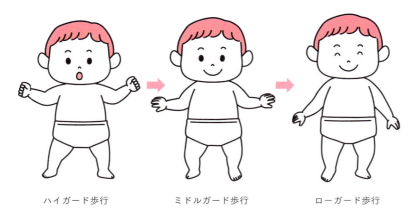

ハイガード歩行　　　ミドルガード歩行　　　ローガード歩行

図1　歩行の発達

ムーズな直立2足歩行となっていく（図1）．

　歩行の獲得時期にとらわれ過ぎず，子どもの歩き方に着目し，丁寧な観察と適切な援助をしていく．歩行の獲得時は徐々にバランスがとれるようになっていくが，身長に占める頭の割合が高く，転びやすいので見守りが必要である．**大人に手を掴まれたまま転倒すると，子どもは自分で手をついて体を支えることができず危険が伴うため，手をつなぐときには，子どもに大人の指を握らせるようにする．**こうすることで，子どもの動きたい気持ちを制限することなく安全に動くことができ，子どもの活動意欲も大切にすることができる．

　このころから，自由に動き回ることを楽しみ，ますます好奇心が旺盛になるので「自分でやってみたい」という意欲も大きく育っていく．興味を引くものがあったり関心が向いたりすることがあると，突然に大人の手を振り払い，歩行の向きを変え対象物にまっしぐらに進むこともあるため注意が必要である．

　また，歩行の確立に伴い，指や手の動きも巧みになり，周囲にあるものを触りたがるようになる．探索活動の範囲も広がっていくが，危険なときには，理由とともに声がけをして制止をすることが必要である．物事の善し悪しを繰り返し伝え，うまくいったときには一緒に喜ぶようにすると，子どもは自信をもって，また新たな探索活動に挑戦していくことができる．大人は環境を整え子どもの安全に留意しながらも，主体性を大切にした自由な活動を保障するように心掛ける．

身長に占める頭の割合
→ p.35 を参照

**🔑 キーワード**
**探索活動**
周囲の環境や事物に近づき，観察したり，触れたり，手で操作したりすることによって，情報を得ようとする活動．

## 3. 言語の発達

　1歳ごろになると個人差はあるが，「ママ」「マンマ」「ワンワン」「ブーブ」などの有意味語が表れる．なお，初めて発する有意味語を初語という．このような1つの単語で表現した一語文を獲得し，伝えようとする．

　このような単語の「ママ」であるが，「ママ，おなかがすいた」「ママ，ねむい」「ママ，ここへきて」と，場面によって子どもの異なる欲求や思いが込められているため，大人が状況や表情，声などから思いを汲み取り応答的な関わりをしていくことで，信頼関係を深めることができる．子どもにとっては自己肯定の気持ちとともに，コミュニケーションの楽しさや，言葉の効力を感じ取る機会になると考えられる．

　1歳半ごろには象徴機能が発達し，イメージしたものを当てはめて見立てたり，言葉で伝えたりする．繰り返しのある事象であれば，少し先を見通す力もつく．物に名前があることに気づくと，大人との言葉のやりとりを楽しみながら，語彙の数も急激に増加（語彙爆発）する．言語の理解も進むので，大人が「○○は，どこかな？」と尋ねると，指さしで応え，「○○を，持ってきてね」と指をさすと，言った物を喜んで運んでくる．

　また，2歳近くになると，「ブンブ（お茶），チョーダイ」「ニャーニャ（猫），キタ」「ママ，ダッコ」「コレ，ナーニ？」など，二語文で話せるようになり，子どもの意思が周囲に伝わりやすくなる．

　言葉を育むには，子どもが思いを伝えたいと思えるような大人との関係性を育み，伝わる喜びや伝える環境を構成していくことが必要である．このような応答的な関わりを大切にし，子どもの心の拠り所となるよう意識して関わっていくことが求められている．

　言葉を育んだり，コミュニケーションの機会になりえる絵本の時間は，言葉の楽しさを共有しながら心のやりとりができる．言葉や心の発達を促すこの機会を，大切にするよう心がける．子どもがたくさんの言葉に触れ，感じて表現できる，豊かな時間にしていく工夫が必要である．

> **キーワード**
>
> **有意味語**
> 意味をもつ言葉のこと．その前の意味をもたない言葉を喃語（なんご）という．喃語については p.38 参照．
>
> **一語文**
> 意味のある1つの単語により，意思疎通をしようとして表現されたもの．
>
> **象徴機能**
> 物事が目の前になくても認識する機能．このため欲しいものが目の前から消えても，いつまでも要求するようになる．
>
> **二語文**
> 一語文を2つ組み合わせた文が，二語文である．二語文の発話では，まだ助詞を使うことはできない．

> **選んでみよう**
>
> 言葉のリズム感や，真似をしやすいフレーズを楽しめる絵本．生活体験につながる内容であったり，単純なストーリーで繰り返しが楽しめる絵本など，1歳児が親しめる絵本を選んでみよう．

## 4. 自我の芽生え

　歩行や言葉の発達を得て，自分の世界の拡大をしていくと，周りとの関わりのなかで自我が育ちはじめる．何でも「自分でやりたい」「自分はできる」といった意思を表すようになるが，この意欲や自尊心の高まりは自己を確立するための歩み出しである．

　しかし，このようなプロセスのなかで，大人の援助を嫌がり自己主張をする表現として，「イヤ」という言葉を発する場面が多くなる．

　自我の芽生えのころは言葉での表現がまだまだ未熟なため，他児とのトラブルが生じやすくなる時期である．思いがうまく伝えられず玩具の取り合いなどから，相手を噛んだり，ひっかいたりすることも起きてくる．子どもの要求を受け止め他者の気持ちを伝えながら，子ども同士の仲立ちを適切に行うことが重要である．

　日々繰り返し心の安定を図っていくと，子どもは自分の気持ちの立て直しや，人との関わり方を習得していく．

　また，トラブルが発生した場合には原因を探り，子どもの発達や生活状況，保育環境などを再確認してみることも大切である．また，この時期の子どもの発達の特徴や起こりうるトラブルについて，日ごろから保護者に説明しておくことで，子どもの成長のなかで起こる事象として共通理解を得られるようにすることも重要である．

講義編

# 1歳児の保育における援助と配慮

## 1. 「生活」からとらえた援助や配慮

　自我の発達により意思が外に主張され，不完全な試みや結果が繰り返されるが，周囲の大人は否定して抑えつけないようにする.

　成長を認め気持ちを受け止めながら，できないところを援助するように向き合う.　わかりやすく説明したり励ましたり，場面ごとに判断し働きかけることが必要である.　生活面における子どもの成長は，「やってみたい」の気持ちが尊重された，大人の丁寧で温かい援助が繰り返し重ねられることで育まれていく.

**食事**

　離乳の後期にあたる10～12か月ごろに手づかみ食べを十分にさせた後の1歳ごろには，食具を使い始める時期になる.　スプーンは柄の握りやすさ，食べやすさを目安に形状を考え選択する.　食べこぼしは多くても，自分で食べる喜びや意欲を認めた援助を心がける.　そして1歳後半に離乳食から幼児食に移行していく.

　また，**好き嫌いが出てくる時期であるが，子どもの気持ちを尊重しながらも，食の経験が育まれるような援助を工夫する**.　しっかりと咀嚼して味わえるように，「かみかみ」「もぐもぐ」「ごっくん」と，流れを言葉にして伝えるとわかりやすく有効である.

　食事のあいさつや，手や口の衛生面での習慣も定着させていく.　ゆったりとした雰囲気づくりをし適切な援助をすることで，他児との食事の時間を楽しく豊かにしていくことができる.

　食物アレルギーや調理法，盛り付け，分量など，個人に合わせたきめの細かい対応については，栄養士や調理師，保護者との緊密な連携をとる.　また医師からの情報を保護者から得て正確に把握し，調理師・栄養士と連携し，除去食などの対処が必要である.　人的なエラーのないように配膳や食事の席など，細心の注意をはらう体制が重要である.　生命に関わる重い症状（アナフィラキシー症状）についての対応も明確にしておく.

---

**👆 ポイント**

**食具**
食事に用いる容器，器具，食器の総称.　スプーンの持ち方には段階があり，スタート時には，手のひらで上からスプーンを握る上握りから始まる.　スムーズに使えるようになったら，下握りに移行させていく.

食物アレルギーとその対応
➡ p.88，150を参照

### 排泄

　自立歩行が可能になり，いくつかの言葉の理解ができ，排尿の間隔が2時間以上になる1歳半過ぎ以降が，トイレットトレーニング開始の目安である．しかし，個人差を踏まえ，無理のないようゆったりとした気持ちで進めていくことが必要である．

　おむつが濡れていないときにトイレに誘い便座に座らせると，偶然おしっこが出ることがある．その場合には「おしっこ出たね」などと一緒に喜び，やさしい声がけをすると，子どもは排尿の感覚と認識を結びつけられるようになってくる．

　また，トイレットトレーニングでの失敗をとがめることや否定的な表情をすることは，子どもに後ろめたさを感じさせるため，避けなければいけない．失敗は当たり前のことと受け止め「出ちゃったのね．気持ち悪いね，着替えようね」と温かい気持ちで声をかける．

### 睡眠

　午睡は，午後1回，1～2時間程度を目安とする．子どもの心身をゆっくりと休ませるための環境づくりが必要である．そのためには，部屋を薄暗くし寝具を特定の位置に決めて準備するなど，静かな環境で安心してぐっすり就寝できるよう配慮する．個人の入眠のこだわりや気持ちに寄り添えるよう工夫し，その子の心地のよい眠り方を大切にしていく．

　また，睡眠中には重大な事故が発生する可能性もあり，安全への配慮を怠らないようにする．睡眠の様子(姿勢や呼吸)をチェックして，健康状態を把握することは重要である．

### 着脱

　1歳半ぐらいになると自分で衣服や靴の着脱をしたがるようになる．「イヤ」と大人の手を振り払い「ジブンデ」と挑戦をしようとする．何とかしたいがうまくいかないという葛藤が日々繰り返される．着脱のしやすい衣服や靴の選択，パンツやズボンがはきやすいように低いベンチの準備をするなど，環境を工夫して整えるよう配慮する．

このころの関わりは，子どもの思いを受け止め，表情とまなざしで見守り，できないところをさりげなく手伝うようにする．一歩ずつであっても，子どもが充実感や達成感を得られるような関わりをしていくことが大切である．

## 2. 「遊び」からとらえた援助や配慮

　子どもが自発的に多様な経験を重ねられるような環境づくりが大切である．のびのびと存分に探索したくなるような魅力的な環境を設定する．

　安全に配慮しながら散歩にでかけると，自然や人，物や事柄など，さまざまな新鮮な刺激に出合う機会になる．戸外で身体を十分に動かし遊ぶことで運動機能の発達を促し，さらなる好奇心や意欲が育まれる．

　室内では動的なスペースのほかに，ものと関わり一人で遊びこめる静的なコーナーを設置する．また，周囲の物事に対し興味・関心が高まり，真似をすることや見立てることができるようになるので，簡単なごっこ遊びができる環境をつくり，他児と一緒に関わりながら遊べるような工夫をしていく．

> **考えてみよう**
> 　1歳児のままごと遊びのコーナーづくりを考えてみよう．この時期には，丁寧な大人の仲立ちや見守りが必要であることを踏まえ，準備するものや配置について工夫し，図を描いてみよう．

**参考文献**

- 中坪史典ら，編『保育・幼児教育・子ども家庭福祉辞典』ミネルヴァ書房．2021．p144．
- 秋田喜代美ら，秋田喜代美，野口隆子，編『乳幼児 教育・保育シリーズ 保育内容 言葉』光生館．
- 稲葉穂ら，児童育成協会，監．寺田清美ら，編『新・基本保育シリーズ⑮ 乳児保育Ⅰ・Ⅱ』中央法規出版．2019．
- 寺田清美ら．阿部和子，編『改訂 乳児保育の基本 第2版』萌文書林．2021．
- 池田りなら．神蔵幸子，金允貞，編『やさしい乳児保育』青踏社．2020．

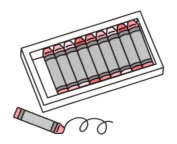

# 2歳児の発育・発達と保育

> **学習のポイント**
> ❶ 2歳児の発育・発達の特徴について学ぶ
> ❷ 2歳児の発育・発達を理解し，その受容的・応答的な関わり方について学ぶ

## 2歳児の発育と発達

### 1. 身体的・生理的機能の発達

2歳児とは，その年度に3歳の誕生日を迎える子どもを指す．

2010（平成22）年に実施した乳幼児身体発育調査報告（厚生労働省，2011）では，2～3歳になるまでの身長，体重の平均値について表1の通り示されている．

2～3歳ごろの主な身体的・生理的な特徴は次の通りである．まず，脳の重さは約1,000gとなり，これは大人の約3分の2に値する．体重は1年間で約2～3kg増加し，身長は1年間に約7～8cm伸びる．個人差はあるが，赤ちゃんの体形から幼児らしい体形になり，4頭身から5頭身ほどになる．背骨も乳児のときはまっすぐであったが，この時期にはほどよい湾曲となる．脚も転びやすかったO脚が次第にまっすぐになり，土踏まずもできてくるため，バランスよく歩けるようになってくる．

表1 2歳児の身長・体重

| | | 2歳 0～5か月 | 2歳 6～11か月 |
|---|---|---|---|
| 男児 | 身長 | 81.1～92.5cm | 85.2～97.4cm |
| | 体重 | 10.06～14.55kg | 10.94～16.01kg |
| 女児 | 身長 | 79.8～91.2cm | 84.1～96.3cm |
| | 体重 | 9.30～13.73kg | 10.18～15.23kg |

〔厚生労働省．平成22年乳幼児身体発育調査の概況について．2011．〕

　全身のバランスが4頭身から5頭身になることで，2歳を過ぎると，歩行が安定し，身体のバランスを取る力も身につくため，走ったり飛び降りたりすることを楽しむようになる．手先・指先の機能も発達するので道具を使う遊びに興味を示す．たとえば，砂場では，片方の手にスコップを，もう一方の手にはカップを持って，そのカップの中に砂を入れたり，水を汲んだりして砂遊びを積極的に楽しむ．

　また，指先をコントロールする力も発達してくるので，クレヨンで湾曲する線を元の位置まで戻すことができるようになると，出発点にくっつけることで閉じる形になり，丸を描くことも可能となる．

　たとえ円形ではなくても閉じている形を描けるのは，スタート地点から出発して線を描き，再び出発点の位置に戻るという意図的な行為である．これは，手先のコントロールのみではなく，意図して表現する力が育った姿でもある．

　さらに3歳になると，基本的な身体動作が可能となるため，ジャンプしたりくぐったりするだけでなく，曲に合わせて身体を動かしたり，三輪車をこいだり，カニのように横歩きを楽しむなどして遊びも広がっていく．

　また下顎の発達に伴い，顔つきも幼児らしくなる．3歳ごろまでには，20本のすべての乳歯が生えそろう．このころには，呼吸も腹式呼吸へ移行する．

## 2. 人との関わりと言葉・心の育ち

### ▌言葉の育ち

　2～3歳の時期には急激に言葉でのやり取りができるようになる．これは語彙が増えるだけではなく，会話におけるルールとして他者と向き合って話そうという意識がもてるようになるからといえる．ただし，他者と向き合って対話をする姿勢は，それまでに周囲の大人が子どもの発信を敏感に受け取り，いか

表2 「一次的ことば」と「二次的ことば」の性質

|  | 一次的ことば | 二次的ことば |
|---|---|---|
| コミュニケーションの形態 | 1対1的・対面会話のなかで働く（話のテーマが展開し，コミュニケーションが深まる） | 一方向的談話形式が加わる（特定の個人が不特定多数の他者に対して話す） |
| やり取りの対象 | 基本的に特定の親しい人（子どもはこのやり取りのなかで「我と汝」の原型を形づくる） | 不特定多数の人 |
| コミュニケーションの展開 | 話のテーマが具体的でその対話場面に直接関係する事柄について話し合う | その場面を離れた事象や抽象的な概念や理論などについて話すことも求められる |
| コミュニケーションツール | リアルタイムで機能することば（話しことば） | 一次的な話しことば＋二次的ことばとしての話しことば・書きことば |
| コミュニケーションの手法 | 助詞や助動詞が抜けていたり文法が不十分だったりしても，相手との共同行為によって伝わる | 文法を正しく使い，必要なことはすべてことばのなかに託さなければ伝わらない |

〔参考：岡本夏木『幼児期―子どもは世界をどうつかむか』岩波書店．2005．p.168-70.〕

> **ポイント**
> 応答的な関わりとは，言葉に限らず子どもの表現（表情，行動，しぐさなど）から気持ちを読み取り子どもの気持ちや発達段階に沿った関わり，子どもの思いに応えていくことである（鬼頭，2021）．
>
> 岡本夏木『幼児期―子どもは世界をどうつかむか』岩波書店．2005．

に子どもの表現を大切にし，応答的な関わりをしてきたかが，やり取りの支えになる．

　相手とのことばのやりとりのなかで展開される乳幼児期のコミュニケーションを一次的ことば，小学校以降に必要とされるコミュニケーションを二次的ことばと呼び，区別される（岡本，2005）．表2は，一次的ことばと二次的ことばを整理したものである．岡本（2005）は，二次的ことばの基礎として一次的ことばを育む過程，すなわち「ことばの共同行為」がもたらす一次的ことばの世界の充実と深まりの効果の重要性を述べている．

**■心の育ち**

2歳児は，1歳児のように発見したときに指差しをするだけではなく，同じモノを見つけて「おんなじ～」，友だちと同じモノを持っていることがわかると「いっしょ～」，さらには「いっぱ～い」というように，発見し心が動いた事柄を言葉で表現するようになる．

また，友だちとブロックの量を見比べ，多い・少ない，大きい・小さい，電車に見立てる際には長さを意識したり，長いモノを見て「へびさんみたい！」短いモノを見て「ミミズみたい」と言ったりするなど，数や量の概念も育ち始める．このような概念の育ちは，人との関わりのなかで他者と世界を共有することで拡大していく．

また，2歳児は自我が拡大する時期であることから「ジブンデ！」，「ジブンガ！」と自己をしっかり表出するようになる．しかし，いつも思い通りにいくとは限らず，イラ立ちや悔しさなどの思いを言葉で伝えることも未熟ゆえ，泣きわめく姿もみられる．なだめることもできない姿に対して「手がつけられない」，「一度言い出したら聞かない」と大人が表現をすることがあるが，この姿は"できないけれど諦めたくない"，さらにはどうしたらできるのか模索し，自身と一生懸命に戦っている姿である．

子どもが自ら気持ちを切り替え，葛藤を乗り越えていくには，周囲に向けられるだけの心の余裕と認識能力の育ちとあわせて，選択できるだけの選択肢が子どものなかに育っていることが必要である（神田，1997）．この育ちを前提としたうえで，神田（1997）は子ども自身が周囲の状況を認識して気持ちを切り替え，自分の要求が実現する方途を探ることができるような関わり方が必要であると述べている．気持ちを立て直したり，切り替えたりする力は，2歳児になったら育つというものではなく，乳児期からの大人の応答的な関わりの質が鍵となる（図1）．

神田英雄『0歳から3歳―保育・子育てと発達研究をむすぶ』草土文化．1997．

## 2歳児の保育における援助と配慮

### 1. 「生活」からとらえた援助や配慮

**食事**

顎の成長や歯が生えそろうことで，食べ物を咀嚼して食事をとるようになる．しかし，慌てて飲み込み誤嚥につながることもあるので注意が必要である．また，保育所や認定こども園ではおやつ（補食）を午前，午後，夕方にとることが多い．

講義編

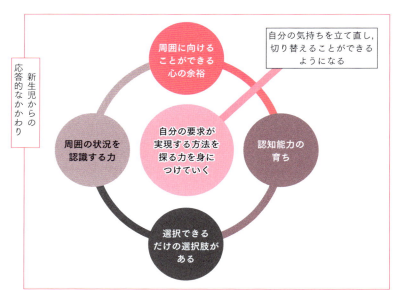

図1 気持ちを切り替える力の成り立ち

**排泄**

　膀胱に貯まる量の増加に伴い，尿意を抑制する機能も発達することで排尿間隔が徐々に長くなっていく．1歳半ごろから排尿の調整ができるようになるため，保育所では夏ごろに1歳半を過ぎる子どもたちはトイレットトレーニングを始める（鬼頭，2021）．しかし，排泄の自立は単にトイレで排尿ができたということではない．「〈おしっこがしたい→トイレに行かなくちゃ〉と思ってから，遊びを中断してトイレに行く行動を起こすには，気持ちの切り替えが必要」（鬼頭，2021）であるため，2歳児にとっては重要な心の育ちである．

> **事例　ヒロトの選択**
>
> 　2歳半のヒロトが最近，夢中になっている遊びは，積み木を積んで駅やタワーに見立てたりして，その周りに細長い積み木を電車に見立てて走らせることである．イメージをもって積み木遊びを楽しめるようになってきたとみられる．
> 　その日も電車遊びをするために，駅の横に高いビルをイメージして，積み木を高く積んでいた．ところが，ビルのてっぺんにいつも載せるお気に入りの形の積み木が見つからない．探しているうちに，ヒロトはおしっこがしたくなりどうしようか困っていた．なぜなら，トイレに行っているうちに，誰かに積み木を取られるかもしれない．あるいは，せっかくここまで作ったものを誰かに壊されるかもしれないからである．だからといって，このまま積み木を探して完成させることを優先すればここで漏らしてしまう．ヒロトにとっては，究極の選択である．

鬼頭弥生．0歳から1歳児の理解と援助．大浦賢治，編『実践につながる新しい子どもの理解と援助―いま，ここに生きる子どもの育ちをみつめて』．2021．p41．

自らトイレに行く行為は，自分の気持ちを律して夢中で取り組んでいたことを中断するという強い意思がもてるようになったことを意味する．すなわち，排泄の自立は，自分で心のコントロールができるようになったことを意味し，理性で行動するには程遠い年齢の子どもにとって目覚ましい心の育ちの表われである（鬼頭，2021）．

**睡眠**

2歳児は，まだ体力が十分ではないため，休息が必要である．午後に一定時間睡眠がとれるようになるため，安心できる落ち着いた環境で午睡をできるようにしていきたい．その際，SIDS防止のため，10分に1回のブレスチェックを行い，呼吸や顔色の変化などを確認していく．

SIDS：Sudden Infant Death Syndrome
➡ p.40 を参照

**清潔**

2歳児になると，手洗いや着替えなども「自分でやってみたい」という思いとともに行えるようになる．とくに，戸外から室内に戻る際や給食前の手洗いは丁寧に行っていきたい．また，戸外で遊んだ後，服が汚れてしまったときや午睡前後の着替えなど，子どもたちが清潔で安心して過ごせるよう積極的に行いたい．

## 2.「遊び」からとらえた援助や配慮

模倣遊び，つもり遊び，見立て遊びを経て，イメージの共有ができるようになると他児とのごっこ遊びに発展していく．遊びを通して言葉や人と関わる力が育っていく．

> **事例　イメージの共有を楽しむ2歳児**
>
> ハルキとユウトとユイは細長い積み木を電車に見立てて遊んでいる．ところどころに踏切に見立てた場所もある．そこを通るたびに，3人は「カンカンカンカン！」と口々に言って必ず止まる．「カンカンカンカン！」と音を立てて遮断機が降りるイメージを楽しんでいるのである．
> また，園庭に出て遊んでいるときも，「ユイちゃんはシャー」，「わたしダンキー」と言って遮断機ごっこを楽しんでいる．
> これは，絵本『ふみきりかんかんくん』（2019年，講談社）の読み聞かせをして以来，子どもたちが夢中になっている遊びである．

**講義編**

## キーワード

**象徴機能**
今ここにない指示物（意味されるモノ）を頭のなかで「イメージ化（表象）」し、そのイメージを言葉・モノ・動作（意味するもの）などで代表させること（本郷、2007）。この機能の獲得は現実の事物や事象を代理するものに変換して自分の内面で取り扱うことができる能力が備わったことを意味し、その後の認知発達や言語の発達を進めていくうえで非常に重要な機能と考えられている。

**表象機能**
目の前にないものを頭のなかでイメージする力のこと。

## 知っておこう

**パーテン（1902-1970）**
1930年代に活躍したアメリカの発達心理学者。1929年に発表した研究論文により、幼児期の子どもが遊びに参加していく6つの発達段階「何もしない行動」「一人遊び」「傍観的行動」「並行遊び」「連合遊び」「協同遊び」を示した。

この事例のように、つもり・見立て遊びを楽しむには、象徴機能が育っていなければならない。つまり、見たり聞いたり、体験したことを時間がたっても頭のなかにイメージを描くことができ、さらにそれを別の物に置きかえる能力が必要である。

たとえば、ケーキを食べておいしかったから、砂をケーキに見立てて先生にも「はい、どうぞ」と渡すことができたり、おいしく食べる真似ができたりする。このときに、保育者が一人ひとりの子どもの気持ちを受容・共感し、応答的な関わりをしていくことが不可欠である。また、つもり・見立て遊びに至るには、子どもが表象を使う遊びを展開できるように、日々の生活のなかでさまざまな体験をさせ、再現できるだけの環境を用意することが保育者の重要な役割となる。

### 3. 2歳児の遊びと環境の概要と援助

パーテン（Parten, M.B.）は、子ども同士の関わりから遊びを6つに分類している（表3）。

2歳児では、ひとり遊び、傍観遊び、並行遊びの姿が多々みられるので、一人ひとりが没頭して遊べる環境を保障することは大前提である。しかし、傍観遊びで示しているように、他児に全く関心がないわけではない。他児が持っているモノが気になったり、楽しそうに遊んでいる姿に惹かれたりして、「やってみたいな」、「触ってみたいな」という気持ちが湧き起こることで、新しいことに挑戦する意欲が育まれるとともに、子ども同士の関わりが生まれる。

このとき、言葉での伝え合いが未熟なため、モノや場所の取り合いも生じる。いざこざは、自分の思いを相手にどうやったら伝わるのか、意図をもって生活しようとする力を育む大事な過程である。したがって、子ども同士のいざこざは他者を理解したり、適切な自己表現方法を習得したりする機会ととらえる。保育者は、いざこざが起きないように保育するのではなく、つながりをまるごと育てていくような視点をもち、子どものなかに生じた葛藤を支えながら、それを乗り越えるよう援助することが大切である。

このようなことから、他児の遊びが見渡せる環境づくりも欠かせない。たとえば、間仕切りの高さは、子どもが向こうの世界を見ることができる高さに留める。どこに何があるのか見渡せる配置および選択しやすい配置が重要となる。子ども同士がつながって世界を広げていくには、保育者が子どもに直接声を掛けて誘うことよりも、まずは友だちを意識しながら遊べる環境づくりを心がけたい。

2歳児は、自我の拡大とともに、自分で決めることができるようになってい

**表3　パーテンによる遊びの発達段階**

| 分類 | 特徴 |
|---|---|
| 何もしない行動 | 遊んでいるとはいえず，ぼうっとして見ているような状態 |
| ひとり遊び | 近くに他児がいたとしても，他児と関わろうとしないで，ひとりで遊んでいる状態 |
| 傍観遊び | 他児が遊んでいる姿を眺めている．見ている子どもに話しかけることはあっても，遊びに参加はしない |
| 並行遊び | 同じ遊びをすぐそばで行っていても，一緒に遊ばずそれぞれで遊んでいる状態 |
| 連合遊び | 他児と関わりをもちながら遊ぶようになるが，遊びでの組織化はみられず，友だち同士の結びつきはまだ弱い |
| 協同遊び | グループで役割分担をしたり，共通のテーマを認識して目的に向かって一緒にやり遂げようとしたりする．遊びのなかでルールも決めて，1つの遊びをみんなで展開していく |

〔参考：Parten, M.B. Social participation among preschool children. Journal of Abnormal and Social Psychology.1932：27. 243-69.〕

くよう，選択肢のある環境および安心して探索活動ができる環境づくりが求められる．なお，この時期は，貸し借りの体験を優先するのではなく，一人ひとりが十分堪能できる（取り合わない）だけの数を用意する．そのうえで，友だちとの関わりや遊びが広がっていく環境をつくる．それには，常に子どもの興味・関心ごとに配慮し，つもり・見立て遊びができるさまざまな材料をさりげなく目に留まるところに置き，その都度入れ替えることも大切である．

　心身ともに健やかに発達していくためには，子どもが自ら行動を起こしたくなるような働きかけが基盤である．保育者は，子ども自身が見通しをもって生活できること，納得して生活できることを意識して保育を構想していくことが大事である．

**引用文献**

- 厚生労働省．平成22年乳幼児身体発育調査の概況について．2011.
https://www.mhlw.go.jp/file/04-Houdouhappyou-11901000-Koyoukintoujidoukateikyoku-Soumuka/kekkagaiyou.pdf（最終閲覧：2024年7月3日）

**参考文献**

- 鬼頭弥生．0歳から1歳児の理解と援助．大浦賢治，編『実践につながる新しい子どもの理解と援助―いま，ここに生きる子どもの育ちをみつめて』ミネルヴァ書房．2021．p.27-57.
- 岡本夏木『幼児期―子どもは世界をどうつかむか』岩波書店．2005.
- 神田英雄『0歳から3歳―保育・子育てと発達研究をむすぶ』草土文化．1997.
- 本郷一夫，編『発達心理学―保育・教育に活かす子どもの理解』建帛社．2007.
- Parten, M.B. Social participation among preschool children. Journal of Abnormal and Social Psychology.1932：27. 243-69

講義編

# 移行期の子どもへの関わり

> **学習のポイント**
> ① 満3歳児の発育・発達の姿を学ぶ
> ② 満3歳児が乳児保育の中で過ごすための個別配慮や環境配慮を知る
> ③ 3歳児保育へ向けての援助・配慮事項を知る

## 2歳児クラスに在籍する3歳児

2歳児クラスは，その年度当初に満2歳に達している子どもが在籍するクラスである．子どもたちは，年度の始まりである4月から1年間で，それぞれ誕生日を迎え満3歳になるが，その年度の終わりまでそのまま2歳児クラスに在籍する．一方で，3月生まれの子どもは，2歳児クラスがスタートした時は2歳0か月で，2歳児クラスで過ごす1年間はほぼ2歳のままである．よって2歳児クラスを担当する保育者は，2歳児の姿だけでなく，3歳児の発育や発達，生活や遊びの姿を把握しておく必要がある．

> **ポイント**
> 4月生まれの子どもは，2歳児クラスがスタートして早々に満3歳になり，3歳のほとんどの期間を2歳児クラスで過ごす．

### 1. 3歳児の発達の特徴

以下に，3歳児の発育や発達の特徴を整理する．

**運動**

跳ぶ，跳ねる，滑り台をスムーズに登り滑り降りる，ケンケンができる，三輪車をこぐなど，全身運動が活発になる．身のこなしが巧みになり，体全体を使った運動遊びを楽しむ子どもも多い．3歳から4歳までに身長・体重の目安は90〜100cmくらいに，体重は13〜15kgくらいに増加する．

手先の器用さが増し，ハサミや箸を使えるようになったり，クレヨンやペンを持ち描画を楽しんだりするようになる．

58

### 言葉

　3歳当初の語彙数の目安は800単語程度で，助詞や接続詞が加わった文章での発話をし，大人との会話がスムーズになる．理解している言語はその3倍ともいわれ，さらに，「これなに？」「なんで？」とさまざまなことについて質問し，物事への具体的な関心を示し知識を深める姿がみられるようになる．自分の名前をフルネームで言うことや挨拶ができるようになる．子ども同士の言葉のやり取りが盛んになる．

### 社会性

　愛着の対象が，身近な大人からさらに広がると同時に，子ども同士で互いに興味をもち親しみを抱くようになる．子ども同士のコミュニケーションは，1対1から複数の少人数での関係性に広がっていく．言葉によるやりとりが増え，身振りや会話を交えて楽しそうに遊ぶが，取り合いやぶつかり合いも起こる．そのようなとき，かわりばんこや順番で使うなど簡単なルールを守ることや，譲ることも覚えていく．

### 生活

　衣服の着脱や靴の脱ぎ履きなど，生活面の自立も進む．手洗いの場面を理解し自分で洗ったりタオルで拭くようになる．排泄の自立が進み，トイレットペーパーの使い方を練習する姿がみられる．

**講義編**

## キーワード

**並行遊び**
他の子どもと同じ空間にいたり並んだりしながら同じ遊びをしているが、やり取りはなく別々に遊ぶこと。

**連合遊び**
自分がやりたいように遊んではいるが、他児との間にやりとりがある。役割分担はない。
➡ p.56 を参照

菊地篤子『ワークで学ぶ保育内容「人間関係」』みらい. 2019. p.72.

## 2. 3歳児の遊び

**並行遊び**や、少人数での**連合遊び**がみられる（菊地, 2019）。場や遊びを共有するなかで他の子どもや一緒にいる保育者の行動を模倣する。周りの子どもの様子に興味をもち、模倣するうちに、徐々に自分以外の子どもの名前を覚え、その子が何を楽しんでいるのか、どんな遊び方をするのか、どのようなときに泣くのかなど、徐々にその内面を理解していくようになっていく。

3歳児は、身長が伸びるとともに視野が広がり、周囲への興味・関心が一層広がる。また、生活体験のなかで徐々に身のこなし方を覚え、これまでよりも活動範囲が広がり活発になる点が特徴である。同時に、**自己発揮**の機会が増え、主体的に遊びを工夫しようとしたり、言葉によるコミュニケーションが豊かになったりする。よって、3歳未満児とは発育・発達の段階が大きく異なった状態であるといえる。3歳児が、3歳未満児クラスで子どもたちとともに過ごす際には、0, 1, 2歳児の安全や安定に留意しつつ、3歳児が体験するさまざまな機会を尊重した保育環境を整える必要があるといえる。

## 集団形成への配慮

### 1. 3歳児の発達を踏まえた保育の展開

乳児保育で大切にされている子ども一人ひとりの発達を理解したうえでの受容的、応答的な関わりをすることは、3歳未満児を担当する保育者にとって重要だが、なかでも2歳児クラスを担当する場合、一人ひとりの子どもに配慮した保育と同時にクラス集団に対する配慮も忘れてはならない。

事例では、月齢差がある集団のなかでも一つのテーマや目標をもった遊びを展開していることがわかる。クレヨンを使った描画がまだ難しい子どもにはシール遊びを用意し、一方で単なる描画遊びでは飽き足らず、本当の花を観察したいという意欲をもった子どもには、それに応じて個別の対応をしている。また、個別の配慮をしながらも、最後に皆で鑑賞し、自分たちが作ったものを一緒に楽しむことで、友だちと一緒に何かする経験を積み重ねている。保育者は、月齢差を踏まえた保育を計画することが求められる。

> **7 移行期の子どもへの関わり**

**演習　事例　ホンモノのアジサイ，見たい（3歳4か月）**

　2歳児クラスで，アジサイの制作遊びを計画している．保育者は，アジサイの花の形に切った画用紙を用意し，色々なシールを貼って彩る遊びと，クレヨンで描画を楽しむ遊びの2種類を用意した．実際の活動になると，どちらの制作もそれぞれの子どもが思い思いに楽しんでいたが，クレヨンで描いていたユウ（3歳4か月）が「これで色あってる？ホンモノのアジサイ，見たい」と訴えてきた．保育者は，窓辺から園舎の外に見えるアジサイの花をユウと一緒に眺め，「青いかな？」「ピンク！」などと色を言い当てながら，どのクレヨンの色がよいか一緒に考えた．

　その後，子どもたちの各々の作品が完成した．カラフルなシールを使った花や，1色のみのクレヨンで色づけた花，シールもクレヨンも両方使った花など，さまざまなアジサイの花が出来上がり，すべて壁面に飾ってみんなで鑑賞して楽しんだ．

**考えてみよう**

　2歳児クラスで展開できるさまざまな制作活動があるが，そのなかで，3歳児も主体性が発揮できる援助や配慮を考えてみよう．

## 2.「個」から「群れ」「集団」へ

　子どもたちが自由に遊ぶための環境づくりでは，一人ひとりの遊びが次の展開につながりやすい環境や，子ども同士の関係性が広がっていくような環境づくりが求められる．たとえば，器に食べ物に見立てた玩具をよそって相手の子どもに「ハイどうぞ」と渡し「ありがとう」と受け取る，という単純な模倣遊びをしている場面を想定する．この段階では，2人の子どもが1対1で場を共有した遊びの姿だが，たとえば母親役，子ども役のような役割があると場とイメージを共有した<u>ごっこ遊び</u>に発展していく．その際，玩具の数や空間的なゆとり，パイプ役としての保育者の関わりなどがあると，3歳に達している子どもにとって状況を想像しやすく，より豊かな遊びに発展する可能性がある．

　乳児保育で大切にしている一人ひとりに応じた受容的・応答的な関わりとは，クラスの子ども全員に対する保育者のあり方である．その保育者とともに

**ポイント**
同じクラスの子どもたちがその場に一緒にいれば，お客さん役，お友達役を担ってもらえる可能性もある．

過ごす場は，クラスの子どもたちにとって安心の場で，自然に子どもたちが"群れ"になっている場ともいえる．

3歳児にとって，安心できる保育者や他の子どもたちが身近にいるということは，主体的な遊びや活動にチャレンジできる大切な人的な環境といえる．この環境は，その後の「仲良しの仲間で○○をして遊びたい」という"集団"としての主体的な活動の姿に発展することが期待される．

## 移行期の環境的配慮

### 1. 2歳児クラスから3歳児クラスへ

2歳児クラスで過ごした子どもたちは，年度が替わると自ずと3歳児クラスへ移行する．これは，単なる進級ではなく，同じ園のなかにいながらもさまざまなことが変化する局面といえる．

それでは，2歳児クラスと3歳児クラスでは，どのような違いがあるだろうか．

3歳児クラスになると…
- 保育室が広くなる．
- トイレ(便器)のサイズが大きくなる．
- 手洗い場が高くなる．
- 1クラスにいる子どもの数が増える．
- 保育者の配置が変わる(保育者1人につきおおむね子ども20人へ)．
- よりダイナミックな遊具を使えるようになる．
- より細かい玩具を使えるようになる．　等

その他，同じ保育所への通所でも，使用する保育室や出入口の位置が変わることで，子どもたちが戸惑うことも起こりうる．

上記のような，物理的，数的な環境の違いだけでなく，保育内容自体の変化も大きい．保育（指導計画）そのものが2歳児クラスまでとは異なり，集団としてのねらいや保育内容が中心に書かれるようになる．5領域の内容は3歳以上児の保育内容になる．保育者の配慮事項はクラス全体の集団としての育ちに着目して記載されている．保育者から子どもたちへの働きかけは，まずクラス全体へなされ，そののちに個別に働きかけたり対応したりするようになる．また，生活リズムが変化し，活発に活動する時間が全般的に多くなる．

一方，保護者との個別のやり取りが簡潔になる．連絡帳を使わなくなる保育所もあり，担任とクラスの保護者達全体とのやり取りが増える．

> 5領域
> ➡ p.18 を参照

## 2. 3歳児クラスへ移行する際の配慮事項

前項にあげたとおり，**子どもの生活のありようは明らかに変わるが，子どもの育ちは連続している**という事実をしっかり押さえておくことが大切である．年度が替わり進級した途端に，何かができるようになったり，理解力や判断力が高まったりすることはなく，これまでの生活で育んできたことの延長線に3歳児クラスでの生活がある．そして，そこに至るまでの乳児保育のなかで育み，子どもが体験してきたことを，保育者がしっかり踏襲することが求められる．

実際には，2歳児クラスでの保育で，おおむね秋以降に，移行することを意識した保育を取り入れるようになる．ただし，目の前の子どもたちの様子に応じて，子どもたちが負担に感じることなく，徐々にさまざまな体験ができるような保育が展開されるべきである．

### ■基本的生活習慣

3歳未満児の基本的生活習慣については，保育所保育指針の第1章の2養護に関する基本的事項の観点に基づいて保育者が担い，一人ひとりの子どもの発達や状態に沿って援助してきた．それら一つひとつが徐々に自立に向かうための土台になるような配慮が求められる．同時に，集団のなかで他の子どもと共に過ごし，一緒に食べたり並んで手を洗ったりする経験をすると，個から集団へのつながりをもった生活となりうる．

> 👆 ポイント
> ここでの基本的生活習慣とは，食事，睡眠，排泄，着脱，清潔を指す．

> 保育所保育指針には，養護に関する基本的事項として「生命の保持」と「情緒の安定」があげられている．
> ➡ p.17 を参照

## ▎遊びと社会性

　前節で述べたとおり，3歳を過ぎると遊びがより豊かになる．2歳児クラスのなかだけでは，物足りなく感じる可能性もあり，自由に遊ぶ際には3歳児クラスの子どもたちと一緒に遊んだり，一緒に活動する機会がもてるよう配慮するとよい．

　日常的に3歳以上の子どもたちと過ごす時間があると，子どもたちが，3歳以上児クラスの子どもたちに親しみをもち，「大きくなったら〇〇ができるね」「〇〇組になるとこんな遊びをするんだね」と具体的にイメージをもちやすくなる．なかには，体の大きさや力の違いを鑑みず，模倣しようとすることもあるので，保育者は，安全に配慮することを忘れてはならない．

　そのほか，行事への参加を工夫することができる．0，1，2歳児の保育を「3歳未満児保育」でひとくくりにせず，無理のない範囲で，3歳以上児の行事に2歳児クラスの子どものみ参加することを検討してもよい．ただし，3歳未満児にとって，基本的信頼関係をもった保育者との落ち着いた，安心かつ安定した日常生活が最も重要であることを忘れず，肉体的・精神的な負担になることは避け，あくまでも3歳児クラスへの円滑な移行のための体験であるような保育をしたい．

**参考文献**
- 菊地篤子『ワークで学ぶ保育内容「人間関係」』みらい．2019．p.72．
- 川原佐公，監．古橋紗人子，編著『赤ちゃんから学ぶ「乳児保育」の実践力─保育所・家庭で役立つ─』教育情報出版．2014．
- 乳幼児の発達と保育研究会『0・1・2歳児の発達と保育─乳幼児の遊びと生活』郁洋舎．2022．
- 高内正子ら．『健やかな育ちを支える 乳児保育Ⅰ・Ⅱ』建帛社．2019．

# 7 移行期の子どもへの関わり

 **事例　3歳以上児の園外保育に2歳児クラスの参加**

11月に3歳以上児の園外保育を計画している．9時半ごろに保育所を出発し，徒歩30分程度の所にある大きな公園に遊びに行き，お弁当を食べてから保育所に戻る予定を立てている．

**考えてみよう**

2歳児クラスの子どもたちの参加について考えてみよう．たとえば，参加形態を，①すべて3歳以上児と同じように参加，②一部参加，③不参加，④その他，のように決め，さらに具体的な参加のあり方を検討しよう．

講義編

# 乳児保育における連携・協働

**学習のポイント**
① 乳児保育のクラス運営を知る
② 乳児保育のクラスにおける連携・協働を学ぶ

## 職員間の連携・協働

### 1. クラス担当の保育者間の連携

#### ▌複数担任制

　乳児保育のクラスの運営は，通常において複数の保育者で担当している．複数担任にすることは，現在の保育所，認定こども園などにおいて，保育時間が長時間になっているなかで有効性につながる．勤務時間体制をシフト制にすることで，朝早い時間の登園時，そして夕方遅い降園時に担任の保育者が誰かしら保護者と顔を合わせることができる．つまり，**複数担任であることによってどの時間においても担任がいるため，保護者も子どもも安心感につながる体制**といえる．

#### ▌緩やかな担当制

　複数担任のクラス運営のなかで，子どもたちの生活がスムーズに流れるための方法として，特定の保育者が特定の子どもに関わる担当制がある．

　担当制は，**表1**のように育児担当制，グループ担当制，場所による担当制の3つに大別されている．

　乳児保育において，担当制は保育の方法にも関連することで，1日の保育のなかでどの部分に担当制を導入するか，保育者と担当する子どもの組み合わせをどのような期間にするか，どのような条件で決めるのかなど，子ども中心として柔軟に捉えて，子どもと保育者の関係，時期などを配慮しながら状況に合わせ，**緩やかな担当制**を選択している保育所，認定こども園などが多くなっ

> **ポイント**
> 担当制は，子どもと保育者の信頼関係を大事とし，決まった保育者がその子に関わることで，子どもにとって安心感と愛着関係の観点や子どもの安定した発達保障となる．

**表1　担当制の種類**

| 担当制 | 具体的な保育内容の例 |
| --- | --- |
| 育児担当制 | 子どもの睡眠，排泄，食事，清潔などの生活習慣ないしは生理的欲求に関わる行為をすべて固定した担当保育者が行う方法である．個別の必要度に応じるために，それぞれの場面で担当の子どもの個々の発達や生活リズムを考慮して援助を行う |
| グループ担当制 | 保育者と担当の子どもの組み合わせは固定であるが，個別の担当以外の子どもも（月齢ごとなどに分けたグループ単位で，そこに個別に担当している子どもも含めて）グループ単位で援助する体制である |
| 場所による担当制 | 保育者と子どもの組み合わせは固定ではなく，手洗い場，トイレ，着脱の場（場所）など，クラスの保育者がその場所を担当し，そこに促して，その場に来た子どもを順に援助していく |

ている．

### 一人ひとりの成長発達を支えるための連携

　現行の保育所保育指針 第1章3の(2)，幼保連携型認定こども園教育・保育要領第1章 第3の2に，一人ひとりの成長や発達を支えるための配慮について記載されている．そのなかで，保育所保育指針では満3歳未満の園児について個別的な計画を作成することや，一人ひとりの生活や経験，発達の経過などを把握し，適切な指導や環境の構成ができるよう配慮することなどが記されている．

　また，このことについて，保育所保育指針の解説書では，「満3歳未満児は，心身の諸機能が未熟であるため，担当する保育士間の連携はもちろんのこと，看護師・栄養士・調理員等及び安全面に十分配慮することが必要である．さらに緩やかな担当制の中で，特定の保育士等が子どもとゆったりとした関係をもち，情緒的な絆を深めることができるような指導計画を作成する」とある．いかに愛着関係の形成が乳児にとって必要であるかが読み取れる．同時に2017（平成29）年の保育所保育指針，幼保連携型認定こども園教育・保育要領の改定により，乳児保育と1歳以上3歳未満児の保育については緩やかな担当制の有効性が語られるようになった．

　ここでとある現役の保育者のコメントを紹介する．

内閣府，文部科学省，厚生労働省『幼保連携型認定こども園教育・保育要領』2017.

　　自分の園は，担当制という体制をはっきりは決めていません．乳児であってもやはり，その子どもと合う保育者，合わない保育者がいます．長

> 時間保育において，担当を決める難しさがあるので，緩やかな担当制としています．ただし，0歳児は，生活面で食事，睡眠など個々の生活リズムが違い一人ひとりに合わせた保育が必要です．その際に，担当であると，その子どもの体調，食事の進み具合，ミルクの飲み具合など，いつもの様子を把握することで変化にも気づくことができます．その子どもへの必要な援助もできます．また，子どもの信頼と安心につながると思います．でも，個別に担当を決めていると偏りも出てきてしまうので，複数の目で偏らず，さまざまな角度からの子どもたちの見守りが大事と思うので，担当をはっきり決めていないのが実状です．

上記の現場の保育者からも，保育は，一人ひとりの発達をいかに，保障していくかは，複数の目で支えることが大切であり，保育者同士，職員間の連携が必要となる．

**演習　話し合ってみよう**

保育の方法である担当制について，保育実習などで実習した経験から，表1の3つの担当制に応じて，たとえば，どのようなことを保育者が行っていたかなど話し合ってみよう．

## 2. 多職種との連携

保育所や認定こども園などには，さまざまな業種（保育士，看護師，栄養士，調理師，事務員など）やそれぞれの立場（正規，非常勤，臨時職員）の職員が働いている．保育現場とは，さまざまな専門性をもった職員集団である．その職種，立場を尊重し，協力が必要であり，その協力なしでは保育は成り立たない．とくに，乳児保育には，健康管理面では，看護師と保育士との連携が必要である．愛着形成の確立のための援助，発達に応じた援助，事故防止対策，保護者との信頼関係づくり，それぞれの専門職として保護者への支援や指導などがある．また，0〜1歳児期の離乳食の提供では，給食室（栄養士，調理員）との連携のもとで子どもの発達状況や体調，アレルギーなど考慮して，食事をすすめていくことが大切である．

経験や職種などの価値観の違いから，ときに，意見の食い違いも出てくる．そのとき，子どもを中心に考え，子どもにとって最善の利益を優先に考えていくことが大切になる．また，クラス運営には，担任だけではなく，さまざまな職員の協力が必要になる．そのためにも職員間での情報の共有をしておくこと

**知っておこう**
多くの園では11時間以上の保育が実施されているなかで，クラス担任の勤務時間外は他の職員が保育にあたる．

が大切になる．とくにアレルギー食などの慢性疾患，発達上の課題のある子ども，特別な配慮を必要とする子どもの保育においては，全職員が留意事項を共有し保育にあたれるよう体制を整えておくことが必要である．これは土曜保育，休日保育，病児保育などを行う場合も同様のことがいえる．

### 3. 組織の一員としての連携・協働

　また，保育の環境として，保育室以外の廊下，園庭，玄関，ホールなど園全体の共有スペースについて，園全体で安全対策や環境構成を行う必要がある．廊下やホール，園庭などは，活動の範囲として利用が重なることがあるため，クラス間での利用調整が必要になる．また，クラス担任が不在の場合のバックアップ，連絡が必要になるので，園全体の体制の共有と連携が求められる．

　保育者の業務はクラス運営のみでなく，園全体の役割も担っている．具体的には安全点検，環境整備，行事の担当，地域の子育て支援事業，地域との連携，園内研修の取り組みなどがある．担当同士の連携だけではなく園全体に関わり，また，対外的なことにも関係するためには，保育所の職員全員との連携や協力が必要不可欠であり，組織の一員としての自覚をもち連携することが求められる．

## 保護者との連携・協働

### 1. 保護者と連携した子どもの育ちを支える視点

**▎家庭との連携**

　保育所，認定こども園などでの生活は，子どもの24時間の生活のなかの一

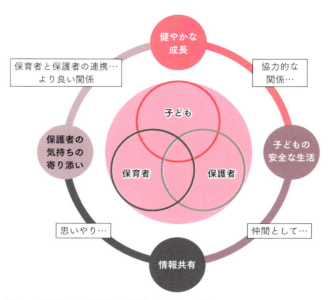

図1　保育者と保護者の連携のイメージ

部であり，家庭生活と切り離すことはできない．どちらも子どもたちの健やかな成長発達の保障をする重要な場所である．子どもは保育施設と家庭を行き来して生活をしていることを考えると，保育者と保護者が子どもの最善の利益の保障の観点に立ち，相互理解，相互の情報共有における連携が大切になる．

とくに乳児は言語や理解する力が未熟なので，保育施設での生活を伝えることもできない．また，保育者に何をしてもらいたいのかも伝えることが難しい．よって，保育者と保護者が必要なことのやり取りは子どもの成長に一層欠かせず，また安心して保育施設での生活を送れることにつながる．このような意味でも，保護者との連携は重要である．

連携するとは，ただ情報を共有し，一方的に伝えるだけではない(図1)．専門的な立場として指導することを意識しすぎてしまうと相互理解にならない．子どもが安心して保育施設での生活を送れるようにすることは，ひいては，健やかな成長発達につながる．また，保護者の子育ての大変さを理解して相手を尊重することが子どもの安定した生活の基盤となる．

■ 保護者に対する子育て支援

保護者に対する子育て支援については，保育所保育指針，また幼保連携型認定こども園教育・保育要領においても書かれている内容はほぼ同様である．保育所，認定こども園において，以下のように記載されている．

ここでは，保育所保育指針の内容を掲載する．

> 第4章　子育て支援
> 　保育所における保護者に対する子育て支援は，全ての子どもの健やかな育ちを実現することができるよう，第1章及び第2章の関連する事項を踏まえ，子どもの育ちを家庭と連携して支援していくとともに，保護者及び地域が有する子育てを自ら実践する力の向上に資するよう，次の事項に留意するものとする．

　なお第4章の内容は3点あるうちの2点が，入所している保護者支援に関係する事項である．

> 1　保育所における子育て支援に関する基本的事項
> 2　保育所の利用している保護者に対する子育て支援

　保護者の気持ちを受け止める，相互の信頼関係，保護者との連携，地域の関係機関との連携などがあるが，保護者の側に立つことが大切である．

# 地域や諸機関との連携・協働

## 1. 地域の専門機関との連携

### ▌保健センター（保健所・保健師）との連携

　各地域に保健センター（保健福祉センター）が設置されている．市町村によって，名称の違いはあるが，保健センターは，地域保健法に基づいて設置されている，地域の保健対策を担う機関である．妊娠から出産，胎児，新生児，乳幼児から学童，家族支援，子育て支援，思春期の子どもに対する支援，子育ての準備教育など，その対象は幅広い．

　**保健センターには保健師がおり，妊娠から子どもが乳幼児期にとって，最も身近で頼りになる相談機関であり支援者である．**さまざまな問題を抱えている保護者は保育所，認定こども園，そして幼稚園などに在園している親子のみではなく地域の親子を含めて子どもを育てる家族にとっても重要な存在である．保育所，認定こども園などは，子育て支援の観点からも保健センターとの連携が求められている．

> **事例** 保健センターと保育所との子育て連携
>
> 　K市では保健センターと保育所との子育て連携事業として，保健センターの1歳半健診や3歳児健診の機会に保育所の保育者が出向き，健診の待ち時間に地域の保育所を紹介したり，絵本や遊びのチラシを配布し説明，紹介するなどの子育て支援の取り組みを行っている．
>
> 　また，地域の保育所，認定こども園では，子育ての悩み相談や，また，気軽に遊びに行ける場所であることの紹介，保育所情報の紹介などを通し，子育ての不安や孤立を解消する目的ももっている．

## 医療機関や療育機関との連携

　保育所，認定こども園などに通っている子どものなかに，発達が「気になる子ども」が増えている．気になる子ども，発達障害を抱えている子ども，そして，親子関係に課題を抱えていることなど，保育のなかでも関わりの難しさを抱えている．現在のように，乳児期から保育施設での集団保育が一般化されている状況で，保育施設で発達に問題を抱えている子どもの発見をする場合が多くなっている．

　また，発達，身体的，知的，人との関わりなどに障害のある子どもの入所もあり，**保育者には，乳幼児の発達の知識はもちろん，障害のある子どもへの理解や知識がますます求められる．**保育において，気になる子どもや障害のある子どもへの関わり方や支援の仕方などを含め，集団のなかで健常な子どもたちとの関わりを通して育ちを促進していく．そして，共に成長できるようにすることが大切となる．

　地域の医療機関，療育機関との連携を通し，支援が必要な子どもへの適切な対応と保育者自身の専門性の向上を図るようにしていくことが大切であり，より専門性が求められる．また，とくに外部の関係機関との連携については，職員間の共通理解と連携のもと，そのなかに保護者との関係も加わることから，職員間のチームワークによる報告，連絡，相談が常に必要である．

**8 乳児保育における連携・協働**

### ■行政機関との連携（子ども課，保育課など）

市町村に設置されている乳幼児に関わる行政機関で，子育て講座，育児教室，ファミリー・サポート・センター窓口，虐待への対応，子育てや家に関する相談や指導などの業務を行っている部署との連携は必要不可欠である．市町村によって組織上，分けられている場合もあるが，児童，子ども，保育，子育てなどのわかりやすい名称になっている．

業務のなかで，ファミリー・サポート・センターでは，子どもを預けたいという要望に応じて，子育てをサポートしたい人と支援を必要とする人の調整を行ったり，必要な場合にヘルパーとして子どもを預かるなどの制度があり，地域全体で子育て支援を応援する仕組みを構築している．そのなかで，公立保育所を管理下において，行政機関の子どもに関わる部署との連携を取りサポート体制を取っている自治体もある．

### ■地域子育て支援センターとの連携

地域において，最近はとくに公園で遊んでいる親子を見かけることは少なくなった．以前は，子育ての親子の"公園デビュー"という言葉があった．現在は，保育所や認定こども園などに在籍していない地域の親子の居場所となる場所の一つとして，公園に代わる場所として子育て支援センターがある．

子育て支援センターは以下のような役割を担っていると保育士資格をもった保育経験の豊富な担当者は説明している．

> 子育て支援センターは"屋根のある公園"のイメージです．子育て中の保護者達が子どもを連れて気軽に遊びに来て，子どもを安全な場所で遊ばせたり，同じ時間に遊びに来た保護者達とおしゃべりをしたりします．内容は，子育ての話や，関係のない話もありますが，息抜きになったり，ストレス解消になったりしていると思います．
>
> また，担当者は子育ての悩み相談を受けたり，子育てが孤独にならないように，同じ仲間である子育て中の保護者達をつなげたり，情報の発信などを行っています．初めて来る方が気軽に来られる場所になればということで，イベントを開催しそのイベントをきっかけに来てもらえるように呼び掛けています．

**⚠ 知っておこう**
おしゃべりをするうちにママ友ができ，支援センターでの出会いから，外で会ってお昼のランチを約束するケースもみられる．

支援センターは通称として，子育て支援センターまたは地域子育て支援センターと呼ばれているが，3つのタイプに分けられ，保育所に併設されている地域子育て支援センター（図2），単独型，児童館や文化センターにある乳幼児室がある．これらの施設は，おおむね0歳児から就学前の親子が気軽に遊べる場

73

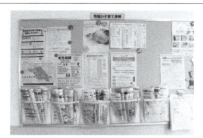

手に取りやすく，また，視覚的に目に入るように玄関すぐに掲示板があり，子育て情報の提供がされている

保育所の行事の地域と交流する夕涼み会に利用者も一緒に親子で参加している様子

利用者のボランティアによるクリスマスコンサートが保育所のホールで開催されている様子

日ごろ，自由に利用しているなかで，育児講座としてベビーマッサージが行われている様子．気軽に参加できる点が魅力

図2　保育所に併設されている地域子育て支援センターの紹介

所であり，子育てに関する講座やイベント，子育て相談，情報提供などを行っている．また，地域子育て支援センターと保育所，認定こども園などが連携し，地域の親子の支援として，保育者が出向いていき担当者とともに，育児講座，親子の遊びの紹介などを行っている．

　保育所保育指針と認定こども園教育・保育要領には，それぞれ「地域の保護者等に対する子育て支援」，「地域における子育て家庭の保護者等に対する支援」とその役割が示されている．このように保育者は役割として保育所，認定こども園などは保育所を利用する保護者だけではなく，地域の保護者に対して子育てに関する情報提供，相談，助言を行う役割がある．

### ■児童相談所との連携

　児童相談所は，児童福祉法第12条に規定されている児童福祉に関する第一線の専門的行政機関で，都道府県と指定都市に設置が義務づけられている．2006年度から，中核市等（児童相談設置市）も設置できるようになった．

　その目的は，児童福祉に関する諸問題に対して，家族その他からの相談に応じ，児童やその家族が有する問題やニーズに対して適切な対応を行い，最も効

森上史朗ら，編『保育用語辞典 第8版』ミネルヴァ書房，2015.

果的な支援により児童の福祉と権利を保護することである．

さまざまな子どもや家族が抱える問題に応じて，たとえば，虐待や家庭の事情などで保護が必要であったり，一時保護や，児童養護施設など，他機関への移行措置を行うことがある．保育所や認定こども園と，行政機関も含めた児童相談所との連携は大切である．

### ▌民生委員，児童委員・主任児童委員との連携

地域の人材としての資源には，子どもに関わりのある立場として，町会長，民生委員，児童委員，主任児童委員などがある．これらの人々は，子どもや子育て家庭への支援活動を行う地域のボランティアとして子どもに関わる活動をしている．なかでも主任児童委員は，とくに乳幼児から子どもと関わる関係機関や団体と連携・協力し，子育てや青少年の健全育成の支援，援助活動をしている．町会長の方をはじめ，民生委員，児童委員・主任児童委員の方々は，身近であるが意外に関わりがあることを知らずにいることが多い．

さまざまな機関や専門職と乳児保育に関わる人たちの間には，それぞれの密接な関係があり，連携には，それぞれの必要に応じての関わり方がある．家庭や保育者がその機関や施設に直接関わり，連携をもとに支援することがある．また，子どもがそこにいなくてもその関係する保護者を支援する場合もある．子どもに関わる保育者であったり保護者であったりが相談や支援を受ける場合もある．

さまざまな場合に合わせて子どもの最善の利益を第一に考え，すべての大人や機関がその専門の立場から連携，協働することがよりよい保育と子どもの最善の利益の保障につながる．

> **❗知っておこう**
> 主任児童委員は地域の保育所，認定こども園などとの連携に非常に重要であり，貴重な人材である．地域の大切な子ども，そして子育て親子の見守りなどの活動を行っている．

#### 引用文献
- 厚生労働省『保育所保育指針〈平成29年告示〉』フレーベル館．2017．

#### 参考文献
- 内閣府，文部科学省，厚生労働省『幼保連携型認定こども園教育・保育要領』2017．
- 巷野悟郎，植松紀子，編著『乳児保育』光生館．2012．
- 高橋弥生，石橋優子，編著．谷田貝公昭，石橋哲成，監『新版 乳児保育』一藝社．2018．
- 森上史朗ら，編『保育用語辞典 第8版』ミネルヴァ書房．2015．

# 乳児保育における基本的生活の援助

**学習のポイント**
① 保育施設における子どもの基本的生活習慣の援助と配慮を学ぶ
② 乳児が過ごしやすい環境について知る

## 基本的生活の援助

　保育を長時間利用する子どもは，保育施設において一日の大半を過ごすこととなる．そのため，保育施設では一日の生活リズムを大切にし，食事や睡眠といった生活の基礎となる行動を身に付けることが求められる．そこで，本章では乳児が保育施設における基本的生活習慣（食事，睡眠，着脱，清潔）の概要について学ぶ．

### 1. 生活リズム

　乳児の生活は，日に日に変化をしていく．生後3か月ごろまでは，2〜3時間おきに睡眠，授乳，排泄をする．しかし，生後6か月を過ぎたころから昼夜の区別がつくようになり，まとまって睡眠がとれるようになる．
　食事では，1日8〜9回の授乳から始まり，生後5〜6か月ごろから離乳食となり，1年をかけて離乳完了期となる．
　排泄では，排尿は生後3か月ごろまで，排便は生後6か月ごろまで反射的に行われる．その後は体の成長とともに，生後12か月ごろには自覚するようになる．
　このように，乳児の生活は個人差が大きく，個別の対応が求められる．さらに，大人の生活リズムとは大きく異なるため，乳児の発達に応じて対応することが大切である．

## 2. 保育施設における基本的生活習慣

　基本的生活習慣とは，健康や安全のために必要な生活のなかの基本的な習慣で，食事，排泄，睡眠，衣類の着脱，身の回りの清潔などを示すとされている．

　保育所保育指針では生活習慣に関する内容は，以下のように明記している．

> 第1章総則
> 2 養護に関する基本的事項
> (1)養護の理念
> 　保育における養護とは，子どもの生命の保持及び情緒の安定を図るために保育士等が行う援助や関わりであり，保育所における保育は，養護及び教育を一体的に行うことをその特性とするものである．保育所における保育全体を通じて，養護に関するねらい及び内容を踏まえた保育が展開されなければならない．
>
> 第2章保育の内容
> 2　1歳以上3歳未満児の保育に関わるねらい及び内容
> (1)基本的事項
> 　ア　この時期においては，歩き始めから，歩く，走る，跳ぶなどへと，基本的な運動機能が次第に発達し，排泄の自立のための身体的機能も整うようになる．つまむ，めくるなどの指先の機能も発達し，食事，衣類の着脱なども，保育士等の援助の下で自分で行うようになる．発声も明瞭になり，語彙も増加し，自分の意思や欲求を言葉で表出できるようになる．このように自分でできることが増えてくる時期であることから，保育士等は，子どもの生活の安定を図りながら，自分でしようとする気持ちを尊重し，温かく見守るとともに，愛情豊かに，応答的に関わることが必要である．
>
> (2)ねらい及び内容
> 　ア　心身の健康に関する領域「健康」
> 　健康な心と体を育て，自ら健康で安全な生活をつくり出す力を養う．
> 　（ア）ねらい
> 　　① 明るく伸び伸びと生活し，自分から体を動かすことを楽しむ．
> 　　② 自分の体を十分に動かし，様々な動きをしようとする．
> 　　③ 健康，安全な生活に必要な習慣に気付き，自分でしてみようとする気持ちが育つ．

このように，保育所保育指針では，保育の場が乳児にとって安心して過ごせる場であり，健康で安全な生活に必要な習慣を身に付けられることが求められる．

　次に，保育施設での基本的生活習慣（食事，睡眠，着脱，清潔）の援助配慮についてみていく．
　食事は，授乳，離乳食，給食を食べるなど個々の発達に応じてさまざまである．そのため，一人ひとりの食事内容を確認しながら，配膳の間違いや時間のズレがないようにしていきたい．時として，食事を嫌がる姿も出てくることがあるが，無理に食べさせるのではなく，子どもの様子を確認しながら進めていく．
　睡眠は，午前睡眠が必要な子もいるが，まとまって眠れるようになってきたら徐々に午前睡眠を減らし午後に睡眠の時間を作っていく．睡眠時は，子どもが安心して眠れるように保育者がそばにおり，不安な気持ちにならないようにする．乳幼児突然死症候群（SIDS）の予防のため，顔色や呼吸のチェックを行っていく．
　着脱は，手洗い時に濡れてしまったり，戸外遊びで汚れた場合や，午睡後の着替えなど清潔な衣服で過ごせるようにする．乳児のうちは，保育者が優しく声をかけながら着替えをしていくが，1歳児後半から2歳児ごろには，「ジブンデ」と意欲がみられるようになるので，着やすいように服を置いたり，ズボンなどはきやすいように支えたりすることで，自分でできたという気持ちにつなげていく．
　清潔については，手洗いやうがいなど衛生的に過ごせるよう心がけていく．保育者と一緒に行うことで安心させ，感染症の予防に努める．
　このように，保育施設での生活が健康で安全な生活の基盤となるため，保護者へ丁寧に知らせていきたい．ときに子どもの思いと食い違い，保育者の思う

SIDS：Sudden Infant Death Syndrome
➡ p.40 を参照

ように進まないこともあるが，無理をして行うのではなく子どもの様子に合わせて対応していくことが大切である．

## 3. デイリープログラム

　保育施設では，年齢に応じたデイリープログラムを作成する．**デイリープログラムとは，保育施設で子どもたちが過ごす一日の流れを示したものである．**登園から降園までの生活が具体的に明記されている．0歳児クラスでは，複数担任で複数の保育者が交代で保育をすることが多い．そのため，保育者同士の連携時にデイリープログラムを見直し，情報共有を図る必要がある．

デイリープログラム
➡ p.124 を参照

## 乳児保育に適した環境

　乳児保育の環境については，児童福祉施設の設備及び運営に関する基準に記されている．

（最低基準の目的）
第2条　（前略）最低基準は，児童福祉施設に入所している者が，明るくて，衛生的な環境において，素養があり，かつ，適切な訓練を受けた職員の指導又は支援により，心身ともに健やかにして，社会に適応するように育成されることを保障するものとする．

（児童福祉施設の一般原則）
第5条　児童福祉施設は，入所している者の人権に十分配慮するとともに，一人一人の人格を尊重して，その運営を行わなければならない．
　2　児童福祉施設は，地域社会との交流及び連携を図り，児童の保護者及び地域社会に対し，当該児童福祉施設の運営の内容を適切に説明するよう努めなければならない．
　3　児童福祉施設は，その運営の内容について，自ら評価を行い，その結果を公表するよう努めなければならない．
　4　児童福祉施設には，法に定めるそれぞれの施設の目的を達成するために必要な設備を設けなければならない．
　5　児童福祉施設の構造設備は，採光，換気等入所している者の保健衛生及びこれらの者に対する危害防止に十分な考慮を払って設けられなければならない．

　児童福祉施設最低基準には，明るくて衛生的な環境をはじめ施設運営の説明，評価の公表，必要な設備の設置，施設の構造の採光，換気などが明記されている．

　保育室は季節に応じて気温や湿度を管理し，健康に過ごせるように配慮していく．また，おもちゃは子どもの発達に合わせて種類や数を用意し関心や意欲がもてるようにする．乳児クラスは発達の個人差がありハイハイをする子もいるため，床面は広くとり，思う存分に動けるスペースを確保していく．ロッカー，机，椅子などは立ちはじめや伝え歩きを始める時期の子もいるため転倒

しないよう，壁に設置をしたり，椅子は出しっぱなしにしたりしないよう心がけることが重要である．

このように乳児クラスの環境は，安全面と衛生面に留意しながら，発達段階に応じてスペースや保育備品の点検，おもちゃの種類や数，配置などを考慮していく．

その他，給食時は，個別の机や椅子を用意し，乳児の発達に合わせて机付きの椅子を用意するのか，机と椅子を用意するのかを判断していく．給食前と後では丁寧に掃除，消毒をし，衛生面に配慮をしていく必要がある．

睡眠時は，一人ひとりが安心して眠れるように布団を敷いておく．部屋は直射日光が当たらないようにするが，顔色や様子がチェックできなくなることを避けるため暗くしすぎないようにしていく．

延長保育を利用する子どもたちは，長時間保育施設を利用することとなる．子どもが安全・安心して過ごすことができるよう，環境のきめ細やかな対応が重要である．

### 演習　考えてみよう

乳児クラスの環境構成をするときに，配慮すべき事項を考えてみよう．

- 遊ぶとき
- 給食時
- 睡眠時

### 引用文献
- 厚生労働省『保育所保育指針〈平成29年告示〉』フレーベル館．2017．

### 参考文献
- 中坪史典ら，編『保育・幼児教育・子ども家庭福祉辞典』ミネルヴァ書房．2021．p.138．
- 幼少年教育研究所，編『遊びの指導　乳・幼児編』同文書房．2010．
- 高内正子ら『健やかな育ちを支える 乳児保育Ⅰ・Ⅱ』建帛社．2019．
- 勅使千鶴『子どもの発達とあそびの指導』ひとなる書房．1999．

9 乳児保育における基本的生活の援助

# 乳児保育における健康支援

> **学習のポイント**
> ❶ 健康状態を把握する方法を学ぶ
> ❷ 保育施設における感染症対策を知る

## 健康面への配慮・援助

### 1. 発育，発達を踏まえた健康状態の把握

　一人ひとりの発育，発達や日々の健康状態を把握するにはいくつかの方法がある．

表1　入所前の健康状態調査票の例

| 健康状態調査票 |||
|---|---|---|
| 記載日 | 入所申し込み児童名 | 生年月日 |
| 令和2年3月20日 | ナカヤマ　ソウタ | 令和元年3月9日 |
| 1　出生時の様子 | 妊娠40週で出産　□自然　□誘発　□吸引　□帝王切開 ||
| 2　出産時等の状況 | □異常なし　□仮死　□チアノーゼ　□黄疸　□その他 ||
| 3　体重・身長 | 出生時　3,282g　51cm ||
| 4　健康診査および結果 | 3〜4か月健康診査　　□健康　□要観察　□未受診 ||
| | 1〜6か月健康診査　　□健康　□要観察　□未受診 ||
| | 3歳児健康診査　　　　□健康　□要観察　□未受診 ||
| 9　アレルギー | □まだわからない　□無　　検査□受けた　□受けない ||
| | □有　□鶏卵　□小麦　□牛乳　□大豆　□ピーナッツ ||
| 〜　後　略　〜 |||

## ■保護者による健康状態等把握シート記入と更新をする方法

　子どもの状態を把握するには，出生から今日まで子どもの身近で過ごしてきた保護者の協力が必要不可欠になる．入所の際，保護者に子どもの健康状態や発育および発達についてシート(表1)に記入してもらう．記入されたシートは保育所で保管するだけでなく，都度，更新していく．

　たとえば，健康状態について入所前はとくに記入することはなくても，入所後にアレルギーと診断された場合は，保護者が担任保育者に伝えるだけでなく，更新時にアレルギーがあると記入する．これらの情報は，守秘義務を踏まえた保育者の間で共有したうえで，さまざまな配慮につなげる．

## ■嘱託医，嘱託歯科医による定期的な健康診断を行う方法

　各保育所には担当医師がいる．常駐していないが，定期的に一人ひとりの子どもを診察する．診察結果は個別に作成され，保護者に渡される．そこで，疾患や障害の疑いが生じることもある．たとえば，歯科医の診察により歯石や虫歯の疑いが生じた場合，医師の指示により保護者に対し，病院で改めて診察するように知らせる．乳児保育対象の子どもたちは，乳歯の生え始めから生え揃う時期であるため，まだ歯科を受診していない家庭も少なくない．

## ■保育者などによる日々の観察

　観察が保育に活かされた事例を以下に示す．

---

**事例**　**登園時の観察エピソード**

　保育者は登園の時間になると，一人ひとりの子どもと保護者に「○○ちゃんおはよう」と声をかけて受け入れる．

　ある朝，モモカちゃんの声色，表情，動き，機嫌などから，保育者は「あれ？いつもと違うかな」と感じたので，その場で保護者にも視線を向けながら「モモカちゃんどうしたかな？眠いかな？」と聞いてみた．すると，保護者は「昨日は眠るころになって，出張に行っていたお父さんが帰ってきて，嬉しさで目が冴えちゃったんです．寝たのは夜10時半を過ぎたころでした」と教えてくれた．出張でしばらく会えなかった父親と会えた喜びも伝わってきた．

**保育場面での配慮事項**
- 給食中に食が進まないのは具合が悪いのかな？体温を計っても熱はない．朝，保護者が話してくれた寝不足で，眠いからかもしれない．
- 食事中に眠くなったら誤嚥するかもしれないので，いつもよりよく様子を見る．
- いつもより早く眠くなったときのために，布団を早めに敷いておこう．早く寝たら，午後の遊びが充実するかもしれない．

登園時，保育者から子どもの様子について尋ねられた保護者は，いつもと違うことはあったかな？と思い出しながら，答えてくれることが多い．家庭と保育所を毎日往還する連絡ノートに記載されない情報を得ることがあるので，朝の保護者との対話は大切になる．こういった些細な情報が，子ども一人ひとりの健康状態に沿った保育をすることにつながる．

## ■定期的な身長，体重測定

保育所では，乳幼児の身体測定を年に数回行っている．その記録は，保育所のみならず，家庭との間でやりとりされている連絡ノートにも記載する．子どもや保護者は継続的な記録を見て，どのくらい身長が伸びたのか，体重が増えたのかと喜ぶ．

一方で，なかなか伸びない，増えないといったこともある．たとえば，保育者が，発育曲線（パーセンタイル発育曲線，図1）を参考に，ある子どもの測定結果を見ると，継続した体重増加の不良がみられることもある．体重の増加不良は，乳児期の3～4％にみられ，その主な原因として栄養摂取不良が認められるほか，低出生体重児，基礎疾患，不適切な授乳，ネグレクトなども体重増加不良の原因（横山ら，2012）とされている．

> **キーワード**
> **発育曲線**
> 日本の乳幼児身体発育調査の結果をもとにした，乳児の体重，身長，胸囲，頭囲に関するグラフ．
>
> 横山徹爾ら．乳幼児身体発育評価マニュアル．平成23年度厚生労働科学研究費補助金（成育疾患克服等次世代育成基盤研究事業）．2012. p.25.

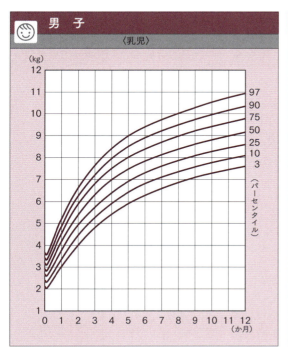 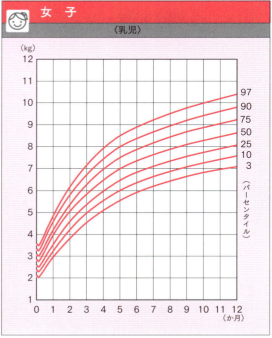

**図1　乳幼児身体発育曲線：体重**
〔厚生労働省雇用均等・児童家庭局．平成22年乳幼児身体発育調査報告．2011．〕

しかし，体重のみで安易にこれらを疑うことは危険である．**体重と身長の関係や，日々の子どもの状態などを材料に，保育所の看護師や保育士と総合的に話し合い，心配が残れば，保護者と共有する，専門家に相談することを勧めるなどの対応もある．**一方で，保育所への報告がなくてもすでに市町村による乳幼児健診によって指摘されている場合もあるし，身長・体重といった目に見えることは保護者が気にしている場合が多く，すでにかかりつけ医に相談していることもある．

## 2. 疾病，感染症対策

### 保育所における感染症の予防

乳幼児は感染経験が少なく，体力や免疫力も十分とはいえない．保育所は多くの子どもたちと共に生活するため，感染症に罹患していると気づかずに，罹患している子どもと接触し感染が拡大することも起こりうる．そのため保育施設は，感染症予防の対策が求められる．「保育所における感染症対策としては，①感染源，感染経路対策とともに，②入所している乳幼児の予防接種状況を把握し，年齢に応じた計画的な接種を保護者に勧奨することなどが重要」（社会保障審議会児童部会保育専門委員会，2016）である．

#### 感染症予防対策①　感染経路対策

たとえば，COVID-19 は，保育所や学校で空気感染または飛沫感染により感染が拡大する可能性が高い，第二種感染症（こども家庭庁，2023）とされている．そのため各施設は，感染症が社会的に流行している時期や，保育所内で罹患した子どもを把握した場合，他の園児や職員に病原体である飛沫を吸い込ませないために，「保育所における感染症ガイドライン」（こども家庭庁，2023，表2）などを参考にしながら環境の工夫をする．空気感染を避けるように換気をするなど，飛沫，接触感染を少しでも避けるために，子ども同士が一定の距離を保って食事ができるよう机を整えることなどの対策が求められる．

> 社会保障審議会児童部会保育専門委員会．保育所保育指針の改定に関する議論のまとめ（平成28年12月21日）．2016. p.6.

> **!知っておこう**
> 学校保健安全法施行規則第18条における感染症の種類について感染症が第一種から第三種に分けられている（こども家庭庁，保育所における感染症ガイドライン，2023, p.3.）

> **!知っておこう**
> 保育所における感染症ガイドラインは，保育所保育指針と一体的に運用されているため，指針に反映されている部分がある．
> また，医療者ではない保育士などにも積極的に活用してもらえるように，実用性に留意して書かれている．

> こども家庭庁．保育所における感染症ガイドライン2018年改訂版．2023（令和5）年5月一部改訂．2023.

表2　飛沫感染対策

| 保育所における具体的な対策 |
| --- |
| ・飛沫感染対策の基本は，病原体を含む飛沫を吸い込まないようにすることです．<br>・はっきりとした感染症の症状がみられる子ども（発症者）については，登園を控えてもらい，保育所内で急に発病した場合には医務室等の別室で保育します．<br>　※ただし，インフルエンザのように，明らかな症状が見られない不顕性感染の患者や症状が軽微であるため，医療機関受診にまでは至らない軽症の患者が多い感染症の場合には，発症者を隔離するのみでは，完全に感染拡大を防止することはできないということに注意が必要です．<br>・保育所等の子どもの集団生活施設では，職員が感染しており，知らない間に感染源となるということがあるため，職員の体調管理にも気を配ります． |

〔こども家庭庁．保育所における感染症ガイドライン2018年改訂版．2023（令和5）年5月一部改訂．2023．p.9．一部省略〕

　出席停止期間の算定では，解熱等の現象がみられた日は期間には算定せず，その翌日を1日目とする．
　「解熱した後3日を経過するまで」の場合，例えば，解熱を確認した日が月曜日であった場合には，その日は期間には算定せず，火曜日（1日目），水曜日（2日目）及び木曜日（3日目）の3日間を休み，金曜日から登園許可（出席可能）ということになる．

「出席停止期間：解熱した後3日を経過するまで」の考え方

　また，インフルエンザにおいて「発症した後5日」という時の「発症」とは，一般的には「発熱」のことを指す．日数の数え方は上記と同様に，発症した日（発熱が始まった日）は含まず，その翌日から1日目と数える（下図）．「発熱」がないにも関わらずインフルエンザと診断された場合は，インフルエンザにみられるような何らかの症状が「発症」した日と考えて判断する．
　なお，インフルエンザの出席停止期間の基準は，「"発症した後5日を経過"し，かつ"解熱した後2日（幼児にあっては3日）を経過"するまで」であるため，この両方の条件を満たす必要がある．

インフルエンザに関する出席停止期間の考え方

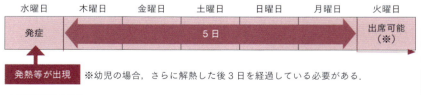

＜症状軽快とは＞
解熱剤を使用せずに解熱し，かつ，呼吸器症状（咳や息苦しさなど）が改善傾向にある状態を指す．

図2　出席停止期間の算定について

〔こども家庭庁．保育所における感染症ガイドライン2018年改訂版．2023（令和5）年5月一部改訂．2023．p.5〕

**10　乳児保育における健康支援**

表3　健康状態調査票における予防接種欄の例

| 健 康 状 態 調 査 票 | | | |
|---|---|---|---|
| 記載日 | 入園申し込み児童名 | 生年月日 | |
| 令和2年3月20日 | ナカヤマ　ソウタ | 令和元年3月9日 | |
| 11　予防接種 | 四種混合（1期） | ☐1 ☐2 ☐3 ☐追加 | |
| | インフルエンザ菌b型 | ☐1 ☐2 ☐3 ☐4 | |
| | 肺炎球菌 | ☐1 ☐2 ☐3 ☐4 | |
| | ロタウイルス | ☐1 ☐2 ☐3 ☐4 | |
| | B型肝炎 | ☐1 ☐2 ☐3 | |
| | 日本脳炎 | ☐1 ☐2 ☐3 | |
| | 麻疹・風疹 | ☐1 ☐2 | |
| 〜　後　略　〜 | | | |

〔筆者の保育経験を元に作成〕

　体調が良くなってくると保護者や子どもは，いつから登園できるかが気になる．保育者は安易に通園許可を出すのではなく，保育所における感染拡大を防ぐためにも出席停止期間（図4）があることを保護者に知らせる．加えて，感染症の種類によっては，各施設で必要とされていれば，医師が記入する意見書や保護者が記入する登園届の提出を求める．

### 感染症予防対策②　入所している乳幼児の予防接種状況の把握

　予防接種は，「ワクチンの接種により，あらかじめその病気に対する免疫を獲得させ，感染症が発生した場合に罹患する可能性を減らしたり，重症化しにくくしたりするものであり，病気を防ぐ強力な予防方法の一つ」（こども家庭庁，2023）である．入園前に保護者に提出を求める健康状態調査票には，予防接種歴記入欄（表3）が設けられており，保護者は母子健康手帳にある接種記録の通りに記入する．入所時に未接種のワクチンについては，接種後に報告を求める．

　接種の種類や時期については予防接種スケジュールが母子健康手帳などに示されているほか，行政から保護者へ通知されているが，保育所でも接種を勧める働きかけを行う．とくに，接種の時期について，保護者はうっかり忘れることがある．また，保護者には，「予防接種の効果や接種後の副反応の情報だけでなく，その病気にかかった時の重症度や合併症のリスク，周りにいる大切な人々に与える影響についても情報提供し，予防方法を伝えていくことが重要」（こども家庭庁，2023）である．一方で，さまざまな事情や課題から予防接種に慎重な保護者もいるため，それぞれの家庭・保護者に丁寧に対応することを忘れてはならない．

---

**🔑 キーワード**

**意見書**
医師が，子どもの症状の回復と，集団生活に支障がない状態になったことと，登園可能日などを記す書類．

**登園届**
保護者が，診察した医師の判断により，記入するものである（こども家庭庁．保育所における感染症ガイドライン2018年改訂版．2023．p.82-86.）．

**✍ ポイント**

予防接種の際には，保護者が母子手帳を持参し，病院などに接種記録を記入してもらう．

**❗ 知っておこう**

予防接種の詳細は，日本小児科学会が推奨する予防接種スケジュールで見ることができる（日本小児科学会ホームページ．日本小児科学会が推奨する予防接種スケジュール）．

こども家庭庁．保育所における感染症ガイドライン2018年改訂版．2023（令和5）年5月一部改訂．2023．p.21.

**❗ 知っておこう**

保育所の職員等の麻しん，風しんの予防接種については「麻しんに関する特定感染症予防指針」（厚生労働省），「風しんに関する特定感染症予防指針」（厚生労働省）をそれぞれ参照〔こども家庭庁．保育所における感染症ガイドライン2018年改訂版．2023（令和5）年5月一部改訂．2023．p.21-2.〕

職員や保育実習生も，気づかぬうちに感染症の感染源になることもある．一方，子どもの病気だと思われてきた風疹や麻疹は大人にも罹患する報告がある．そのため，施設長の責任のもとで，職員や実習生の予防接種や感染症罹患暦を把握し，必要な場合は予防接種を勧める必要がある．

## 配慮を必要とする子どもへの対応

### 1. アレルギー疾患

食物アレルギー
➡ p.150 を参照

厚生労働省．保育所におけるアレルギーガイドライン．2011．p.4.

保育所でみられる「主なアレルギー疾患には，乳児期から問題になるアトピー性皮膚炎，**食物アレルギー**，さらに幼児期から次第に増えるアレルギー性鼻炎，アレルギー性結膜炎および気管支喘息などがある」(保育所におけるアレルギーガイドライン，厚生労働省，2011)．

保育所におけるアレルギーへの配慮には，医師と保育者と保護者が一人ひとりの子どもの症状に対し共通理解をもつことが大切である．そのため，保育所生活上，特別な配慮や管理が必要となった場合，医師が記入した生活管理指導表を提出してもらう．生活管理指導表(図 3，4)には，病型・治療などのほか，保育所での生活上の留意点が記されているため，保護者とも相談しながら保育に役立てる．

図 3 は，生活管理指導表の気管支喘息の部分である．右の欄は「保育所での生活上の留意点」である．たとえば，「A. 寝具に関する留意点」の「2. 防ダニ

保育所におけるアレルギー疾患生活管理指導表
(気管支喘息・アトピー性皮膚炎・アレルギー性結膜炎)

<参考様式>

**保育所におけるアレルギー疾患生活管理指導表(気管支喘息・アトピー性皮膚炎・アレルギー性結膜炎)**　　**提出日　平成＿＿年＿＿月＿＿日**

名前＿＿＿＿＿＿＿＿男・女　平成＿＿年＿＿月＿＿日生(＿＿歳＿＿ヶ月)＿＿＿＿＿組

この生活管理指導表は保育所の生活において特別な配慮や管理が必要となった場合に限って作成するものです。

| | 病型・治療 | | 保育所での生活上の留意点 | 【緊急連絡先】 |
|---|---|---|---|---|
| 気管支喘息(あり・なし) | **A. 重症度分類(治療内容を考慮した)**<br>1. 間欠型<br>2. 軽症持続型<br>3. 中等症持続型<br>4. 重症持続型 | **C. 急性発作治療薬**<br>1. ベータ刺激薬吸入<br>2. ベータ刺激薬内服<br>3. その他 | **A. 寝具に関する留意点**<br>1. とくになし(通常管理のみ)<br>2. 防ダニシーツ等の使用<br>3. 保護者と相談 | ★保護者<br>電話:<br>★連絡医療機関<br>医療機関名:<br>電話: |
| | **B. 長期管理薬**<br>1. ステロイド吸入薬<br>剤形:<br>投与量(日):<br>2. ロイコトリエン受容体拮抗薬<br>3. DSCG吸入薬<br>4. ベータ刺激薬<br>内服<br>貼付薬<br>5. その他<br>(　　　) | **D. 急性発作時の対応(自由記載)** | **B. 食物に関する留意点**<br>1. とくになし<br>2. 食物アレルギー管理指導表参照<br>**C. 動物との接触**<br>1. 配慮不要<br>2. 保護者と相談し決定<br>3. 動物への反応が強いため不可<br>動物名(　　　)<br>**D. 外遊び、運動に対する配慮**<br>1. とくになし<br>2. 保護者と相談し決定 | **記載日**　年　月　日<br>**医師名**<br>**医療機関名** |

**図 3　生活管理指導表(1)(赤枠は筆者)**
〔厚生労働省．保育所におけるアレルギーガイドライン．2011．p.7.〕

シーツ」にチェックが入っていたら，保護者から防ダニシーツを預かり，他の子どもの布団と管理を別にするかなどについても話をしておく．A～Dのどこにチェックが入っていても，必ず保護者と話しながら具体的な対応を考えていく．次の事例は，「C．動物との接触　2．保護者と相談し決定」にチェックが入っているケイタの事例である．

### 演習 事例　餌やりしても大丈夫？（2歳）

　2歳児クラスに喘息と診断されているケイタがいる．普段は元気に外を走ったり，給食を食べたりしているが，とくに風邪を引いているときやお昼寝のときは，咳き込むことが多い．いつもより咳が多いと気づいた日には，必ず保護者に状況を伝えて病院へ行くように声を掛けている．

　保育所ではウサギを飼育していて，主に5歳児が世話の担当している．2歳児が全員でウサギに接する機会はない．ある日，飼育小屋の前でキャベツなどの餌をやって楽しんでいる3歳児がいた．ケイタは離れた場所からその様子を見て，自分も餌をやってみたいようだった．しかし，保育者はその場でケイタに餌やりをさせず「ウサギさんて，キャベツ食べるんだね！」と言うに留めた．保育者はその日の降園時，ケイタの保護者にケイタのウサギへの興味と共に，ウサギに近づいたりや触れたりしてもよいかどうか質問した．保護者は，次回の病院受診の際に医師に聞いてみると話した．

#### 考えてみよう

① ケイタの担任の先生は，なぜケイタにウサギの餌やりをさせなかったのだろうか．
② この日の後，ケイタの保護者から医者に相談したうえで，「餌をやってみても大丈夫だろう」という餌やりの許可が出た．保護者は休日，家族でふれあい動物園に行き，マスクを付けて小動物を膝に乗せて餌やりを試みたが，喘息発作は出なかったという．そこで，園でもケイタがウサギに餌をやってみることにした．では，実際にケイタがウサギに餌をやった後，保育者として留意することは何だろうか．

（回答例はp.95）

　アレルギー反応が重く出るものがアナフィラキシー（図4の赤枠）である．症状は，「皮膚が赤くなったり，息苦しくなったり，激しい嘔吐などの症状が複数同時にかつ急激にみられるが，最も注意すべき症状は，血圧が下がり，意識が低下するなどのアナフィラキシーショックの状態である．迅速に対応しな

## 講義編

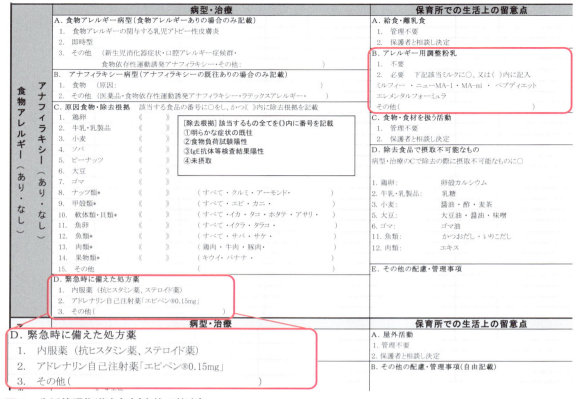

図4 生活管理指導表(2)(赤枠は筆者)
〔厚生労働省．保育所におけるアレルギーガイドライン．2011. p.7.〕

厚生労働省．保育所における
アレルギーガイドライン．
2011. p.33.

厚生労働省．保育所における
アレルギーガイドライン．
2011. p.59.

**エピペンの形状**

いと命にかかわることがある」(厚生労働省，2011)．「保育所においては，低年齢の子どもが自ら管理，注射することは困難なため，アナフィラキシーが起こった場合，嘱託医または医療機関への搬送により，救急処置ができる体制をつくっておくことが必要である．」(厚生労働省，2011)

　最も多い原因は，食べ物であり，保育現場ではアレルギーやアナフィラキシーが起こらないように，医師の記入した生活指導表(2)(図4)を踏まえ，保護者と相談しながら，原因食物を除去した給食を子どもに提供する．生活指導表(2)のアナフィラキシー欄下部には，「D．緊急時に備えた処方薬　2 アドレナリン自己注射(エピペン®0.15mg)」とある．ここにチェックが入っている場合，医師から処方されたエピペンを保護者から預かることがある．アナフィラキシーが起こった場合には，速やかに医療機関に救急搬送することが基本だが，居合わせた保育所の職員が「保育所におけるアレルギーガイドラインにおいて示している内容に即して」使用してもよい(表4)．重要なのは，子どもがどのような症状になったときにエピペンを使用するかを，医師と保護者によく

原因は，食品，医療品，昆虫刺傷，ラテックス（天然ゴム）などが挙がっている．
〔参照：厚生労働省．保育所におけるアレルギーガイドライン．2011.〕

表4　アナフィラキシーの重症度とエピペンの使用

| グレード1 | グレード2 | グレード3 |
| --- | --- | --- |
| 各症状はいずれも部分的で軽い症状で，慌てる必要はない．症状の進行に注意を払いつつ，安静にして経過を追う．誤食したとき用の処方薬がある場合は内服させる． | 全身性の皮膚および強い粘膜症状に加え，呼吸器症状や消化器症状が増悪してくる．医療機関を受診する必要があり，必要に応じて処方された「エピペン®」があれば，注射することを考慮する． | 強いアナフィラキシー症状といえる．ショック状態の一歩手前もしくはショック状態と考え，緊急に医療機関を受診する必要がある．「エピペン®」があれば速やかに注射する必要がある． |

エピペンを使用する場合の参考である．エピペンを預かった保護者を通じて，担当医師からどのような状態の場合に使用するかを教えてもらい，保護者と共有する．
〔参考：厚生労働省．保育所におけるアレルギーガイドライン．2011. p.57.〕

確認しておくことである．ただし，体重15kg未満の子どもには処方されない．乳児保育対象の子どもたちの体重は15kgに満たない子どもが多いと思われるが，保育者にはエピペンの扱いを含むアレルギーの講習会を受講することを勧める．

また，図4の「保育所での生活上の留意点」欄にB. アレルギー用調製粉乳とある．ここにチェックがある場合，保育所では完全母乳栄養でない子どもたちの多くには「アレルギー用調製粉乳を授乳させることになる．牛乳は豊富にカルシウムを含むため，牛乳除去を行うとカルシウム摂取不足に陥る傾向がある．このため，離乳が完了した後も乳製品の位置づけで引き続きアレルギー用調製粉乳を利用していくことも必要である」（厚生労働省，2011）．

厚生労働省．保育所におけるアレルギーガイドライン．2011. p.45

**表5　保育中に発熱した場合の対応**

| 保護者への連絡が望ましい場合 | 至急受診が必要と考えられる場合 |
|---|---|
| ○38℃以上の発熱があり，<br>・元気がなく機嫌が悪いとき<br>・咳で眠れず目覚めるとき<br>・排尿回数がいつもより減っているとき<br>・食欲なく水分が摂れないとき<br><br>※熱性けいれんの既往児が37.5℃以上の発熱があるときは医師の指示に従う． | ○38℃以上の発熱の有無に関わらず，<br>・顔色が悪く苦しそうなとき<br>・小鼻がピクピクして呼吸が速いとき<br>・意識がはっきりしないとき<br>・頻回な嘔吐や下痢があるとき<br>・不機嫌でぐったりしているとき<br>・けいれんが起きたとき<br><br>○3か月未満児で38℃以上の発熱があるとき |

〔こども家庭庁，保育所における感染症ガイドライン2018年改訂版，2023（令和5）年5月一部改訂．2023. p.80.〕

## 2. 疾患・障害への対応

### 保育中に子どもが発熱した場合

　保育中に子どもの発熱に気がついた場合は，すぐに検温する．同時に，保育者や看護師間で，その子どもの平熱は何度か，保護者から健康状態についての話がなかったか共有しあう．保護者に連絡を入れ，保護者が迎えに来るまで，発熱した子どもは，別室で休ませることが多い．子どもの状態に応じて，嘱託医や子どものかかりつけ医に電話で相談し指示を仰ぎ，適切に対応する．表5は，保育中に発熱したときの対応である．乳児保育対象の子どもたちは，とくに自分で自分の症状について，しゃべらないし，気づけない．気づいてあげられるのは保育者である．

### 障害への対応

　乳幼児の健康診査として，各市町村で1歳6か月健診，3歳児健診が実施されている．健診は，市町村の保健センターなどで実施され，子どもと保護者が参加する．

　健診では，身体的発育異常，精神的発達障害，熱生痙攣，運動機能異常，神経系・感覚器の異常など，さまざまな項目が診察される．とくに1歳6か月健診で気づきたいとされるのは，自閉スペクトラム症である．「厚生労働省は1歳6か月健康診査にて，幼児の社会的行動を記した23項目からなるM-CHATという質問紙を用いて，自閉スペクトラム症に気付くことを推奨している」（国立成育医療研究センター，2021）．健康診査の結果を受けて，保育所においても子どもの対応と保護者の心情に沿った対応が必要になる．

---

**！知っておこう**

市町村は次に掲げる者に対し，健康調査を行わなければならない．満1歳6か月を超え満2歳に達しない幼児，満3歳を超え満4歳に達しない幼児（母子保健法第12条）．ただし，市町村によっては，3〜4か月健診などを実施している．

国立成育医療研究センター．改訂版 乳幼児健康診査身体診察マニュアル．2021. p.55.

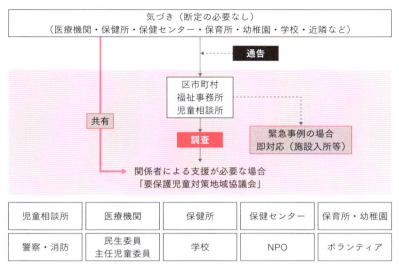

図5 通報・発見のためのネットワーク
〔参考：日本看護協会，監『新版保健師業務要覧 第2版』日本看護協会出版会．2008．p.254．〕

## ■虐待への対応

　保育施設は，日々子どもや保護者の様子を観察したり，保護者の状況を把握したりできることから，虐待の早期発見につながることがある．**気になる場合には，まず担当保育者一人で判断するのでなく，必ず主任などを含めた保育者間で共有すると共に，普段から観察したことを記録に残すことが，その後の対応につながる**．気になることが続き，上司となる主任や園長などと話し合った後に，必要だと判断すれば，保育所として行政に連絡をする．調査の後，支援が必要な場合には要保護児童対策地域協議会などが対応する．保育所は，記録した情報などを提供するのみならず，要保護児童対策地域協議会から調査したなかで開示できる一定の情報は共有される（図5）．

　保育所のできることは，虐待の早期発見のみだろうか．保育者からみて保護者は，理想の子育てをする人，適切な子育てをしていないようにみえる人，心を開いてくれるのに時間がかかる人など，いろいろな人がいる．いろいろな保護者がいるように，悩みや抱えている事情もさまざまである．そのことを踏まえ，保育者が保護者と信頼関係を築き，その関係を継続することができれば，保育所が保護者にとって心情を吐露できる安心できる場所になれるかもしれない．このことは，ひいては虐待予防の一助になる可能性がある．

## 3. 個別の配慮が必要な子どもへの対応

　保育所には，慢性疾患をもつ子ども，児童発達支援の必要な子ども，医療的ケアを必要とする子どもなどさまざまな配慮が必要なケースがある．入園前において，それぞれの子どもたちが必要とする配慮がどのようなものかを保護者と話し合い，ある程度理解したうえで，自園で入園が受け入れられる体制があるか，もしくはこれから作れるのかを，保育所全体として検討する．

　入所してからは，保育者が保護者へ日々の様子を伝えることで，保護者が気になること，避けたいことも新たな配慮として発見できるかもしれない．また，保護者から，家庭での子どもの状況の変化や，医師などの専門家による定期的な情報は，園での個別配慮の材料になる．

**引用文献**
- 厚生労働省雇用均等・児童家庭局．平成 22 年乳幼児身体発育調査報告．2011.
- 社会保障審議会児童部会保育専門委員会．保育所保育指針の改定に関する議論のまとめ（平成 28 年 12 月 21 日）．2016. p.6.
- こども家庭庁．保育所における感染症ガイドライン 2018 年改訂版．2023（令和 5）年 5 月一部改訂．2023.
- 厚生労働省．保育所におけるアレルギーガイドライン．2011. p.1, 4, 7, 33, 45, 57.
- 国立成育医療研究センター．改訂版乳幼児健康診査身体診察マニュアル．2021. p.55.

**参考文献**
- 横山徹爾ら．乳幼児身体発育評価マニュアル．平成 23 年度 厚生労働科学研究費補助金（成育疾患克服等次世代育成基盤研究事業）．2012.
- 日本小児科学会．日本小児科学会が推奨する予防接種スケジュール．https://www.jpeds.or.jp/uploads/files/20240401_vaccine_schedule.pdf（最終閲覧：2024 年 6 月 4 日）
- 日本看護協会，監『新版保健師業務要覧　第 2 版』日本看護協会出版会．2008. p.254.

**演習（p.89）の回答の例①**

　普段は元気なケイタでも，生活指導管理表には留意事項として，動物との接触にチェックが入っているからである．また，そのことが保育者全員に共通理解されていたからである．

**演習の回答の例②**

- ケイタの手洗いを保育者の目の届くところで丁寧に行う．
- 保護者へケイタの様子を報告すること．咳の症状だけでなく，マスクや手洗いを丁寧にしたことや，ケイタとウサギとのエピソードを伝える．

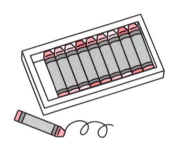

# 乳児保育における衛生・安全

**学習のポイント**
1. 保育施設での衛生管理の方法を学ぶ
2. 起こりやすい事故と事故防止対策を学び，考える
3. 災害対策と危機管理を知る

## 衛生管理と配慮

**!知っておこう**
保育所の衛生管理については，児童福祉施設の設備及び運営に関する基準 第10条に規定されている．具体的なものは，保育所における感染症対策ガイドラインなどを参考にする．

### 衛生面に関する考え方と環境作り

安心・安全で豊かな環境で保育をするには，保育者が日頃からの清掃や衛生管理に努めることが基盤になる．保育施設内外の主な衛生管理の実際は表1のようになる．

### 配慮事項

**職員の衛生管理**

感染症や食中毒の防止対策のため，職員自身が自らの清潔の維持，衛生知識の向上に努めることは重要である．以下が具体的なものである．

- 職員の清潔を保つ（爪，服装，頭髪）．
- 体調管理を心がける．咳などの症状がある場合にはマスクをする．
- こまめに手洗いを行う（保育中，保育前後）．
- 発熱や咳，下痢，嘔吐がある場合は，病院を受診．結果により保育環境の感染対策を行う．
- 体調不良や化膿した傷がある職員は，食物を直接扱うことを禁止する．
- 職員が感染源にならないよう，職員の予防接種歴および罹患歴を把握する．
- 食事の提供に関係する職員の健康診断および定期検便を行う．

**職員の対応の方法**

- 食中毒や感染症が発生した場合は，施設の対応マニュアルに沿って対応する．
- 尿，糞便，吐物，血液などの安全な処理方法を徹底する．その際，消毒の種

**!知っておこう**
実習生も同様に検便を行う（厚生労働省，児童福祉施設における「食事摂取基準」を活用した食事計画について，2020）．

食中毒や感染症が発生したときの対応．
➡ p.103 を参照

**11 乳児保育における衛生・安全**

## 表1 清掃や衛生管理の留意点

| | |
|---|---|
| 保育室 | ・アルコール消毒：ドアノブ，手すり，照明スイッチなど<br>・次亜塩素酸消毒：嘔吐物や排泄物の処理など<br>・室温と湿度：目安　室温 夏 26〜28℃　冬 20〜23℃，湿度：60%<br>・換気については，窓開け，エアコン，換気扇や扇風機，加湿器の利用時は，こまめに掃除 |
| おもちゃ（表2） | ・口で触れるなどしたおもちゃは，都度，お湯などで洗い流し，干す<br>・午前と午後とで遊具の交換を行う<br>・ぬいぐるみや布類は，定期的および汚れた場合に洗濯する．週に1回干す |
| 手洗いの場 | ・手洗い液：液体石けんに比べ，固形石けんは不衛生になりやすいことに注意．液体石けんの詰め替え時には，残りを捨て，よく洗い，乾かした後に新たな液体石けんを入れる<br>・個別のタオル：個人持参のタオルかペーパータオルを使う．タオルの共有はしない．毎日持ち帰り，新たなタオルを持参する<br>・個別の歯ブラシ：他児のものを使わないように管理する．使った歯ブラシは，個別に十分にすすぎ，清潔な場所で乾燥させ，保管する |
| 寝具 | ・清潔な寝具の使用：家庭からの持参であっても，保育所からの貸し出しであっても，清潔な寝具を用意する．嘔吐や尿などで汚れた場合には，消毒して清潔にする |
| 調乳* | ・清潔な調乳室で，清潔なエプロンなどを着用し，調乳する<br>・哺乳瓶，乳首などの調乳器具は，消毒を行い，衛生的に保管する<br>・ミルク（乳児用調製粉乳）は，70℃以上のお湯で調乳する．調乳後2時間以内に飲まなかった場合は廃棄する |
| 食事・おやつ | ・テーブル：清潔な台布巾で水拭きをし，衛生的な配膳・下膳を心がける<br>・食器：他児とは共用しない<br>・食後には，テーブル，椅子，床などの食べこぼしを清掃する |
| おむつ交換 | ・おむつ交換台には，使い捨てのおむつ交換シートなど，個別のものを使用する<br>・糞便の処理の方法を職員間で徹底する<br>・おむつ交換後，とくに便処理後は，石けんを用いて流水でしっかりと手洗いを行う<br>・交換後のおむつは，ビニール袋に密閉した後に蓋つき容器などに保管し，その場を消毒する |
| トイレ | ・各所の清掃と消毒をする（便器，汚物槽，ドア，ドアノブ，蛇口や水まわり，床，窓，棚，トイレ用サンダルなど）<br>・子どもの手に触れやすいところは，感染症の流行状況に応じて塩素系消毒薬などによる消毒を行う |
| 園庭 | ・安全・衛生管理を行う（安全点検表の使用）<br>・動物の糞尿がある場合は除去，樹木や雑草の管理，害虫，水溜りなどの駆除や消毒を行う<br>・水が溜まることを避けるためにも，遊び道具は片付ける<br>・動物の飼育小屋は清潔にし，世話後の手洗いを徹底する |
| プール | ・水質検査を行う．濃度が低下している場合は消毒剤を追加する<br>・排泄が自立していない（おむつ使用の）乳幼児には，個別にタライなどを用意する |

＊児童福祉施設における食事の提供ガイド，厚生労働省，2010

---

**❗知っておこう**

**冷凍母乳の扱い方**

児童福祉施設における食事の提供ガイド（厚生労働省）にも，家庭から持参した冷凍母乳についての記載がある．

→ p.146を参照

---

**☝ポイント**

プールの水質検査は，適正な塩素濃度になっているかどうかを確認する目的で行う．乳児保育でよく使用する，小さなビニールプールも塩素消毒が必要．遊泳用プールの衛生基準について（厚生労働省健康局長通知別添，2007）に，塩素濃度が定められている．

> **！知っておこう**
>
> 消毒に関しては，保育所における感染症ガイドライン2018年改訂版の消毒薬の管理と使用上の注意点を参照〔こども家庭庁．保育所における感染症ガイドライン2018年改訂版．2023（令和5）年5月一部改訂．2023．p.74.〕

類や方法，管理方法などを職員間で周知しておく．
• 消毒薬の管理方法，注意点の知識を周知しておく．
　一例を表3に示す．

**表2　遊具などの消毒方法**

| | 普段の取扱のめやす | 消毒方法 |
|---|---|---|
| ぬいぐるみ布類 | • 定期的に洗濯する<br>• 陽に干す（週1回程度）<br>• 汚れたら随時洗濯する | • 嘔吐物や排泄物で汚れたら，汚れを落とし，塩素系消毒薬の希釈液に十分浸し，水洗いする<br>• 色物や柄物には消毒用エタノールを使用する<br>※汚れがひどい場合には処分する |
| 洗えるもの | • 定期的に流水で洗い，陽に干す<br>• 乳児がなめるものは毎日洗う<br>　乳児クラス：週1回程度<br>　幼児クラス：3か月に1回程度 | • 嘔吐物や排泄物で汚れたものは，洗浄後に塩素系消毒薬の希釈液に浸し，陽に干す<br>• 色物や柄物には消毒用エタノールを使用する |
| 洗えないもの | • 定期的に湯拭き又は陽に干す<br>• 乳児がなめるものは毎日拭く<br>　乳児クラス：週1回程度<br>　幼児クラス：3か月に1回程度 | • 嘔吐物や排泄物で汚れたら，汚れをよく拭き取り，塩素系消毒薬の希釈液で拭き取り，陽に干す |
| 砂場 | • 砂場に猫等が入らないようにする<br>• 動物の糞便・尿は速やかに除去する<br>• 砂場で遊んだ後はしっかりと手洗いする | • 掘り起こして砂全体を陽に干す |

〔こども家庭庁．保育所における感染症ガイドライン2018年改訂版．2023（令和5）年5月一部改訂．2023．p.74.〕

**表3　次亜塩素酸ナトリウムによる消毒の方法**

| 消毒対象 | 調整する濃度<br>（希釈倍率） | 希釈法 |
|---|---|---|
| 嘔吐物や排泄物が付着した床・もの<br>※衣類などに嘔吐物や排泄物が付着した場合は，こちらの濃度で使用 | 0.1%<br>（1,000ppm） | 水1Lに対して約20mL<br>（目安としては500mLペットボトルにキャップ2杯弱） |

嘔吐物や排泄物，血液を拭き取る場合などについては，塩素系消毒薬を用いる「遊具等の消毒方法」
〔こども家庭庁．保育所における感染症ガイドライン2018年改訂版．2023（令和5）年5月一部改訂．2023．p.73から抜粋〕

# 事故防止と安全対策

## 1. 発達段階に応じた事故防止のための配慮

　保育者は子どもの発達と事故の関係(表4)を知ることで，発達段階に応じた配慮をすることができる．

## 2. 事故防止のためのガイドラインの利用

　保育施設では発達に応じた配慮をしているが，事故による傷害は毎年起きている．令和4年の死亡・重篤な事故報告のうち，乳児保育では，0歳10件，1歳86件，2歳155件(こども家庭庁，2023)である．そのため，重篤な事故にならないよう予防と対応のための「教育・保育施設等における事故防止及び事故発生時の対応のためのガイドライン」(こども家庭庁，2016)が示されている．各自治体や保育施設がガイドラインに基づいた指針を作成することが求められる．

### ▌事故発生防止(予防)の取り組み

　ガイドラインには，具体的な予防の取り組みとして以下の7つがあげられている．

**(1)安全な教育・保育環境を確保するための配慮点など**

　とくに注意したいのは，重大事故が発生しやすい睡眠中，プール活動・水遊び中，食事中などである．たとえば，日常の保育において環境の配慮が確認できるように，大阪市の作成した睡眠中の環境チェックポイント(図1)には，発達に応じた注意点が詳細にあげられている．また，誤飲を防ぐために，子どもの口の大きさ，奥行を知っておくことも重要である(図2)．

**(2)職員の資質の向上**

　各施設においてすべての職員は，事故が発生した場合を想定した救急対応(心肺蘇生法，気道内異物除去，AED，エピペン®の使用など)の実技講習などの実践的な研修を受講すること．また，各施設の実態を踏まえた緊急時対応マニュアルを，職員の目につきやすい場所に掲示し，全職員がいざというときに，慌てずに対応できるようにする．

　他にも，各施設における研修や職員会議などの機会に，ヒヤリ・ハット事例を共有し，対策を検討し，実践する．ヒヤリ・ハット事例は，保育中に保育者が危ないと感じた具体的な出来事であるため，職員間で共有しやすいばかりで

---

**ポイント**

本書では，教育・保育施設などで発生した死亡事故，治療に要する期間が30日以上の負傷や疾病を伴う重篤な事故(意識不明，人工呼吸器を付ける，ICUに入るなどの事故を含む)を指す．

こども家庭庁「令和4年教育・保育施設等における事故報告集計」の公表について．2023. p.4.

こども家庭庁．教育・保育施設等における事故防止及び事故発生時の対応のためのガイドライン【事故防止のための取組み】～施設・事業者向け～．2016.

---

**キーワード**

**ヒヤリ・ハット事例**
起きてしまった出来事のうち，傷害を免れた出来事を保育者などが報告したもの．

**例**
・ヒヤリ・ハット：2歳児が滑り台の階段を登ろうとしたときに踏み外し，足が滑ったが，ケガはなかった．
・事故：2歳児が滑り台の階段を上ろうとしたときに足が滑って落ち，両膝と両肘に擦り傷ができた出来事．

## 表 4　子どもの発達と起こりやすい事故

| 発達の目安 | 誕生～3か月 | 4か月 | 5か月 | 6か月 | 7か月 | 8か月 | 9か月 | 10か月 | 12か月 | 1歳 | 2歳 | 3歳 |
|---|---|---|---|---|---|---|---|---|---|---|---|---|
| | 首がすわる 足をバタバタさせる | | 離乳食開始 寝返りをうつ | | 一人座り | ハイハイをする 指でものをつかむ | | つかまり立ち | | 一人歩き 走る | 階段昇降 ジャンプ高く登る | |
| 窒息・誤飲 | 〈就寝時のうつぶせ寝・柔らかい布，ミルク吐き戻し，ベッドの隙間に挟まれるなど〉 〈食べ物・おもちゃなどのちいさなもので窒息〉 〈医薬品・洗剤・化粧品・タバコ・アルコール・シールなどの誤飲〉 〈ブラインドやカーテンの紐などによる窒息〉 | | | | | | | | | | | |
| 水まわり | 〈入浴時に溺れる〉 〈浴槽へ転落，バケツや洗面器などの事故〉 〈海や用水路などの事故〉 | | | | | | | | | | | |
| やけど | 〈みそ汁などの熱いもの・電気ケトル・暖房器具・加湿器・アイロンなど〉 〈ライター，花火〉 | | | | | | | | | | | |
| 転落・転倒 | 〈ベビーベッド，おむつ交換台，ソファー，抱っこひもからの転落〉 〈椅子やテーブルからの転落〉 〈階段からの転落段差で転倒〉 〈ベランダ・窓から転落〉 〈遊具からの転落〉 | | | | | | | | | | | |
| 挟む・切る・その他 | 〈エスカレーター・エレベーターでの事故〉 〈テーブルなどの角で打撲〉 〈はさみなどの刃物，おもちゃでのケガ〉 〈小さなものを鼻や耳に入れる〉 〈ドア，窓などで手や指を挟む〉 〈家具を倒して下敷きになる〉 〈歯ブラシでの喉突きなど〉 | | | | | | | | | | | |

〔参考：こども家庭庁．こどもを事故から守る！事故防止ハンドブック．2024. p.2-3.〕

なく，すぐにできる対策が取りやすいが，その場限りの対策になりかねない．そのため，必ず会議でも報告し，保育所全体として長期的視野を含めた検討をする必要がある．その報告をヒヤリ・ハットマップに整理していくと，同じ場所で同様の事例が繰り返されていることにも気づける可能性がある．

11　乳児保育における衛生・安全

図1　睡眠中における環境と食事以外の誤飲防止のチェックリスト
〔大阪市．事故防止及び事故発生時対応マニュアル—基礎編．2018. p.5, 9.〕

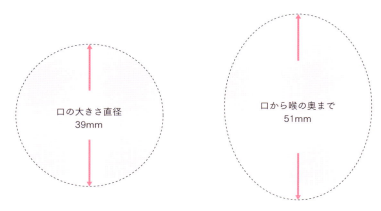

これらの円に入るものは，子どもの口に入る．とくに生後5か月からは何でも口に入れる時期

図2　3歳児の口の大きさと奥行き

**演習** | **事例** | **このおもちゃもヒヤリ・ハット！！**

　ある 2 歳児クラスのままごとコーナーには，手作りの布製イチゴケーキがある．子どもたちに人気で，毎日出番のあるおもちゃである．口の中に入る大きさではなく，柔らかいので口の中をケガする心配もない．しかし，この布製イチゴケーキの遊びでヒヤリ・ハットが報告された．ケーキの上に乗っている丸くて赤い布のイチゴが，糸のよれによって取れそうになっていたのだ．

・イチゴが取れそうになっていることで考えられるヒヤリ・ハットは何だろうか．
・保育現場では実際に，どのようなヒヤリ・ハットが報告されているか調べてみよう．

### （3）緊急時の対応体制の確認

　緊急時，職員の動きについて，役割分担と担当する順番・順位を決め，見やすい場所に，明確な内容を掲示しておく．また，受診医療機関のリストと連絡先，救急車の呼び方，受診時の持ち物，通報先の順番・連絡先等を整理した対応マニュアルを掲示しておく

### （4）保護者や地域住民など，関係機関との連携

　職員以外の地域の人などの力を借りて，子どもの安全を守る場合を考慮し，常日頃から，町内会長といった地域をよく知る人たち，隣の会社の人たちなどとのコミュニケーションをとる．いざというときの協力を依頼することについて，保育所内で検討する．

### （5）子どもや保護者への安全教育

　子どもが安全な習慣を身につけられるように，遊ぶときの衣服や靴の選び方や自転車，チャイルドシートなど家庭での事故防止の呼びかけを，おたよりや保護者会などで行う．

　子どもに向けて，遊具の安全な使い方などを保育者が一緒に遊びながら見せて，言葉で伝えて共有していく．

### （6）設備などの安全確保に関するチェックリスト

　設備については定期的に点検が必要である．年齢別のチェックリストなどでチェックした結果に基づいて問題のある場所は改善し，職員に周知する．また，チェックリストは，担当者がチェックしたものを，リスクマネジャーと所長が確認し，サインする体制になっている．

### （7）事故の発生防止のための体制整備

　上記の（1）〜（6）の取り組みに加え，保育所の実情に合った指針を作成する．また，事故防止に関する通知に目を通し，事故の発生防止に努める．

---

**！知っておこう**

埼玉県の上尾市作成のチェックリストは年齢別に用意されており，1 歳児は 50 項目ある．

## ▌事故発生時の対応

事故が起きてしまったときに，適切な対応をすることが重要である．どのような対応をするべきかについても，ガイドラインに沿って，各施設の状況に応じた具体的な指針や対応マニュアルを作成し，実践の準備をしておくことが求められる．

・事故発生時の基本的な流れは以下のようになる．

①事故の発生を発見する

②事故の状況把握・応急処置をすると同時に，その場にいる他の子どもたちを別の場所に移動させ落ち着かせる

③所長，看護師(いる場合)の連絡とともに，処置を決定する(医療機関に連れて行くか，救急車を要請するか，安静にして経過観察するかなど)

④保護者への連絡「保護者への連絡するときの注意事項」などを参考に，速やかに電話連絡する(ごく軽度なけがについても，保護者のお迎えの際には必ず口頭で説明する)

⑤自治体の保育の担当課へ連絡する

⑥降園後の経過確認(小さな事故でも保護者に電話で様子を聞く．これは信頼関係に影響する)

⑦事後処理(事故報告書に記録する，再発防止策もまとめる)．病院で診断を受けた場合は，日本スポーツ振興センターなどへの医療などの請求事務を行う

事故が起こったときの職員の役割については，事故防止策の段階で作成されているガイドライン「緊急時の対応体制の確認」を踏まえて，担当者の具体的な氏名と順位が示される必要がある．常日頃から，緊急時の対応体制が見やすい場所に掲示してあることで，緊急時に職員が慌てたとしても，適切な行動を可能にする．救命措置が必要な場合の対応を，図3に示す．

## ● 災害対策と危機管理

近年，地震や豪雨などの大きな自然災害が起こっている．保育中に地震や津波などの災害が起きたときに，子どもをどのように守るかについて，職員全員で考え，訓練しておく必要がある．児童福祉施設設備及び運営基準第6条においても，非常災害への対策を講じることが定められている．

## ▌防災設備，避難経路の安全点検

・園舎内：消火器や非常口誘導灯の点検，出入り口や廊下，非常階段の近くに物を置かない，棚やロッカー，ピアノなどが固定されているか，窓ガラスは飛散防止がされているかなど，日常的に点検を行う．

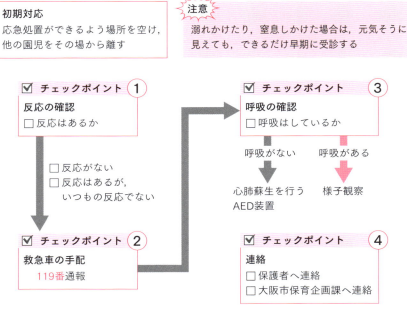

**図3 事故発生時の対応（救命処置が必要な場合）**
〔参考：大阪市．事故防止及び事故発生時対応マニュアル—基礎編．2018. p.10, 11.〕

- 園庭：ブロック塀や遊具の転倒，看板や時計の落下，倉庫の倒壊への対策
- ハザードマップの確認：保育所の立地を確認して，水害，土砂災害，津波などどのような災害が起こりそうかを想定した避難を計画する．避難時に必要な事柄を記入した防災マップを作成しておくとよい．
- 避難ルート：想定している避難ルートの定期的な確認をする．新たに危険箇所が見つかることもある．ルートは，1ルートのみだと災害時に使えなくなる可能性があるため，2ルート以上を想定する．
- 備蓄品：災害が起こってから，本格的な支援が届くまでに早くて3日かかるといわれている．保育所で3日間，子どもたちと過ごすことを想定して備蓄品を整える．また備蓄品には賞味期限があり，新たに必要となる物品もあることから，定期的に見直す機会を設ける．

## 備蓄品の例

**飲料水**
- ペットボトル入り飲料水

**食料**
- 粉ミルク（液体ミルク），ベビーフード／主食（アルファ米，乾パン）／副食

（缶詰，レトルト食品，インスタント食品）／アレルギー対応のミルク，主食，副食

**生活用品**

- 着替え，靴下（スリッパの代替），ビニール袋，新聞紙，濡れティッシュ，トイレットペーパー，簡易トイレ，紙おむつ，おしりふき，タオル（防寒含む），防災ずきん，マスク，ヘルメット，帽子
- 卓上コンロ，カセットボンベ，着火器具（マッチやライター），ポリタンク，携帯ラジオ（手回し充電），懐中電灯（手回し充電），自立ライト，乾電池，救急箱，軍手，ロープ，ブルーシート，ナイフ，のこぎり

### ▌防災マニュアルの作成

保育施設の立地条件や規模，地域の実情を踏まえたうえで，各施設に応じたマニュアルの作成が求められる．各施設の立地に応じた災害の種類（地震，火事，台風，豪雨，豪雪など），さまざまな時間と場所（朝の受け入れ中，給食中，散歩中など）を想定して備える．

その際，災害の発生時に保育施設の全職員が協力して対応するための体制を整え，防災マニュアルを作成する．

> **防災マニュアルの例**
> （1）発災時に行うべきこと 発災期
> 安全を確保する（主に地震の想定）（表5）→ 避難を実施する→ 屋内で避難する→避難者の安否を確認する → 救護活動を行う
> （2）避難後に安全を確保する
> （3）情報を収集する
> （4）関係者の安否を確認する
> （5）保護者へ連絡を行う
> （6）被害状況を確認し取りまとめる
> （7）被害情報を伝達する

表5は防災マニュアルのなかで，「安全を確保する」部分のみを示した．「誰が，指示し，行動するのか」がはっきりわかるように作成されている．

### ▌避難訓練

少なくとも毎月1回は，避難訓練を行う．訓練では，職員の災害への対応能力を養うとともに，子ども自身が発達に応じた避難行動を身につけていくことをめざす．乳児保育対象の子どもたちは，3歳以上の子どもたちと異なり，自分たちで机に潜るなどは難しい．

ある施設の訓練では，部屋に子どもたちがいた場合を想定し，保育者が子どもたちを部屋の中央に集め，その子どもたちを保育者らが囲って覆うように

講義編

表5　安全の確保　災害時の対応(行動手順)発災時に行うべきこと 発災期

| 職員が | | | 園児に声掛けをする |
|---|---|---|---|
| 全員が | | | シェイクアウトの体勢をとる(窓から離れる) |
| | | | 危険が去るまでじっとしている |
| 園長が | 指示する | 職員が | 建物(施設)の安全を確認する |
| | | 消火係が | 火元を確認する⇨初期消火活動を行う |
| | | 避難誘導係が | 避難誘導係が避難路を確認する |
| | | | 避難路の安全を確保する |
| | | | 建物周辺の安全を確認する |

〔京都市保育園連盟安全対策委員会. 保育園防災マニュアルひな型. 平成26年4月, 令和元年8月一部改訂. 2016. p.27.〕

### 知っておこう

保護者への伝え方は, おたより, お帰りの引き渡し時, 懇談会などがある.

**園だより　10月**

先日, 地震・津波の避難訓練をしました. 子どもたちはお散歩カートに乗って○○中学校の図書室に入りました. 子どもたちは初め, 見慣れない場所に戸惑いの表情がありましたが, 園から持参した絵本を読むと, 笑顔が戻りました.

### ポイント

子どもを引き取りに向かう保護者の状況を考える必要がある. 保護者が危険な状況にありながら無理して保育所に向かう, 引き取り後に無理して自宅に戻るなどの行動は, 助かった命を危険にさらすことになる. この点についても, 保育所全体としてどのように対応するのか共有しておく必要がある.

し, その上から大きい布を掛ける. 揺れが収まってから, 保育者らが子どもたちに防災頭巾をかぶせて避難している.

災害発生時には, 職員が決められた役割ができない場合, 避難場所へ移動する場合など, さまざまな状況に対する訓練しておく. また, **保護者へ訓練の様子を伝える**ことで, 第一次, 第二次避難先の場所や連絡の方法を確認できる.

### ▌保護者への引き渡し

保護者の協力なしには, 子どもを安全に保護者へ引き渡すことは難しい. 入園説明会, 始業式, 保護者会など, 折に触れて災害時の対応への理解を求める必要がある.

災害時は, 1つの連絡方法で連絡が取れないことがあるため, 複数の連絡方法を共有しておく(メール, 携帯アプリ, 災害用伝言ダイヤル「171」(NTT), 災害用伝言板サービス(携帯会社)).

保護者が子どもを引き取ることが難しい場合もある. あらかじめ保護者以外への引き渡しには, 氏名や連絡先, 本人確認などのルールを決めておくとよい.

### ▌地域の関係機関

災害発生時には, 保育施設だけですべてに対応することは難しい. 連携機関として, 消防, 警察, 医療機関, 自治体などがある.

保育施設のごく近隣とのつながりも重要である. これまでの災害では, 避難所に移動する道のりで, 近隣の方が協力してくれたために命が助かったという事例はいくつもある. 施設長らが, 日常から近隣との繋がりを保ち, 避難訓練を一緒に行うなど, 具体的な取り組みが重要である.

保育施設が避難場所になり，地域住民を受け入れる場合もある．その際は，市町村や町内会などと連携しながら対応する．また，保育施設が早期に再開できるよう取り組んでいく．

### 引用文献

- こども家庭庁．保育所における感染症ガイドライン 2018 年改訂版．2023（令和 5）年 5 月一部改訂．2023. https://kodomoenkyokai.or.jp/wp-content/uploads/2023/05/60342170aa360b5cce6f4ffe341a8a6c.pdf（最終閲覧：2023 年 8 月 15 日）
- 大阪市．事故防止及び事故発生時対応マニュアル—基礎編．2018. p.5, 9, 10, 11. https://www.city.osaka.lg.jp/kodomo/cmsfiles/contents/0000565/565683/200709kisohen.pdf（最終閲覧：2024 年 10 月 17 日）
- 京都市保育園連盟安全対策委員会．保育園防災マニュアルひな型．平成 26 年 4 月，令和元年 8 月一部改訂．2016. p.27. https://safety.renmei.kyoto/_src/35005366/19-09%E3%80%80%EF%BC%88%E6%94%B9%EF%BC%89%E4%BF%9D%E8%82%B2%E5%9C%92%E9%98%B2%E7%81%BD%E3%83%9E%E3%83%8B%E3%83%A5%E3%82%A2%E3%83%AB.pdf?v = 1567421658173（最終閲覧：2023 年 9 月 1 日）

### 参考文献

- こども家庭庁「令和 4 年教育・保育施設等における事故報告集計」の公表について．2023. p.4. https://www.cfa.go.jp/assets/contents/node/basic_page/field_ref_resources/68cc3ca7-8946-43e9-939c-5ec2113f1512/51bfb3df/20230726_policies_child-safety_effort_shukei_08.pdf（最終閲覧：2023 年 9 月 12 日）
- こども家庭庁．こどもを事故から守る！事故防止ハンドブック．2024. p.2-3. https://www.cfa.go.jp/policies/child-safety-actions/handbook/（最終閲覧：2024 年 6 月 4 日）
- 天野珠路，監『3.11 その時，保育園は—いのちをまもるいのちをつなぐ』（DVD）．岩波映像．2011.
- 猪熊弘子，編『命を預かる保育者の子どもを守る防災 BOOK』学研プラス．2012.
- 厚生労働省，編『保育所保育指針解説 平成 30 年 3 月』フレーベル館．2018.
- 厚生労働省．児童福祉施設における「食事摂取基準」を活用した食事計画について．厚生労働省子ども家庭局母子保健課長通知．2020. p.7.
- 厚生労働省健康局長．「遊泳用プールの衛生基準」．2007.https://www.mhlw.go.jp/bunya/kenkou/seikatsu-eisei01/pdf/02a.pdf
- 厚生労働省．児童福祉施設における食事の提供ガイド．2010. http：//www.mhlw.go.jp/shingi/2010/03/dl/s0331-10a-015.pdf（最終閲覧：2023 年 9 月 3 日）
- 厚生労働省．保育所における食事の提供ガイドライン．2012. https://www.mhlw.go.jp/bunya/kodomo/pdf/shokujiguide.pdf（最終閲覧：2023 年 9 月 3 日）
- こども家庭庁．教育・保育施設等における事故防止及び事故発生時の対応のためのガイドライン【事故防止のための取組み】〜施設・事業者向け〜．2016. https://www.cfa.go.jp/assets/contents/node/basic_page/field_ref_resources/03f45df9-97e1-4016-b0c3-8496712699a3/39b6fd36/20230607_policies_child-safety_effort_guideline_02.pdf（最終閲覧：2024 年 6 月 4 日）

講義編

# 乳児保育における生活と遊びの実際

> **学習のポイント**
> ❶ 乳児保育の1日の流れを学ぶ
> ❷ 月齢，年齢によって大切になる保育のポイントを理解する

## ● 0歳児の保育の1日

### 1. 愛着を育みながら

■ **安心して生活できる環境を整える**

　0歳児クラスの子どもたちはどのように登園してくるのだろうか．保護者に抱かれて登園する子，あるいは保護者と手をつなぎよちよちと歩いてくる子．登園場面をみても月齢によって生活の仕方が異なっているのが0歳児クラスの子どもたちである．

　一人で座れるようになったばかりの子どもは，腹ばいでいるときよりも座ったことによって広がった世界に胸を踊らせ，目に入ったおもちゃに一生懸命手を伸ばして遊ぼうとする．しかし姿勢は不安定で，夢中になっているかと思えば，ちょっとしたことでバランスを崩し後ろに倒れてしまう．別の子どもはおぼつかない足で，よろよろと歩いてはお尻をつき，また立ち上がることを繰り返して遊ぶ．一人歩きができるようになったばかりの子どもは，しりもちをつこうともまたすぐに立ち上がり歩くことを楽しんでいる．

　こうした子どもたちが同じ環境で過ごす場合，どういったことが考えられるだろうか．座っている子どもに，歩き始めた子どもがぶつかったり踏んでしまったりしてしまうかもしれない．歩き始めた子どもにとって安全に歩ける環境を用意するという視点と，座っている子どもが安心して遊べる環境を整える視点を同時にもち，安全でありながらそれぞれの興味が満たされる環境が乳児保育には求められる．

### 安心できる保育者の存在

　子どもは安全で好奇心がくすぐられる環境のなかで，獲得した身体機能を発揮し，行動範囲を広げていく．そうして夢中になって遊んでいる子どもは新たな発見や感動を，身近な大人と共有しようとする．振り返った先に，いつもそばにいて寄り添ってくれる保育者が笑顔で見ていてくれる安心感が，さらに子どもの好奇心を育てる．一方で不安になったときや，寂しくなったとき，心配になったときも，大好きで安心できる保育者が心の安全基地となり，周囲の人や物に能動的に働きかけることができる．

　また，言葉を獲得する前の0歳児クラスの子どもたちに，保育者はたくさん声をかける．同時に，スキンシップをとりながらコミュニケーションをとっている．泣いている子どもには，何が嫌だったのか，怖かったのかを汲み取り言葉にしながら抱き寄せ情緒が安定するようにあやす．何かを見つけて嬉しそうな表情をしたときには，共に喜び抱き寄せたり子どもの手をとったりする．

　0歳児クラスの子どもと関わる際はとくに肌と肌が触れ合い，目と目を合わせた応答的で温かなコミュニケーションをとるようにする．そうした日々の関わりのなかで，愛着が形成され，情緒的な絆を築くことが大切である．

## 2. 0歳児の1日の流れ（表1）

　保育施設への入所はそれぞれであるが，最も早く保育施設で生活をする子どもは生後57日目からである．低月齢児の生活は，ミルクを飲み，眠り，そして排泄することが中心となる．月齢が進むにつれ起きている時間が徐々に長くなり，遊ぶようになる．**生活のリズムが発達によって変化するので，日々保護者と連携をとりながら家庭と保育施設で生活が分断されないよう配慮していく．**

　朝の受け入れ時は，家庭での様子を保護者から聞いておくことは欠かせない．毎日のことにはなるが，小さな変化を見落とさないよう細心の注意を払って行う必要がある．しかし，保育施設に預ける保護者のなかには急いでいる方もいる．そのため連絡ノートなどのツールを用いて短時間でも重要なことを伝達できるようにする．また乳児クラスは複数の保育者が担当することが多い．受け入れ時に得た情報は，連絡ボードなどを利用してすべての保育者に伝わるようにする．

　保育施設では各家庭によって登園時間が異なるため，登園した子どもから順に室内で遊ぶ．登園して間もなくは，保護者から離れることで不安になる子どもも多い．スキンシップを十分に取りながら気持ちが落ちつくように関わり，安心して自分の興味ある遊びに向かえるようにする．

　0歳児クラスの子どもたちは，3時間おきにミルクを飲んでいる子どももいれば，離乳食を開始している子どももおり，離乳食の進度も個々によって異なる．乳児クラスの食事時間は午前中のおやつ，昼食，午後のおやつの3回を基本に設定していることが多い．しかし個々の食事の在りようを踏まえて食事の時間，回数を計画する．

　このように子ども一人ひとりの生活を尊重して保育をしていくために，保育者が日々協力して保育することが必要になる．

複数担任制と緩やかな担当制
➡ p.66 を参照

**12 乳児保育における生活と遊びの実際**

表1　0歳児の1日

| 時間 | 子どもの生活 | 保育者の関わり |
|---|---|---|
| 7：00 | 順次登園 | ・朝の受け入れ時は保護者に記入してもらった連絡ノートなどを利用しながら，子どもの様子について連絡を受ける．また保育者も子どもの様子を観察し，心身の不調がないかどうか確認する |
| 9：00 | 室内遊び | ・安全に安心して遊べるよう，環境を整え迎える．保護者と離れ不安になる子どもには抱っこやスキンシップなどを行い，好きな遊びに向かえるよう援助する<br>・早朝保育から通常保育の保育者が代わる場合は引継ぎを行う |
|  | おむつ交換 | ・基本的には排泄をしたらその都度替える<br>・清潔になり気持ちよくなったことなど言葉をかけながらおむつ替えを行う |
| 9：30 | おやつ | ・離乳食の進度によって食事の内容は異なる．ミルクの子どもは朝の授乳時間から個別に授乳時間を確認しておく．また量も個々に合わせて用意する<br>・調乳室でミルクを作るため，他の保育者と連携して子どもが安全に過ごせるよう配慮をする |
| 10：00 | おむつ交換<br>室内遊び<br>（戸外遊び）<br>午前睡<br>（必要な子どものみ） | ・清潔になり気持ちよくなったことなど，言葉をかけながらおむつ替えを行う<br>・子どもの体調や生活リズムを考慮して，保育室で過ごしたり，戸外，園外で遊んだりする<br>・子どもの発する言葉や喃語にも応答し，スキンシップを大切にしながら関わる<br>・午睡中に体調変化が起こることもあるため午睡チェックを行う<br>・月齢によっては午前中に睡眠が必要な子どももいるため，発達に合わせて個別に対応できるように準備をし，他の保育者と連携を取る<br>・同じ空間で活動している子どもがいる場合でも質のよい睡眠がとれるよう配慮する |
| 11：15 | 食事<br>（授乳，離乳食） | ・離乳食が始まった子どもは，アレルギー有無の確認や離乳食の進度を把握し食事の準備をする．そのためにも保護者と給食室（栄養士）との連携を密に取るようにする<br>・楽しい雰囲気のなかで食事ができるようにする |
| 12：00 | 午睡 | ・心地よく入眠できるよう援助する<br>・午睡中に体調変化が起こることもあるため午睡チェックを行う |
| 14：00 | 目覚め，<br>おむつ交換 | ・目覚めとともにぐずることがある．保育者が寄り添い安心できるよう援助する |
| 14：30 | おやつ<br>（授乳） | ・午前のおやつを参照 |
|  | 順次降園 | ・1日を通してどのように過ごしていたか，保護者に伝達し，家庭での生活とつながりがもてるようにする．食事，排泄，睡眠，心身の不調，遊びの様子などをすべて伝えようとしても口頭では伝えきれないこともある．必要に応じて連絡ノートアプリなどの共有ツールを活用し，保護者と密な連携を図る |
| 16：00 | 延長保育 | ・延長保育に入る保育者に，連絡事項を引き継ぐ |

（筆者作成）

111

# 1歳児の保育の1日

## 1. 自我の芽生えを大切に

### 「ジブンデ」の気持ちと甘えたい気持ち

このころの子どもは机や椅子に上り，得意げに立ち上がろうとする姿を見せることがある．危険だからと優しく咎めながら降ろしても，すぐに楽しそうに繰り返す．また手を洗おうと手洗い場に行ったと思ったら，水で遊びだすこともある．大人から見るとやめさせたい行動かもしれないが，保育者はこうした行動を通して子どもの自我の育ちを感じ，大切にしたい．子どもが何に夢中になっているのかを理解し，高いところに登りたい，水の不思議な感触を楽しみたい，そうした子どもの意欲に共感できる感性をもって保育することが大切である．

こうして子どもたちは，「ジブンデ」と，（言葉にできていてもできなくても）自我を発揮しながら，これまでできなかったことに挑戦する．スプーンを使ってみたい，パンツを履いてみる，などさまざまなことに取り組もうとする．しかし「ジブンデ」という思いとは裏腹に，信頼する大人に甘えたい思いも持ち合わせる．自分でできるようになっているにもかかわらず，保育者の膝に座り，着せてほしいと甘えるときもある．この時期の子どもたちは依存しつつも自立したいという気持ちが揺れ動いていることを理解し，受け止めていく余裕が乳児保育には必要となる．

### 他児との関わり

「ジブンデ」何かをする子どもたちは，徐々に自分の物に対する意識が芽生えてくる（所有意識）．散歩に出かける際に他児のものではなく，自分の帽子を被り，自分の靴を履いて出かけようとする姿がみられるようになる．自分の持ち物がわかるようになってきた子には，徐々に身の回りの物を管理するように援助していく．

では，保育施設の物に関してはどうだろうか．子どもたちが生活する保育施設では，おもちゃや遊具は保育施設（共有）のものである．そのため子どもたちは保育施設のおもちゃや遊具は自分だけのものではなく，他児と共有することを覚えていく．

1歳児クラスの子どもたちはこの「自分のもの」か「みんなのもの」かについて学び始める時期でもある．はじめはもちろん区別がつかず，自分が遊んでいる物は「自分のもの」である．誰かが遊んでいるかどうかまでは理解が及ばない．そのため，興味をもって手を伸ばしたおもちゃが既に他児が遊んでいるおもちゃであることもしばしばある．これは一方の子どもからすると突然おもちゃを取られた，という状況となりトラブルになることもある．

言葉でコミュニケーションをとることは難しい年齢であることから，おもちゃを取られるなどの場面ではひっかきや嚙みつきが起こりやすい．そのため保育者は一緒に遊びながら，子どもがどこでどうやって遊んでいるのかを把握しておく必要がある．そして子どもの気持ちを代弁することで子どもと子どもの仲立ちをしたり，おもちゃの数を増やしたりするなど環境の再構成をしながら保育をしている．

## 2. 1歳児の1日の流れ（表2）

「ジブンデ」やりたい1歳児クラスの子どもたちは，今から何をやるのか，についても自分で決めたい．「お給食の時間だからお部屋に戻ろうね」と保育者が声をかければ0歳児クラスのころは部屋に戻っていたとしても，「イヤ」と言って遊び続けようとする子どもが出てくる．これも自我の表れの一つである．保育者に時間的余裕がないと，子どもの「イヤ」とうまく付き合えないのが実状ではあるが，満足できるまで遊び，次の活動に移行しようと子ども自身が思えるまで待てる余裕をもって保育を計画することが望ましい．

また，1歳児クラスは発達の個人差が大きい．表2は1歳児の1日を示しており，おやつの時間には，月齢に合った内容を提供することがわかる．また食器も子どもによって異なる物を使っている．子どもによって離乳食後期，完了期など，離乳の進度が異なる子どもが混在しているからである．

月齢の低い子どものなかには午前睡をしている子どももいる．そのため1歳児クラスの1日は，デイリープログラムを基盤にしながらも子ども一人ひとりの生活リズムを尊重して計画する．また，保育者間の連携も必要になる．とくに食事や午睡，戸外遊び，散歩などの準備・片付け，おむつ替えは子どもの傍にいる保育者と準備・片付けをする保育者でコミュニケーションを十分に取り，適切なタイミングで行う．

### 表2　1歳児の1日

| 時間 | 子どもの生活 | 保育者の関わり |
|---|---|---|
| 7：00 | 順次登園 | ・朝の受け入れ時は保護者から連絡ノートや記入シートなどを利用しながら，子どもの様子について連絡を受ける．また保育者も子どもの様子を観察し，心身の不調がないかどうか確認する |
|  | おむつ交換 | ・基本的には排泄をしたらその都度替える<br>・清潔になり気持ちよくなったことなど言葉をかけながらおむつ替えを行う |
| 9：00 | 室内遊び | ・子どもが安全に，安心して遊べるよう環境を整え迎える．保護者と離れ不安になる子どもには抱っこやスキンシップなどを行い，好きな遊びに向かえるよう援助する<br>・早朝保育から通常保育の保育者が代わる場合は引継ぎを行う |
| 9：30 | 排泄・おむつ交換 | ・トイレに関心がある子どもには便器に座るよう促したり，おむつを自分から履き替えるよう促したり，子どもの様子に合わせて主体的に排泄ができるようにする<br>・ズボン，パンツを履きやすいように並べ，自分でしようとする子にはその気持ちを大切にして援助する |
|  | おやつ | ・月齢に合わせたおやつを確認する．また水分補給時の食器（マグカップやコップ）も個々に合ったものを使用する |
|  | 室内遊び（戸外遊び） | ・アレルギーのある子どもには個々に対応する<br>・個々の発達に合わせて十分に遊べるよう，環境を整える<br>・天候，クラスの状況，子どもの健康状態を踏まえて，室内遊び，戸外遊び，散歩（所要時間を踏まえた行き先）を検討する<br>・次の活動である食事に向けて自然に気持ちが移行していけるよう，ゆとりをもって声かけをする |
| 11：15 | 食事（離乳食，幼児食） | ・上手に食べられなくてもスプーンやフォークなどを使いたい，自分で食べたいという思いを大切に援助する |
|  | 排泄・おむつ交換 | ・トイレに関心がある子どもには便器に座るよう促したり，おむつを自分から履き替えるよう促したり，子どもの様子に合わせて主体的に排泄ができるようにする<br>・ズボン，パンツを履きやすいように並べ，自分でしようとする子にはその気持ちを大切にして援助する |
| 12：00 | 午睡 | ・心地よく入眠できるよう援助する<br>・午睡中は体調変化が起こることもある．寝ているからといって目を離さずうつぶせ寝になっていないか，かけ布団が顔にかかっていないか，呼吸の状態は安定しているか，など午睡チェックを行う |
| 14：00 | 目覚め，おむつ交換 | ・目覚めた子どもからおむつ交換をする |
| 14：30 | おやつ | ・午前のおやつを参照 |
|  | 排泄・おむつ交換 | ・トイレに関心がある子どもには便器に座るよう促したり，おむつを自分から履き替えるよう促したり，子どもの様子に合わせて主体的に排泄ができるようにする<br>・ズボン，パンツを履きやすいように並べ，自分でしようとする子にはその気持ちを大切にして援助する |
| 15：00 | 順次降園 | ・保護者に1日の様子を伝える．口頭では伝えきれないことがある場合は，連絡ノートまたはアプリなどの情報共有ツールを活用し，保護者と密な連携を図る |
| 16：00 | 延長保育 | ・延長保育に入る保育者に，連絡事項を引き継ぐ |

（筆者作成）

# 2 歳児の保育の 1 日

## 1. 自我の形成を丁寧に

### 子どもの気持ちを受けとめる

このころになると友だちと遊ぼうとする姿がみられる．同じ空間で一緒に遊ぼうとしたり，子ども同士で会話のやりとりも楽しむことができるようになる．2歳児クラスの子どもたちは一緒に遊ぶことを楽しむ一方でトラブルも多い．「自分が先に（おもちゃを）使っていた」「私が使いたい」などと主張がぶつかる場面を多くみる．自我が芽生え，自分の主張をするようになった子どもたちはこうしたぶつかり合いのなかで，相手にも気持ちがあることを理解していく．保育者はそれぞれの子どもの思いを受けとめ，子どもの気持ちを代弁する．

**演習**

**事例** **お友だちの隣に座りたい〜おやつの時間〜**

・アオイはコハルが座っている隣に座りたかったようだが，アオイが向かったと同時にマイが先にコハルの隣に座ってしまった．

・マイとコハルはアオイの気持ちには気づいていない．アオイはマイのところに急いで向かった．

・アオイにマイの椅子を引っ張って，マイを泣かせてしまった．

**考えてみよう**

　この事例をみて，あなたならどのような援助をしますか．アオイ，マイの気持ちを汲み取り，代弁してみましょう．

　あなた方はアオイとマイの気持ちを代弁できただろうか．ここではアオイがマイのことを泣かせてしまっているが，事の善し悪しを問うのではなく，それぞれの気持ち汲み取って言語化し，気持ちを受けとめる関わりが重要になる．そして相手にも気持ちがあることを知り，子ども自身がどうすればよいのか考えられるよう促す援助をしたい．

## ▌活動と活動の合間に

生活のあらゆる場面で，「ジブンデ」と主張しながら挑戦してきた子どもたちは，少しずつ保育者の力を借りなくても自分でできるようになってくる．その経験は自信につながる．手を洗う，着替えをする，靴を履く，それぞれの場面で子どもたちは各々挑戦をしている．こうした場面でも子どもが十分に「ジブンデ」挑戦できるように，時間にゆとりをもって保育をすることが大切である．

## 2. 2歳児の1日の流れ(表3)

登園した子どものなかには，保護者と別れたくないと泣く子もいるが，昨日の遊びを継続したり，友だちとの再会を喜んだりする子どもの姿もみられるようになる．遊んでいたおもちゃなどの環境を整え，子どもを迎え入れる．

また，この時期には保護者や保育者とともに，身の回りのことができるようになってくる．1日のあらゆる場面で保育者が支えながら主体的に取り組めるようにする．登園時は自分のロッカーに着替えや食事用エプロンなどを所定の場所に入れるなど，身支度に興味がもてるよう環境を整え，関わっていく．排泄の場面においても，パンツやズボンの着脱や，手洗いを主体的に行えるよう促していく．このように2歳児クラスでは，自立に向かって楽しみながら取り組めるように配慮する(表3)．

室内外での遊びでは身体全体を使った遊びも楽しめる一方，手先が器用になり集中力もついてくるので座って遊ぶことも楽しめる．保育者は天気やクラスの状況などを鑑みてその日の活動を決め，子どもたちの欲求に合った保育を展開する．生活を見通す力もついてくるので，遊びにキリをつけて次の活動に向かえるように援助したり，「あとで」遊びの続きをするよう促したりすることで，遊びが終わった後も楽しんで活動できるようになる．

保育者に支えられ，見守られながらできることが増えてくる2歳児クラスは，子ども自身が自分の成長を喜べるような工夫をしたい．しかしできるからといって，まだまだ甘えたい気持ちを持ち合わせていることも理解しなくてはいけない．できるけれどやってほしい，そんな気持ちを受けとめながら安心できる日々を送っていく．

**参考文献**
- 阿部和子，編『改訂 乳児保育の基本』萌文書林．2021.
- 石川恵美，編『乳児保育Ⅰ・Ⅱ——一人一人の育ちを支える理論と実践』嵯峨野書院．2021.
- 加藤敏子，編『乳児保育——一人一人を大切に』萌文書林．2019.
- 神田英雄『伝わる心がめばえるころ——二歳児の世界』かもがわ出版．2004.
- 厚生労働省，編『保育所保育指針解説 平成30年3月』フレーベル館．2018.

**表3　2歳児の1日**

| 時間 | 子どもの生活 | 保育者の関わり |
|---|---|---|
| 7:00 | 順次登園 | ・保護者から連絡ノートや記入シートなどを利用しながら，子どもの様子について連絡を受ける．また保育者も子どもの様子を観察し，心身の不調がないかどうか確認する<br>・子どもの興味に沿って，朝の身支度をするよう促す<br>・前日までの子どもの遊びが継続できるように環境を整えておく |
| | 排泄・おむつ交換 | ・子どもが主体的にトイレで排泄できるよう援助する．1人で排泄ができたときには満足感がもてるように関わる |
| 9:00 | 室内遊び | ・保護者と離れ不安になる子どもには気持ちを受け止めながら，好きな遊びに向かえるよう援助する |
| 9:30 | 排泄・おむつ交換 | ・子どもが主体的にトイレで排泄できるよう援助する．1人で排泄ができたときには満足感がもてるように関わる<br>・進んで手洗いをし，清潔にしようとする気持ちがもてるように促す |
| | おやつ | ・落ち着いた雰囲気のなかで，会話なども楽しみながら食べたいと思えるように援助する |
| | 室内遊び・戸外遊び | ・アレルギーのある子どもには個々に対応する<br>・個々の発達に合わせて十分に遊べるよう環境を整え，子どもが自ら遊びに入り込めるような工夫をする．また遊びが展開するような工夫をする<br>・天気のよい日は戸外で十分に体を動かす<br>・保育者も一緒になって遊び，友だちと遊ぶ楽しさを感じられるよう援助する．ぶつかり合いも起こるが，その都度子どもの気持ちを受け入れ，仲立ちをし，友だちとの関わり方を知らせていく |
| | 片付け | ・満足感を感じ，また遊びたいという気持ちをもって，自然に片づけることが身につくように援助する |
| | 排泄・おむつ交換 | ・子どもが主体的にトイレで排泄できるよう援助する．1人で排泄ができたときには満足感がもてるように関わる<br>・進んで手洗いをし，清潔にしようとする気持ちがもてるように促す |
| 11:15 | 食事 | ・落ち着いた雰囲気のなかで，食べられるように促す<br>・保育者や友だちと会話を交わしながら，みんなで食べる楽しさを味わえるようにする<br>・食事量や好き嫌いなど，個人差があるので普段から一人ひとりの状態を把握して個別に援助する．嫌いな食べ物も食べてみようという気持ちになるよう関わる<br>・自分でしようとする気持ちを大切にしながらスプーンやフォークの使い方を伝える |
| 12:00 | 午睡 | ・心地よく入眠できるよう援助する<br>・午睡中は子どもの様子を観察する |
| 14:00 | 目覚め，おむつ交換 | ・気持ちよい目覚めができるような言葉かけをし，個々のペースを大切にしながら目覚めを促す<br>・目覚めた子どもからおむつ交換を行ったりする |
| 14:30 | おやつ | ・午前のおやつを参照 |
| | 排泄・おむつ交換 | ・子どもが主体的にトイレで排泄できるよう援助する．1人で排泄ができたときには満足感がもてるように関わる |
| 15:00 | 順次降園 | ・お迎えの際には保護者に1日の様子を伝える<br>・子どもと1日を振り返り，明日の登園に期待をもてるよう声をかける |
| 16:00 | 延長保育 | ・延長保育に入る保育者に，連絡事項を引き継ぐ |

（筆者作成）

講義編

# 乳児保育における計画と評価

> **学習のポイント**
> ❶ 乳児保育における指導計画の種類や特徴について学ぶ
> ❷ 乳児（0歳児）・1・2歳児の保育における指導計画の作成・記録と評価について学ぶ

## 長期的な指導計画と短期的な指導計画

　指導計画とは，保育目標と全体的な計画に基づき，保育目標を具体化した実践的な計画である．保育の実践計画である指導計画の種類には，長期の指導計画として，「年間指導計画」，「期別指導計画」，「月間指導計画」（月案）がある．そして，短期の指導計画として，「週間指導計画」（週案），「週日案指導計画」（週日案），「日案」（部分案）がある．

　このように，長期的な視点で保育を見通しながら，短期的な視点で子どもの姿に即した具体的な保育実践の計画となるように指導計画は位置づけられている．

　次に，乳児保育における指導計画の特徴を，乳児（0歳児），1歳以上3歳未満児の発達区分に分け，発達や保育内容に沿って考えてみよう．

　乳児（0歳児）の指導計画については，乳児の保育の内容である**3つの視点**を踏まえて指導計画に位置づけ，ねらいや内容から実践につなげていく．また，3歳未満児の保育のねらいと内容の文言にも多くみられるように，保育者の受容的・応答的な関わりを基盤とした関わりも3つの視点に影響を与えるものとして指導計画のなかで押さえておきたい．

　1歳以上3歳未満児（1・2歳児）の指導計画については，3歳以上児と同じく1・2歳児においても**5領域**で保育内容をとらえることになっている．また，5領域の視点でねらいや内容を定め，乳児（0歳児）から1・2歳児へと発達の連続性を踏まえた保育について指導計画でも意識していくことが大切である．

> **キーワード**
> **3つの視点**
> 「健やかに伸び伸びと育つ」「身近な人と気持ちが通じ合う」「身近なものと関わり感性が育つ」を指す．
>
> **保育の5領域**
> 「健康」「人間関係」「環境」「言葉」「表現」を指す．
> ➡ p.18を参照

## 1. 長期の指導計画（年間指導計画）

　保育所やこども園に入所する乳児（0歳児）は，月齢による発達の変化が著しく，個人差もあり，一人ひとりの発達の姿はさまざまである．年間指導計画は，そうした1年間の子どもの生活を見通した最も長い期間の指導計画である．子どもの発達や生活の姿に配慮し，年間をいくつかの期に区分し，それぞれの期のねらいに即して，その期にふさわしい保育の内容を計画していく．また，発達過程についても期に区分し，おおよその発達の姿を記載し，保育者の援助や環境構成，家庭との連携などに配慮していくことが求められる（表1）．

## 2. 長期の指導計画（月案）

　月案の指導計画を作成するうえで大切なのは，子ども一人ひとりの姿をとらえ，そこから実践の計画を作成していくことである．乳児（0歳児）は3つの視点，1・2歳児は5領域をとらえて，**実際の子どもの姿と照らし合わせて，何が育っているのか，また，これからどのような力を育てていきたいのかという願いをもち，指導計画を作成していく**（表2，3）．

## 3. 短期の指導計画（週案・週日案・部分案）

　短期の指導計画として，「週間指導計画」（週案），「週日案指導計画」（週日案），「日案」（部分案）がある．年間指導計画や月の指導計画で全体を見通しながら，具体的な保育実践の計画となるように短期の指導計画を作成する．

　ここでは，2歳児の「部分案」の例をみてみよう．2歳児（20名）のクラスのため，ゆったり遊ぶことができるように室内遊びと戸外遊びを2つのグループに分けて，生活の流れを作って工夫した部分の指導計画である（表4）．

## ● デイリープログラム

　デイリープログラムとは，子どもの1日の生活の流れに沿って，保育者が見通しをもって子ども一人ひとりが心地よく過ごすことができるように考えられたものである（表5）．また，デイリープログラムには，**複数担任制**に対応して，保育者の勤務体制に応じて複数の保育者の具体的な動きを流れで示して作成する様式もある．

## 講義編

### 表1 年間指導計画の例（0歳児）

| 年間目標 | ・一人ひとりが心地よい生活リズムで過ごせるようにする<br>・安心できる保育者とのかかわりを基に，人への信頼や愛着関係を築けるようにする | | | |
|---|---|---|---|---|
| 期 | 1期（4～5月） | 2期（6～8月） | 3期（9～12月） | 4期（1～3月） |
| ねらい | ・新しい環境に慣れ，安心して過ごす<br>・戸外に出て，春の自然に親しむ | ・身近な自然にふれる<br>・安定した生活リズムのなかで，楽しく遊ぶ | ・秋の自然にふれる<br>・保育者とさまざまな遊びを楽しむ | ・冬の自然にふれる<br>・1日の生活の流れがわかり，見通しをもって過ごす |
| 養護 | ・清潔で安心な環境のなかで，一人ひとりの生活リズムを大切に過ごせるようにする | ・十分な水分補給や休息を取る．衣服の調節をし，健康に過ごせるようにする | ・朝夕の気温差に配慮し，家庭と連携しながら体調管理をする | ・一人ひとりの思いを受け止め，思いを表現できるようにする |

| 月齢 | | 6か月～9か月未満 | 9か月～1歳未満 |
|---|---|---|---|
| 子どもの姿（生活・遊び） | | ・離乳食が進み，1回食から2回食へ移行する<br>・おすわりができるようになり，手を伸ばして物をつかむ<br>・ずりばい，ハイハイができる<br>・人見知りが始まり，後追いをする | ・3回食へ移行し，意欲的に食べる<br>・ハイハイからつかまり立ち，伝い歩きをし，活発に移動できるようになる<br>・「マンマ」「ワンワン」など，単語や簡単な動作で思いを伝える |
| 保育者の配慮および環境構成 | 健やかに伸び伸びと育つ | ・移動運動が自由に楽しめるように，安全に動けるスペースを確保する | ・手づかみで食べようとする意欲を認め，さまざまな形状の食べ物に慣れていけるようにする<br>・傾斜や広い空間を用意し，移動運動を楽しめるようにする |
| | 身近な人と気持ちが通じ合う | ・人見知りや甘えを受容し，担当保育者が応答的に対応し，安心感をもてるようにする<br>・「いないいないばあ」などの遊びを楽しめるようにする | ・喃語や指さしをしっかり受け止め，保育者とのやり取りを楽しめるようにする<br>・わらべうたやふれあい遊びを楽しめるようにする |
| | 身近なものと関わり感性が育つ | ・握ったり，つまんだり，引っ張ったりするなど手を使った玩具を用意する | ・つまんだり，容器からの出し入れを楽しめる玩具を用意する<br>・好奇心を満たせるように，手の届くところにさまざまな素材の玩具を配置する |
| 家庭との連携 | | ・2回食になる際には食事の内容を知らせ，家庭でも同じように進められるように確認する<br>・人見知りや後追いの姿を共有し，愛着関係が形成されていることを伝える | ・3回食になる際には食事の内容やきまり，家庭で食事を楽しむことの大切さを知らせる<br>・動きが活発になるので，事故に注意するように伝える |

（筆者作成）

**13 乳児保育における計画と評価**

### 表2　月の指導計画(月案)の例　9月(0歳児)

| 前月末の子どもの姿 | ねらい(●養護◎教育) | 行事 |
|---|---|---|
| ○食事や睡眠など生活リズムに個人差がある<br>○排泄では，おむつの中で出たまま，遊んでいる姿や，自ら便座に座ってみようとする姿がある<br>○保育者の姿が見えなくなると，後追いをして泣く姿がみられる<br>○つまんだり，ひっぱったり，出したり入れたりなど，指先を使った遊びを好み，集中する姿がみられる | ●気温の変化や一人ひとりの健康状況に配慮し，心地よく過ごせるようにする<br>◎保育者に見守られるなか，興味のあるものを見つけたり，身近なものにふれたりして，好奇心を満たしながら遊ぶ | ○誕生日会<br>○避難訓練<br>○身体計測 |

| | 家庭との連携 | 健康・安全 |
|---|---|---|
| | ○気温差があるため衣服の調節ができる服を複数用意してもらう<br>○クラスだよりや連絡帳に，人見知りや探索行動の意味を伝え，子育ての喜びを共有できるようにする | ○夏の疲れが出てくる時期なので，体調を把握し，心地よく過ごせるようにする<br>○水分補給や衣服の調節をする<br>○玩具を清潔に保ち，子どもの行動範囲や発達に応じて，安全面の確認をする |

| | | 内容 | 環境構成★　保育者の配慮◎ |
|---|---|---|---|
| 養護と教育 | 健やかに伸び伸びと育つ | ○汗をかいたら沐浴やシャワーをしたり，着替えたりし，清潔にする心地よさを感じる<br>○手づかみや食具を使って意欲的に食事をする<br>○食事後は自分で布団に入って眠る | ◎気温の変化に留意し，子どもの背中に手を入れて汗をかいていないか確認し，こまめに着替えができるようにする．また清潔にする心地よさが感じられるように，「さっぱりしたね」など，言葉がけをする<br>★一人ひとりの発達に合わせて，手づかみしたり，スプーンで食べられる形状の食材を用意する<br>◎食べようとする意欲を大切に関わる<br>★部屋を薄暗くして静かな空間を作る<br>◎なかなか入眠できない子どもには，やさしく身体をさすりながら，子守り歌を歌うようにする |
| | 身近な人と気持ちが通じ合う | ○安心できる保育者に態度やしぐさ，指差しで思いや要求を伝えようとする<br>○自分の思いを長泣き，喃語，一語文で伝えようとする<br>○保育者と一緒にわらべうた遊びをする<br>(『いちり にり』『さるのこしかけ』) | ◎子どもの思いに共感し「うれしいね」「嫌だったね」と言葉をかけるようにする<br>◎子どもの長泣きや喃語などに込められた思いを理解し，受け止め，共感的に言葉をかけ保育者との心地よいやりとりを楽しんでいくようにする<br>★給食の前やおやつの後など，保育者とのわらべうた遊びの時間を確保する |
| | 身近なものと関わり感性が育つ | ○ハイハイや歩行など探索行動を楽しみ，興味や関心をもった玩具や絵本などに手を伸ばし，見たり，触れたりする<br>○保育者と一緒にさまざまな絵本を見る<br>(『もうねんね』『いろいろばぁ』『くだもの』『かおかお どんなかお』) | ★一人ひとりの発達に応じて，興味のある玩具や絵本を子どもの視界に入る場所に用意する．おすわりやつかまり立ちの子どもには，壁掛け玩具を設置し，さまざまな感触や音を楽しめるようにする<br>★子どもの発達や興味に応じて，さまざまな色や形，動物，果物など，絵本を選んだり，用意したりする<br>◎不安な気持ちが強い子どもには，保育者が膝に乗せて落ち着いた優しい声で絵本を見せながら不安を受け止め，情緒の安定を図るようにする |

(筆者作成)

講義編

### 表3　月の指導計画（月案）の例9月（1歳児）

| 前月末の子どもの姿 | ねらい（●養護◎教育） | 行事 |
|---|---|---|
| ○食事は食具を使って自分で食べようとしたり，保育者に手伝ってもらいながら衣服を自分で脱ごうとしたりする<br>○排泄では，トイレの便座に座っておしっこが出る子どもが増えている<br>○室内では傾斜のあるマットを登ったり降りたりして楽しんでいる<br>○戸外ではタライでペットボトルのシャワーや容器に水を入れたり，流したりすることを喜ぶ姿がみられる | ●身の回りのことを保育者に支えられながら，自分なりにやってみようとする<br>◎自分の思いや要求を言葉などで伝え，受け止められることで安心して過ごす<br>◎全身を使った遊びを十分に楽しむ | ○誕生日会<br>○避難訓練<br>○身体計測<br>○運動会 |

| 前月末の子どもの姿 | 家庭との連携 | 健康・安全 |
|---|---|---|
| | ○感染予防に留意し，体調管理に気をつけ家庭と連絡を密に取り合うようにする<br>○運動会の親子ふれあい遊びについて，個々の発達に応じて楽しく参加できるように伝える | ○夏の疲れから体調を崩しやすいため，食事や睡眠の様子を把握する<br>○戸外の活動時間が増えるため，休息と活動のバランスに心がける<br>○高月齢児の活発な行動に十分留意する |

| 養護 | ○一人ひとりの健康状態を把握し，発達に応じて適切に対応する<br>○安心して自分の気持ちを表現できるように，一人ひとりの思いを受け止め，応答的に関わる |
|---|---|

| | | 内容 | 環境構成★　保育者の配慮◎ |
|---|---|---|---|
| 教育（健康・人間関係・環境・言葉・表現） | 低月齢児 | ○衣服の着脱など，自分でできることはやってみようとする<br>○保育者に見守られるなか，好きな遊びを十分に楽しむ<br>○身近な自然に興味をもつ<br>○見つけた物や欲しい物を単語で伝えようとする<br>○わらべうたやふれあい遊びで身体を動かすことを楽しむ（『うまはとしとし』『このこどこのこ』） | ◎子どもと向き合い，言葉をかけながら，衣服の着脱の仕方を丁寧に伝えるようにする<br>◎遊びの様子を見守り，共感したり，励ましたりすることで繰り返し遊びを楽しめるようにする<br>◎子どもがしていることや感じていることを保育者が言葉にして共感することで，遊びの満足感が味わえるようにする<br>★ふれあい遊びをしたり，体を動かしたりして遊べるスペースを確保するとともに，転倒した際に危険な物がないよう安全面の配慮をする |
| | 高月齢児 | ○尿意を感じ排泄したり，衣服の着脱を自分でしようとする<br>○保育者の仲介により，友達と同じ玩具を使ったり，簡単な言葉のやりとりをしたりして遊ぶ<br>○木の実や葉を遊びに使うことで自然物に親しみをもつ<br>○「チョウダイ」「ダメ」など，言葉を使って要求や思いを伝えようとする<br>○わらべうたや体操のリズムに合わせて，歌ったり，体を動かしたりする（『おふねがぎっちらこ』など） | ★トイレで排泄する気持ちになるように，トイレの明るさや清潔さに注意し，安心できる空間にする<br>◎自分でやってみようとする姿を見守り，認め，自分でできた心地よさを感じられるようにする<br>★友達との関わりが増えることで玩具の取り合いを想定し，玩具の数を十分に用意し，スペースを確保する<br>◎友達との簡単なやりとりが楽しめるように，保育者が丁寧に仲介をする<br>★砂や土，木の実や木の葉など，身近な自然に興味がもてるように環境を整える<br>◎子どもの興味に応じて，体操の音楽を用意し，保育者も一緒に踊ったり，触れ合ったりする |

（筆者作成）

## 13　乳児保育における計画と評価

**表4　部分指導計画（午前の主活動）の例8月（2歳児）**

| ねらい | 【室内遊び】<br>・ボールを投げて的当てをしたり，カブトムシを見たり，触れたりする<br>・ごっこ遊びでは，保育者や友達と簡単な言葉のやりとりを楽しむ<br>【戸外：水遊び】<br>・保育者や友達と一緒に水遊びや感触遊びを楽しむ |
|---|---|

| 時間 | 環境構成 | 予想される子どもの姿 | 保育者の援助・配慮 |
|---|---|---|---|
| 10：20<br><br><br><br><br><br><br>10：55<br><br>11：20 | 【室内遊び】<br>1グループ<br><br>[図：机・飼育物・ままごと・的の配置図]<br><br>・子どもが好きな遊びを選べるようにコーナーを設定する<br>・的当ての投げる線を前後2か所貼っておく | ○恐竜の的に向かってボールを投げる．線から投げて当てる子どもや投げても届かない子どもがいる<br>○保育者や友達と一緒に，カブトムシを見たり，触れたりする<br>○ままごとごっこをして，食材を鍋に入れたり，おたまですくったりして皿に盛る<br>・片づけをする<br>・排泄をする<br>○給食を食べる | ◎的当てでは，遊びに参加する子どもが増えた場合には，ボールの玉を増やせるように準備しておく<br>◎一人ひとり投げる意欲を認めたり，励ましたりし，満足感が得られるようにする<br>◎カブトムシに興味はあるが，怖がる子どもには，飼育ケースの蓋を開けて見せたり，絵本を一緒にみたりできるようにする<br>◎友達の思いを代弁しながら，簡単なごっこ遊びを楽しめるようにする<br>◎保育者が率先して片付ける姿をみせるとともにきれいになった気持ちよさを伝える |
| 10：20<br><br><br><br><br><br><br>10：55<br><br><br>11：20 | 【戸外：水遊び】<br>2グループ<br><br>[図：シャワー・ござ・タライ3つの配置図]<br><br>・個々にゆったりと遊べるように，タライ3つをシートの上に配置し，水を入れておく<br>・十分に遊びが楽しめるようにペットボトルのシャワーを人数分用意する | ○テラスで一人ずつ水遊び前のシャワーを浴びる<br>○水遊びをする<br>・ペットボトルシャワーに水を入れて保育者にかける<br>・たらいの水に入っている魚の玩具を拾って容器に集める<br>○テント外の泥水に手を入れて感触を楽しむ子どもがいる<br>・片づけをする<br>・排泄をする<br>○給食を食べる | ◎清潔な体で水遊びが始められるように丁寧にシャワーを行うようにする<br>◎思い思いに遊ぶ姿を見守ったり，共感的に言葉をかけ，一人ひとりが満足して遊ぶことができるように関わる<br>◎保育者も子どもと一緒に遊ぶなかで，水遊びの楽しみ方を見せたり伝えたりする<br>◎泥遊びで感触を楽しむ遊びも保障できるように日陰を作るようにする<br>◎着替えではパンツやおむつを持つところを知らせ，自分で履けるようにしたり，発達に応じて援助したりする |

（筆者作成）

**表5　デイリープログラムの例（0・1・2歳児）**

| 時間 | 0歳児 | 1歳児 | 2歳児 |
|------|-------|-------|-------|
| 7：00〜 | ・順次登園（早朝保育）<br>・健康観察，連絡帳確認<br>・持ち物の整理・準備<br>（エプロン，口拭きタオル，手拭きタオル，おむつなど）<br>・おむつ交換 | ・順次登園（早朝保育）<br>・健康観察，連絡帳確認<br>・持ち物の整理・準備<br>（エプロン，口拭きタオル，手拭きタオル，おむつなど）<br>・おむつ交換 | ・順次登園（早朝保育）<br>・健康観察，連絡帳確認<br>・持ち物の整理・準備<br>（エプロン，口拭きタオル，手拭きタオル，おむつなど）<br>・排泄・おむつ交換 |
| 9：00〜 | ・室内遊び（外気浴）<br>・おむつ交換 | ・室内遊び<br>（わらべうた・ふれあい遊び） | ・室内遊び<br>（わらべうた・ふれあい遊び） |
| 9：30〜 | ・おやつ<br>・室内遊び<br>・午前睡（個人差に対応）<br>・おむつ交換 | ・排泄・おむつ交換<br>・おやつ<br>・室内遊び（戸外遊び） | ・排泄・おむつ交換<br>・おやつ<br>・絵本を見る<br>・室内遊び・戸外遊び |
| 10：00〜 | ・室内遊び（戸外遊び）<br>（わらべうた・ふれあい遊び） | ・おむつ交換 | ・おむつ交換 |
| 11：00〜 | ・食事準備 | ・食事準備 | ・食事準備 |
| 11：15〜 | ・食事（授乳・離乳食）<br>・おむつ交換 | ・食事<br>・排泄・おむつ交換 | ・食事<br>・排泄・おむつ交換 |
| 12：00〜 | ・午睡 | ・午睡 | ・午睡 |
| 14：00〜 | ・目覚め<br>・おむつ交換 | ・目覚め<br>・おむつ交換 | ・目覚め<br>・おむつ交換 |
| 14：30〜 | ・おやつ（授乳） | ・おやつ | ・おやつ |
| 15：00〜 | ・おむつ交換<br>○順次降園<br>（健康観察，持ち物の確認）<br>・おむつ交換，授乳 | ・排泄・おむつ交換<br>○順次降園<br>（健康観察，持ち物の確認）<br>・おむつ交換 | ・排泄・おむつ交換<br>・絵本を見る<br>○順次降園<br>（健康観察，持ち物の確認）<br>・おむつ交換 |
| 16：00〜 | ○延長保育<br>・おやつ | ○延長保育<br>・おやつ | ○延長保育<br>・おやつ |
| 17：00〜<br>19：00迄 | ・順次降園 | ・順次降園 | ・順次降園 |

（筆者作成）

0歳児のデイリープログラムは，月齢差，個人差が最も大きい乳児に対して，生活の流れを意識しながらも，乳児一人ひとりの発育・発達や生活のペースを踏まえて，より柔軟に対応することが求められる．

　また，1・2歳児のデイリープログラムは，乳児からの発達の連続性を踏まえ，食事・排泄・睡眠・衣服の着脱などの「基本的な生活習慣」について発達に応じた対応やクラス全体で活動する際に，日案や部分案の作成にも活用される．

## 個別の指導計画

　3歳未満児の保育は，とくに月齢による発達の差や個人差も著しいため，個別の指導計画を作成することが必要である(表6)．保育所ではクラス単位の集団で生活しているため，保育者は一人ひとりのさまざまな発達の側面について把握し，ねらいを設定し，丁寧で細やかな関わりが求められている．

　個別の指導計画の作成に当たっては，前の月の子どもの姿から「ねらい」「内容」を考え，「保育者の援助・配慮」「環境構成」「評価・反省」などの項目について考慮する必要がある．ねらいや内容に即して，子ども一人ひとりに対して具体的な援助や配慮，環境構成を記し，月末や週末に子どもの姿や保育者の関わりを振り返り，評価や反省を記すようにする．

## 表6 個別の指導計画の例（0・1・2歳児）

| | 氏名 | ねらい・内容 | 保育者の援助・配慮 | 評価・反省 |
|---|---|---|---|---|
| 0歳児 | タイキ（10か月） | ①食事の場所に慣れ、いろいろな味や食感の物を食べようとする②保育者に見守られながら安心して入眠する | ①給食では、少しペースト状にすり潰すことで本児が食べやすいようにする。また、「美味しいね」と言葉をかけながら楽しい雰囲気のなかで食べられるようにする②本児が安心して入眠できるように抱いてスキンシップを図るようにする | ①給食では、ペースト状にするとよく食べるようになったが、眠たいと泣いてしまうので、無理に食べさせず受け止めていくと情緒も安定した。楽しい雰囲気で意欲的に食べられるように配慮する②眠っても泣いて起きてしまうときには、おんぶ紐でおぶって眠れるようにしたことで午睡の時間が増えた。今後も安心して眠れるように、本児の気持ちを受け止めながら眠れるようにする |
| 2歳児 | ハヤト（3歳0か月） | ①嫌がらずに便座に座り、排泄をしてみようとする②保育者の言葉がけで、活動の切り替えができるようにする | ①トイレに本児の好きな動物のマークを貼り、トイレの便座に座って排泄する気持ちが高まるようにする。また、座ってできたときには、「座ってできたね。かっこいいね」など、褒めるようにし、自信につなげていく②活動の切り替えができないため片付ける5分前に「もうすぐお片付けだよ」と知らせ、見通しをもって片付けができるようにする | ①本児の好きな動物のマークの便座が気に入り、いつもその便座に座るようになった。タイミングが合えば、便座に座り排尿できることもあり、本児もおしっこが出るのを見ながら「できた」と知らせてくるので十分に褒めるようにした。引き続き、自信につながるようにできた喜びに共感していく②活動の切り替えは、その時の状況で難しいこともあるが、保育者の言葉がけに頷き、聞こうとする姿がみられるようになったため、その姿を褒めるようにした。片付けの際は、また続きの遊びができることを知らせ、安心して遊びに区切りが付けられるようにする |
| 1歳児 | カリン（1歳3か月） | ①保育者と一緒に自分で帽子をかぶってみようとする②保育者に自分の思いをしぐさや喃語で伝えようとする | ①外遊びでは「帽子どこかな」と言葉をかけ、自分のロッカーから帽子を取り出せるように促していく。また、帽子をかぶるときには「ここもつよ」と言葉をかけながら、かぶり方がわかるように繰り返し援助する②本児の表情や喃語から「これほしいの？」と代弁し、本児の要求を受け止める。また、「ちょうだいだね」と言葉を添えながら手を出すポーズを知らせながら自分の思いを表現できるように関わっていくようにする | ①保育者がそばに付き「帽子だね」と言葉をかけることで、かごの中から帽子を探して取り出せるようになってきた。まだ、一人で帽子は被れないため、引き続き、丁寧に援助していくようにする②給食の場面では「ごはん」と自分の話せる単語を保育者に伝えながら指差しして、食べたい気持ちを要求する姿がみられるようになった。今後も、本児の思いを受け止め、応答的に関わっていくようにする |

（筆者作成）

## 記録と評価

　日々の保育のなかで，保育者は常に目の前の一人ひとりの子どもの姿を瞬時にとらえ，さまざまな対応が求められるため，保育中に，子どもの姿や保育者の子どもへの関わりについて相対化し，保育を振り返ることは容易なことではない．そのため，子どもの降園後，改めて記録を書くことで自分の保育実践を相対化することが大切となる．子どもの姿に対して，「保育者がどのようにとらえ，意味づけ，実際に関わったのか」という視点で自分の保育を振り返ることで，保育中には気づかなかった子どもの姿の行為の意味や思いに気づくこともある．

　また，このように子どもの姿や保育者の子どもへの関わりに焦点を当てて振り返る視点のほかに，指導計画に位置づけられる評価や反省については，保育者の設定したねらいや内容，保育者の関わり，環境構成などが適切であったかという視点で，実際に一人ひとりの子どもへの対応を含めて評価し，改善することが求められている．このことは，PDCAサイクルを踏まえた評価のなかに位置づけられ，よりよい保育実践につなげるための必要不可欠な一連の取り組みである．

> **キーワード**
> **PDCAサイクル**
> 計画(Plan)→実践(Do)→評価(Check)→改善(Action)→再計画へという循環的なプロセスにより向上をめざす考え方．

 **話し合ってみよう**
- 3歳未満児の保育は，複数担当制で保育を進めていくが，保育者間でチーム保育を進めるためには，どのような配慮や工夫が大切か，話し合ってみよう．

**演習 考えてみよう**
① 3歳未満児は，なぜ個別の指導計画を作成する必要があるのか考えてみよう．
② 個別の指導計画の「保育者の援助・配慮」欄に書かれている保育者の援助の意図に注目してみよう．そして，保育者は，それぞれの子どもの姿に対してどのような援助の視点を大切にしているか話し合ってみよう．

**参考文献**
- 今井和子，近藤幹夫，監『MINERVA 保育士等キャリアアップ研修テキスト① 乳児保育』ミネルヴァ書房．2019.
- 小笠原圭，卜田真一郎，編『保育・教育ネオシリーズ[3]保育の計画と方法 第5版』同文書院．2018.
- 豊田和子，新井美保子，編『保育カリキュラム論―計画と評価―』建帛社．2018.
- 無藤隆，大豆生田啓友，編『0・1・2歳児―子どもの姿ベースの指導計画』フレーベル館．2019.
- 宮里暁美『思いをつなぐ保育の環境構成 0・1歳児クラス編：触れて感じて人とかかわる』中央法規．2020.

講義編

# 多様性をめざす乳児保育

> **学習のポイント**
> ❶ 保育ニーズの多様化について学ぶ
> ❷ 今後求められる乳児保育の課題について学ぶ

　　　　　　子どもを取り巻く社会の変化に伴い，乳児保育に求められる課題は多岐にわたっている．保護者の就労形態の多様化に伴い，長時間保育，病児保育，夜間保育，休日保育の重要性や，障害児保育（医療ケア児を含む）や外国籍の子どもへの対応などさまざまな対応が求められている．このような課題のなかで，子どもへの最善の利益を私たち保育者は保証していく必要がある．本章では，こうした保育ニーズの多様化を保育施設ではどう受け入れていくかを考える．

## 保育ニーズの多様化

### 1. 保護者の就労と子育ての両立を支援する

　　日本は近年，出生率が毎年低下し，少子化が進むにも関わらず待機児童が問題化している．その背景には，女性の就業率の向上などがあげられ，乳児保育の場の拡充・整備が求められてきた．
　　さらに，企業における従業員のための保育施設の設置・運営の費用の助成や企業主導型ベビーシッター利用者支援事業など，従業員が働きながら子育てがしやすい環境を整え，離職の防止，就労の継続，女性の活躍などを推進する企業を支援する**仕事・子育て両立支援事業**が創設された．このような支援により，働きながら子育てをする環境が整うことで就労と子育ての両立に向けて大きな一歩となった．
　　また，2015（平成27）年にスタートした**子ども・子育て支援新制度**により保育の拡大や子育て支援が行われた．そのなかで乳児保育を担う施設が拡充され，待機児童解消に向け乳児保育の受け皿が増えてきている．

> **キーワード**
> **子ども・子育て支援新制度**
> 2012（平成24）年に成立した子ども・子育て支援に関する子ども・子育て支援新制度関連3法に基づく制度．

128

しかし，各施設において乳児保育を行える場が増えたことで，保育者の乳児に対する専門的知識の保持や研修の充実など，保育の質の充実が求められている．

## 2. 保育サービスの充実

### ▌長時間保育

長時間保育とは，通常の保育時間を延長して行われる保育のことである．2章でも述べている通り，保育の利用については保育の必要性の認定が行われ，認定区分に応じて利用時間が異なる．そのため，より保育の必要性のある保護者が利用でき，安心して子どもを預けることができる．しかし，保護者が子どもの成長（初語やつかまり立ち，歩き始めなど）を目の当たりにすることができないため，子どもの様子や発達段階を踏まえた子どもの成長などを丁寧に伝えることが重要である．

### ▌病児保育

病児保育とは，子どもが病気の際，保育施設に通うことや保護者が子どもの看病をすることが難しい場合，または医師の指示等により利用される保育事業である（中坪ら，2021）．

主な事業内容は「病児対応型・病後児対応型」「体調不良児対応型」「非施設型

> **！知っておこう**
>
> 保育の必要性には，小学校就学前の子どもの保護者のいずれもが就労，産前産後，疾病等，親族介護，災害復旧，求職活動，就学，育児休業のいずれかに該当することが求められる．

中坪史典，山下文一ら，編『保育・幼児教育・子ども家庭福祉辞典』ミネルヴァ書房．2021．p.154.
厚生労働省．病児保育事業実施要綱．2018.

#### 表1 病児保育の事業型と事業内容

| | |
|---|---|
| 病児対応型 | 児童が病気の「回復期に至らない場合」であり，かつ，当面の症状の急変が認められない場合において，当該児童を病院・診療所，保育所等に付設された専用スペース又は本事業のための専用施設で一時的に保育する事業． |
| 病後児対応型 | 児童が病気の「回復期」であり，かつ，集団保育が困難な期間において，当該児童を病院・診療所，保育所等に付設された専用スペース又は本事業のための専用施設で一時的に保育する事業． |
| 体調不良児対応型 | 児童が保育中に微熱を出すなど「体調不良」となった場合において，安心かつ安全な体制を確保することで，保育所等における緊急的な対応を図る事業及び保育所等に通所する児童に対して保健的な対応等を図る事業． |
| 非施設型（訪問型） | 児童が「回復期に至らない場合」又は，「回復期」であり，かつ，集団保育が困難な期間において，当該児童の自宅において一時的に保育する事業． |
| 送迎対応 | 病児対応型，病後児対応型及び体調不良児対応型において，看護師，准看護師，保健師又は助産師（以下「看護師等」という．）又は保育士を配置し，保育所等において保育中に「体調不良」となった児童を送迎し，病院・診療所，保育所等に付設された専用スペース又は本事業のための専用施設で一時的に保育することを可能とする． |

〔厚生労働省．病児保育事業実施要綱．2018.〕

（訪問型）」「送迎対応」（病児保育事業実施要綱，2018）（表1）が用意されており実施箇所数や利用児数も増加している．一方で，感染症の流行時期による利用者の変動により運営の不安定さが指摘されているが，保護者が就労をしている場合や，子どもが病気の際に自宅で保育をすることができない場合，緊急対応で一時的に保育を行うことができる．とくに乳児は，急な体調変化が起こりやすく，初めての集団生活では感染症にかかりやすくなる．そのような場合でも預け先があることは保護者にとっても安心につながると考えられる．

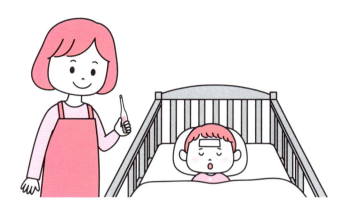

### 一時預かり

一時預かりとは，家庭において一時的に保育を受けることが難しくなった乳幼児を保育所や認定こども園で預かる保育のことである．急な用事や短期のパートタイム就労，リフレッシュしたいときなど保育施設や地域子育て拠点で保育をすることができる．

一時預かりでは，在園児と異なり短期間での利用が多いため事前に生活リズムや食事（授乳・離乳食など），アレルギーの有無，好きな遊びなど家庭での様子を十分に聞き取る必要がある．

### 夜間保育

夜間保育とは，就労状況などに伴い夜間に実施される保育のことを指す．厚生労働省から認可されている夜間保育所は2018（平成30）年時点で全国81か所となっている（夜間保育の運営状況などに関する調査研究，2019）．2015（平成27）年度に施行された「子ども・子育て支援制度」においても，保育の必要性の事由として，フルタイムのほか，夜間における就労等を含めたすべての就労に対応することとされ，夜間保育所の安定的な運営が求められている．

夜間保育所での保育時間は1日当たりの開所時間は17時間であり早朝延長

みずほ情報総研．平成30年度子ども・子育て支援推進調査研究事業報告書．夜間保育の運営状況などに関する調査研究．厚生労働省．2019．

開始時刻は7時以降8時前，夜間延長保育終了時間は25時以降が多く「夕食」「入浴・シャワー」「就寝」などが行われている．この「夕食」「入浴・シャワー」「就寝」は，昼間の保育所では行われず，夜間保育所特有の業務となり，子どもの生活リズムに関わるため丁寧な対応が求められる．

また，保護者から受ける相談や子育て支援には緊急性が高いものもあるため他機関との連携も視野に入れる必要がある．

### ■休日保育

休日保育とは，日曜日や祝日などの休日に家庭での保育ができない場合に保育所において行われる保育である．

1999（平成11）年に施行された新エンゼルプランで保育サービス等子育て支援サービスの充実として多様な需要に応える保育のサービスの一環として休日保育の推進があげられた．

### ■障害児保育（医療的ケア児保育を含む）

障害児保育とは，心身に障害のある子どもを対象とした保育のことで一般の保育施設で受け入れて行われる．分離保育，統合保育，インクルーシブ保育などの形態がある（中坪ら，2021）．

発達障害とは，10章でも述べた通り生まれつきの脳機能の発達のアンバランスにより社会生活に困難が生じる障害である．視線が合わない，抱いたときに違和感があるといった保育者との関わりのなかからも発見することができる．このような早期発見は早期療育につながり，その子に応じた適切な対応ができるようになるため，保育者は発達障害に関する学びを十分にしていくことが重要である．

保育・教育の現場における医療的ケア児への対応は医師の指導を受けた看護

---

**🔑キーワード**

**インクルーシブ保育**
すべての子どもがそれぞれに合った適切な支援を受け，周囲とつながりをもちながら共に成長していく取り組みを示す．
とくに障害のある子どもが他の子どもと差別されることなく同じ場所と時間を共有しながら，互いに育ちあう環境を示すことが多い（中坪ら，2021）．

中坪史典，山下文一ら，編『保育・幼児教育・子ども家庭福祉辞典』ミネルヴァ書房．2021．p.210.

中坪史典，山下文一ら，編『保育・幼児教育・子ども家庭福祉辞典』ミネルヴァ書房．2021．p.33.

中坪史典,山下文一ら,編『保育・幼児教育・子ども家庭福祉辞典』ミネルヴァ書房. 2021. p.251.

師が子どもの医療的ケアを行っていることが多く,看護師らが安全に医療的ケアをできるように医師の指導の下で個別に定められた対応マニュアルに沿って支援が行われている(中坪ら,2021).専門家との連携や病院や地域の療育機関との連携も重要となる.

### ■外国籍の子どもへの対応

近年,外国籍の子どもの人数の増加に伴い保育施設においても外国籍の子どもが増加している.令和2年度子ども・子育て支援推進調査研究事業「外国籍等の子どもへの保育に関する調査研究」報告書(外国籍等の子どもへの保育に関する調査研究,2021)では,外国籍等の子ども・保護者が保育所,保育所型認定こども園および地域型保育事業を行う事業所を利用するに当たり,言語が通じないことによるコミュニケーションの問題や文化の違いによるトラブル,子どもの言語発達の課題等,さまざまな困難に直面する可能性があることが指摘されており,子どもや保護者への対応が求められていることを明らかにしている.

三菱UFJリサーチ&コンサルティング株式会社. 令和2年度子ども・子育て支援推進調査研究事業「外国籍等の子どもへの保育に関する調査研究」報告書. 2021.

既往歴:これまでにかかった病気のこと,年齢,疾患名,治療法や健康状態などをまとめたもの.

乳児保育では個々の発達や成長に関する情報共有を保護者と行う必要があるため,言語が通じないことによるコミュニケーションの問題や文化の違いによる認識の違いは保育に大きな影響を与えることが予測される.とくに,アレルギーや既往歴といった命に関わる重要な情報や授乳状況や離乳食の進み具合,午睡時間や排泄自立に向けた取り組みなどを保育施設では入所時に聞き取りをして,スムーズに子どもが園生活を送れるようにしている.しかし,その情報が聞き取れない場合,子どもの安全を保障することが困難となるため,保育者は丁寧な対応と必要な事項は必ず確認をしながら進めていくことが求められる.

とくに,言語の問題は大きく,保護者も伝わらない場面が増えてしまうと諦めてしまって伝えようとしなくなることもある.さらに,文化の違いにより要

望も異なる．入園後はより保護者との信頼関係を築けるよう，保育施設での子どもの様子や連絡事項など丁寧に伝えていくことが重要である．

自治体によっては，独自に外国人に向けた日本の子育てに関する情報をまとめた冊子やホームページを持っている場合もある．あなたの住んでいる自治体ではどのような取り組みをしているのか調べてみよう．

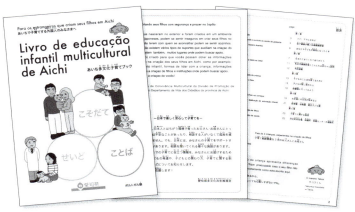

あいち多文化子育てブック～あいちで子育てする外国人のみなさまへ
〔愛知県．あいち多文化子育てブック．2018．〕

## SDGs から考える乳児保育

SDGs（**持続可能な開発目標**）が 2015 年に採択され「誰一人取り残さない」社会の実現をめざして，2030 年を期限とする 17 の目標と 169 のターゲットにより構成されている（図 2）．

それぞれ目標は「4. 質の高い教育をみんなに」「7. エネルギーをみんなにそしてクリーンに」「12. つくる責任つかう責任」というように子どもを取り巻く生活に深くかかわっているため，保育者が保育環境や保育内容のなかに取り入れていくことで子どもたちも自然と身についていく．たとえば，**玩具や製作材料などをすぐに破棄するのではなく，動かなくなったら直して使う，余剰が出ないように材料を用意して製作を楽しむなどリサイクルリユースを意識する**ことが重要である．

乳児保育では，保育者の意識により保育内容が大きく異なるため，まずは保育者が持続可能な社会について理解をし，持続可能な社会の創り手の育成を意識しながら保育を進めていくことが大切である．

> **知っておこう**
> 持続可能な開発目標（SDGs：Sustainable Development Goals）は，2015 年 9 月の国連サミットで採択された「持続可能な開発のための 2030 アジェンダ」に記載されている 2030 年を期限とする開発目標．

| | | | |
|---|---|---|---|
| 1 | 貧困をなくそう | 9 | 産業と技術革新の基盤をつくろう |
| 2 | 飢餓をゼロに | 10 | 人や国の不平等をなくそう |
| 3 | すべての人に健康と福祉を | 11 | 住み続けられるまちづくりを |
| 4 | 質の高い教育をみんなに | 12 | つくる責任 つかう責任 |
| 5 | ジェンダー平等を実現しよう | 13 | 気候変動に具体的な対策を |
| 6 | 安全な水とトイレを世界中に | 14 | 海の豊かさを守ろう |
| 7 | エネルギーをみんなに そしてクリーンに | 15 | 陸の豊かさも守ろう |
| | | 16 | 平和と公正をすべての人に |
| 8 | 働きがいも経済成長も | 17 | パートナーシップで目標を達成しよう |

**図2　SDGs17の目標**
〔国際連合広報センター．SDGsのポスター・ロゴ・アイコンおよびガイドライン．〕

> **!知っておこう**
> クレヨンとは顔料をロウや油脂で固めてつくった画材．
> 類似のものにクレヨンとパステルの長所を併せもったクレパスがあるが，商標（商品名）なので，学校などの公的機関では「パス類」と呼ぶ．

### 演習

**事例　ここにも描けるね（2歳11か月）**

今日は子どもたちと絵を描いて遊ぶ．白い画用紙とクレヨンを使って思い思いに色を出して遊んでいる．
「ぐるぐるぐるー」と描いては次の紙を探すヒカリ．「ここもまだ描けるよ」と指をさす保育者．「あっ，こっちにも描けるよ」と画用紙を裏返して白い面を見せた．
ヒカリは，にこっと笑い，描き進めていった．

**考えてみよう**

この事例は，2歳児が絵を描いている一場面である．日常の保育のなかで，SDGsにつながる内容は多く存在している．そこで，乳児保育を想定し，SDGsにつながる保育について考えてみよう．

**引用文献**

- 厚生労働省. 病児保育事業実施要綱. 2018.
  https://www8.cao.go.jp/shoushi/shinseido/law/kodomo3houan/pdf/h300813/byouji_jigyo.pdf（最終閲覧：2022 年 11 月 16 日）
- 愛知県. あいち多文化子育てブック. 2018.
  https://www.pref.aichi.jp/uploaded/life/333079_1323191_misc.pdf（最終閲覧：2022 年 11 月 12 日）
- 国際連合広報センター. SDGs のポスター・ロゴ・アイコンおよびガイドライン.
  https://www.unic.or.jp/activities/economic_social_development/sustainable_development/2030agenda/sdgs_logo/

**参考文献**

- 中坪史典, 山下文一ら, 編『保育・幼児教育・子ども家庭福祉辞典』ミネルヴァ書房. 2021. p.33, 154, 210, 251.
- みずほ情報総研株式会社. 平成 30 年度子ども・子育て支援推進調査研究事業報告書. 夜間保育の運営状況などに関する調査研究. 厚生労働省. 2019.
  https://www.mhlw.go.jp/content/11900000/000592936.pdf（最終閲覧：2022 年 12 月 13 日）
- 三菱 UFJ リサーチ＆コンサルティング株式会社. 令和 2 年度子ども・子育て支援推進調査研究事業「外国籍等の子どもへの保育に関する調査研究」報告書. 2021.
  https://www.murc.jp/wp-content/uploads/2021/04/koukai_210426_16.pdf（最終閲覧：2022 年 11 月 12 日）
- 樋口一成『幼児造形の基礎. 乳幼児の造形表現と造形教材』萌文書林. 2018. p.54.
- 宮脇理, 監『ベーシック造形技法―図画工作・美術の基礎的表現と鑑賞―』建帛社. 2006. p.44.

講義編

# 乳児保育の基本から応用へ

**学習のポイント**
① 乳児保育の基本を押さえ実践に応用することについて学ぶ
② 先を見通した保育や集団のなかでの個別の保育の重要性を理解する

## 子どもと保育者との愛着関係

### 1. 乳児保育における保育者の基本的な関わり

　保育とは「養護」と「教育」が一体となって展開されるものであり，とくに0・1・2歳児の保育においてはそのことが重要であるということを，ここまでの章で学んできた．簡単にまとめると，養護とは，子どもの生命を保持し，情緒の安定を図りながら保育をすることで，教育とは，子どもが自発的に周囲の環境に関わる体験を通して，さまざまなことに気づいたり，新たなことを学んでいくことである．その際，0歳児の **3つの視点** と，1歳以上3歳未満児の **5領域** が教育の目標とされている．

　また，保育の基本にあるのが，子どもと特定の保育者との間に愛着が形成されることである．子どもは，その保育者に基本的信頼感を抱き，その保育者とともに過ごすなかで情緒的に安定・安心し，さまざまな経験を重ねることができる．保育者には，子どもに対する受容的・応答的な関わりを継続的に積み重ねることが求められる．

### 2. 発達の理解を踏まえた保育

　保育者が子どもの育ちに沿った関わりをするとき大前提となるのが，子どもの発達を理解していることである．生活の援助，遊びの環境を整える際も同様である．なぜなら保育者は自分が担当する子どものその時々の発達を見極め，それに見合った環境を用意し，適切な関わりをすることが求められるためである．

> **！ 知っておこう**
> 0歳児（乳児）の保育の3つの視点の内容は「健やかに伸び伸びと育つ」「身近な人と気持ちが通じ合う」「身近なものと関わり感性が育つ」である．
>
> 1歳以上3歳未満児の5領域は「健康」「人間関係」「言葉」「環境」「表現」である．
> ➡ p.18を参照

まずは保育者としての基礎的な知識としての子どもの発達の概要をしっかり押さえておきたい．ただし，発達の様子は子ども一人ひとりで異なるものである．同じ月齢でも発達の個人差や生活経験の違いなどによってその姿はさまざまであり，また，季節によっても配慮点が変わってくる．単純に「〇歳児は〇〇ができるようになる」「〇歳児は〇〇遊びをする」という型にはめた保育ではなく，自分がもつ発達の知識を目の前の子ども一人ひとりに照らし合わせて関わりを考え，保育の基本を応用的に展開することをめざしたい．

> **演習　考えてみよう**
> 　保育実習や保育ボランティアでおもむいた保育所の，1歳児クラスと2歳児クラスに置かれている積み木の違いを観察し，その違いの意味を考えてみよう．
> 　※積み木を観察する際の着目点：材質・大きさ・重さ・数・色合い・置き場所など

## 子どもの主体性と自己の育ち

### 1. 子どもの主体性と自己の育ちの尊重

　自己の芽生えと育ちは，乳児保育を学ぶなかで重視される事項である．子どもは，信頼できる大人との関わりのなかで，少しずつ"自分"を意識し始め，自分としての意思をもつようになっていく．これが，いわゆる「自己の芽生え」である．

　自己が芽生え始めた子どもは，次第に周囲へ興味・関心を向け始め，「〇〇をしたい」という思いや「〇〇をしてほしい」などの欲求を抱くようになる．このような子どもの主体的で能動的な姿は，1歳を過ぎるとよくみられるようになる．そのとき，保育者は子どもの思いをできるだけ尊重し，見守ったり手助けしたりすることが大切である．保育者の役割として，子どもの主体性や，自己が発揮される機会が尊重される保育環境を整えることが求められる．

## 2. 自己の育ちと社会性の育ち

　子どもは自己が芽生え始めるころから，同時に周囲との関係性も広がり始める．それまでは特定の大人に見守られ受容されながら過ごしていたが，徐々にそれ以外の大人や子どもとの関わりをもつようになる．とくに保育所生活をしていると，子ども同士の関わりが日常で，ときにはぶつかり合いながら1・2歳児ならではの社会性が育まれる．

　また，大人との関係性も変化していく．大人が子どもの欲求をできるだけ受けとめ，満たそうとする関わり方が多かった時期に比べると，子どもの欲求に応じられない機会が増えていく．たとえば，事故やけがの恐れがある場合は，子どもの「やりたい気持ち」が強くても，簡単に応じることはできない．また，社会的な規範から逸脱したり他者に迷惑をかける恐れがあったりする場合は，それを避ける必要がある．

　ここで着目したい点は，**保育者は子どもの自己の育ちと社会性の育ちの双方を念頭においた援助をすべき**，ということである．自己の育ちに伴って，子どもが自分の気持ちを主張するようになるのはとても大切だが，保育者は子どもがどのような場面で，どのように発揮し，または抑制するか，ということまで意識して子どもと関わることが求められる．

　**子どもが自己をコントロールする力，いわゆる自己制御の力は，自己主張と自己抑制の両方の感情体験の繰り返しのなかで育まれる**．その機会は3歳以降に多く訪れるが，1・2歳児でも「待つ」「少し我慢する（2個欲しいが1個だけにするなど）」「大人の言うことを聞く（ダメと言われたら止めるなど）」のような，自己抑制の基盤となる機会は多くある．

　子どものやりたい気持ち—主体性—を抑えつけるのは好ましくない，という考え方はとても大切だが，わがままを許容することとは異なる．「子どもの主体性と自己の育ちを尊重する保育」を応用的にとらえるとは，主体性という育ちの一部のみにフォーカスを当てるのではなく，主体性をもつことから発生する社会性や言葉の理解など，さまざまな育ちをトータルでとらえた保育をすること，といえる．さらに，3歳以降の子どもの姿を見通し，さまざまな経験を積み重ねるよう援助することも忘れないようにしたい．

> **事例** 「やりたい気持ち」と向き合う
>
> 1歳児クラスの子どもたちは，手洗い場で順番に手を洗っている．アヤは蛇口から出る水を手に当てたり揺らしたり，水の勢いを変えたりしながら"水"を楽しんでいる．クラスにはまだ手を洗っていない子どももいる．
>
>
>
> **考えてみよう**
> ①アヤの「やりたい」気持ちと1歳児クラスのなかで育みたい社会性を整理してみよう．
> ②保育者は，アヤとクラスの子どもたちに対してどのような援助をするのが望ましいか考えてみよう．

## 保育者が整える生活環境

### 1. 保育者がもつ専門知識と保育実践

　乳児保育に限らず，保育は基本的事項を押さえつつ，実践の場面で柔軟に流動的に展開するものである．乳児保育におけるその具体的なあり方として，前項までに，発達を理解したうえでの保育，自己の育ちを重視しながらもそのほかのさまざまな育ちを大切にする保育について述べた．これらは乳児保育の理論を修得したのち，保育実践現場で一層明確に理解できる保育のあり方なのではないかと考える．

　保育所保育に代表される保育現場は，個別を意識した集団としての育ちを保障する場で，複数の子どもがともに過ごす保育現場は，ごく自然な保育のあり方である．これは，乳児保育を応用的にとらえる際に意識したい事項で，言い換えれば子ども一人ひとりに応じた関わりが子どもの数だけ存在し同時に展開する，ということなのである．

　保育所保育では，保育者による一人ひとりの子どもへの個別の関わりが，複数の子どもに対して同時に行われる．また，集団としての一斉の保育活動は，3歳以上児ほどではないが，クラスとして少なからず展開される．そのとき，保育者は一人ひとりの子どもへのまなざしとともに，クラス全体へのまなざし

をも保たねばならない．保育者は，集団のなかでの個別の関わりをどのように
もつのか，どのように保育の質を保障するのかを考える必要がある．そのため
にも，指導計画を立案したり，保育環境を整えたり，保育者同士の協働を検討
したりするのである．本書でこれまでに学んできたことを総合的にとらえ，そ
れぞれの保育現場の実態に応じて知識や情報を引き出す作業を，随時，柔軟に
続けていくことが求められる．

## 2. 保育環境をとらえる視点

　保育は，実際に現場におもむくことで学びが深まることが多い．保育者養成
校の学生からも「実習がよい学びの場で最も成長できた」などという感想をよく
聞く．実は，その基盤に保育者養成校での基礎理論の学びがある，ということ
を改めて押さえておきたい．

　一方で，実践現場におもむくことで学びのどのような部分が深まるのか，と
いう点にも着目したい．実際に子どもに触れ，直接関わって「子ども」を知る，
ということは，保育を学ぶうえでの最大のメリットである．同じように，実際
の保育環境に身をおくことで，保育環境そのものを体感し，それまで学んでき
た事項とすり合わせて，理解を深めることができる．

　乳児保育の場合，その際に着目したい事項として，これまでの内容を踏まえ
ると，次のようなことがあげられる．

(1)子どもたちの安心・安全の生活空間は保障されているのか
(2)子どもたちがさまざまな体験ができる遊び環境は用意されているのか
(3)子どもたち一人ひとりの，そのときにあった発達をとらえられているか
(4)保育現場で保育者がどのような動線を描くのか
(5)保育者が一人ひとりの子どもを援助しながらクラス全体への視野が保た
　　れているか
(6)保育者が整える生活環境保育者同士が協働しやすい体制は整っているか

　これらについては，本書の次章以降で扱う．乳児保育の演習を学ぶ際にも大
いに関係する．生活の援助や遊びの実際を学ぶとき，上記の(1)～(6)を意識
し，知識や技能を保育現場でどのように生かすのか，保育環境をイメージして
ほしい．

　また，乳児保育特有の保育環境に，「ゆったりとした時間の流れ」がある．穏
やかな時間を作り出すのは保育者であるが，一朝一夕にできるものではない．
保育の業務をこなしながら，おおらかな心もちで子どもと接し，穏やかな雰囲

気をつくりだすことができるようになるためには，保育の理念や理論，実践力をもち，さらに先々への見通しをもつことが求められる．そうすると，保育者自身の心の余裕が生まれ，自ずとゆったりとした落ち着いた雰囲気が醸し出されるものである．

　乳児保育を学ぶ際，保育環境そのものと保育者の動きをイメージしながら学び，学んだ基礎理論を思い出しながら実践学習を深めることを期待したい．

**参考文献**
- ジェームズ・J・ヘックマン，古草秀子，訳『幼児教育の経済学』東洋経済新報社．2015.
- 河邉貴子『遊びを中心とした保育―保育記録から読み解く「援助」と「展開」― 改訂第2版』萌文書林．2020.

| コラム | レッジョ・エミリア・アプローチからの環境づくりのヒント |
|---|---|

　レッジョ・エミリア・アプローチは，イタリアのレッジョ・エミリア市から生まれた乳幼児教育である．1991年に米国のNewsweek誌で世界で最も先進的な実践として紹介され，世界に広がりをみせた．

　レッジョ・エミリア・アプローチの実践創始者ローリス・マラグッツィ（Malaguzzi, L., 1920-1994）は「100の言葉」という詩を残しており，ここにある考え方がレッジョ・エミリア・アプローチの基本理念といわれている．

　保育環境や子どもたちの活動の様子は創造的で美しいとされているが，それはさまざまな保育・教育システムの結びつきで成り立っている．なかでも，マラグッツィは実践する空間をとても重視していたといわれており，その象徴的なスペースがアトリエである．アトリエには，たくさんの素材や画材，道具が用意され，子どもたちはそれらとの出合いによってイメージを膨らませ探究や表現を楽しんでいる．

**参考文献**

- 東京大学大学院教育学研究科付属発達保育実践政策学センター，まちの保育園 子ども園．秋田喜代美，松本理寿輝，監『遊び・学びを深める日本のプロジェクト保育—協働探究への誘い』中央法規出版．2024.
- 浅井幸子ら．東京大学大学院教育学研究科附属発達保育実践政策学センター，監『アトリエからはじまる「探究」—日本におけるレッジョ・インスパイアの乳幼児教育』中央法規出版．2023.
- カンチューミ・ジュンコ，秋田喜代美『子どもたちからの贈りもの—レッジョ・エミリアの哲学に基づく保育実践』萌文書林．2018.
- 宮崎薫．レッジョ・エミリアの幼児学校における美的経験と学び．あいだ/生成．2017：7.　27-44.
- レッジョ・チルドレン．ワタリウム美術館，編『子どもたちの100の言葉—レッジョ・エミリアの幼児教育実践記録』日東書院本社．2012.
- 佐藤学，監．ワタリウム美術館，編『驚くべき学びの世界—レッジョ・エミリアの幼児教育』東京カレンダー．2011.
- 津田純佳『アトリエから子どもが見える—レッジョ・エミリアの乳幼児教育』小学館．2024.

（松園直美）

演習編

演習編

# 生活の援助　食事編

> **学習のポイント**
> ❶ 子どもの発育・発達と乳児期の栄養・食事に関する基本的知識を学ぶ
> ❷ 調乳・授乳の基本を知り，その手順を身に付ける
> ❸ 離乳食と幼児食の進め方を知る
> ❹ 特別な配慮を必要とする子どもの食と栄養について理解する

## 乳児期の栄養

乳児期の適切な栄養摂取や食生活のあり方は，健康の維持・増進・疾病予防につながるとともに，順調な成長発達を促すためにも重要である．

成長発達がさかんな時期であり，成人に比べて体は小さいが基礎代謝量が高い．また体が大きくなっていくための栄養も必要になってくる．運動量も増加するため，活動量が大きく必要なエネルギーや栄養素が多くなる．

乳児期前半(0歳5か月まで)は消化吸収機能や排泄機能が未熟なため，乳汁栄養で育つ．乳汁栄養には母乳栄養と人工栄養があるが，後半(約5か月～)から離乳食が始まる．身体機能が未熟であるため，心身の発達に応じた食物や調理方法に配慮していくことが必要である．母乳栄養や人工栄養は離乳食を食べた量によって徐々に減っていく．

### 1. 母乳栄養(表1)

母乳には，乳児の成長に必要な栄養成分がバランスよく含まれる．母乳には，分娩後，数日間に出る初乳と10日以降の成熟乳がある．

授乳の方法として，ユニセフやWHOが母乳育児成功のための10か条で，分娩後30分以内の授乳開始を勧めている．子どもが欲しがるときに与える自律授乳が望ましいとされ，落ち着く環境でしっかりと抱いて目を見ながら授乳する．授乳後は排気(げっぷ)を行う．

---

**キーワード**

**母乳栄養・人工栄養**
人間の女性から出る乳汁を母乳という．母乳だけで育てる栄養を母乳栄養，母乳以外の乳汁およびその加工品を用いて育てる栄養法を人工栄養，母乳と人工栄養を併用する栄養法を混合栄養と呼ぶ．

**初乳**
初乳は黄色味が強く，粘りがあり，たんぱく質とミネラルが多く，脂質とエネルギーは少ない．初乳は感染抑制作用と免疫抑制作用をもつ物質を多量に含む．

**母乳育児成功のための10か条**
WHOとユニセフが1989年に世界中のすべての産科施設に対して出した共同声明である．

**表1　母乳栄養の特徴と配慮**

●消化・吸収されやすい
消化吸収にすぐれ，代謝への負担が少ないので生理的機能の未熟な乳児に適している

●感染予防に役立つ
母乳（とくに初乳）には免疫物質が多く含まれる．生後3か月ごろにはわずかになるが，この頃には乳児自身の免疫グロブリンが徐々に生まれる

●母子相互作用を促進する
子どもの行動や泣き声に対する母親の反応や，授乳による母子の肌の触れ合い，お互いの満足感などを通じて，母親の育児への自信や，母子間の愛着形成，安定した母子関係の確立に役立つ

●産後の母体の回復
母乳分泌に関わるホルモンのオキシトシンは子宮筋の収縮を促し，母体の産後の回復を早める

●配慮
母乳栄養児の場合，人工栄養児よりもビタミンK欠乏性出血症になる可能性があるため，ビタミンKシロップを生後1か月までに3回与える

## 2. 人工栄養（表2）

人工栄養とは育児用ミルクのことで，主として乳児用調整粉乳を使用する．また，離乳期幼児期用粉乳（フォローアップミルク）は，牛乳よりたんぱく質を消化しやすくし，脂肪酸を調整，鉄や各種ビタミンを添加した粉乳であり，9か月以降に使用する．

さらに，牛乳アレルギーや小児慢性腎臓病，先天性代謝異常症などのさまざまな疾患をもつ子どもに対して使用する特殊ミルク・治療乳や低出生体重児用粉乳などもある．

> **！知っておこう**
> 乳児用調整粉乳のほかには，乳児用調整液状乳（乳児用液体ミルク）がある．

## 3. 混合栄養

混合栄養とは，母乳が不足したときなどに，母乳栄養と人工栄養を両方使う栄養摂取方法である．授乳ごとに不足を補うのがよいが，母乳が出にくい時間や子どもが保育施設で過ごす時間帯のみ人工栄養にする方法がある．この場合，母乳の日数が減ると，母乳が出にくくなるため注意する．

## 4. 授乳（表3）

授乳とは乳汁を子どもに与えることで，自律授乳のほかに時間を決めて定期的に行う規則授乳がある．授乳のリズムは成長とともに定まってくるが，授乳時間や摂取量は個人差や，その日ごとの体調や機嫌によっても変化する．

> **キーワード**
> **自律授乳**
> 赤ちゃんが欲しがるときに欲しがるだけ飲ませる授乳方法のこと．生後1〜2か月くらいまでの間は推奨されている．

### 表2 人工栄養（育児用ミルク）の調乳手順

| 準備 |
|---|
| 用意するもの：消毒済みの哺乳瓶，乳首，乳首入れ，哺乳瓶ばさみ など<br>・手を洗い，調乳用エプロンを着用し，誰が飲むミルクか確認する |

| 手順 |
|---|
| ① 煮沸して冷ましたお湯（70℃以上）を，消毒済みの哺乳瓶にできあがり量の半分ほど入れる |
| ② 粉ミルクを入れる<br>　キューブの場合は必要な個数，顆粒タイプの場合は専用のスプーンを使い，すり切りで計る |
| ③ 泡立てないようにゆっくり振ってミルクを溶かす |
| ④ できあがり量までお湯を足す<br>　哺乳瓶を真横から見て，できあがり量は目盛り線に泡の下を合わせて計る |
| ⑤ 乳首とカバーをして，よく振って溶かす |
| ⑥ 腕の内側にミルクを垂らし，出具合と温度を確認する<br>　数秒に1滴ポタっと落ちる程度が適度な出具合<br>　少し温かく感じる程度が適度な温度 |
| ⑦ 必要に応じて，温めたり冷ましたりする（37〜38℃程度にする）<br>　冷ましたい場合は，瓶の外側から水道水などにさらす<br>　温めたい場合は，瓶をお湯に浸す |

## 冷凍母乳について

近年，冷凍技術の進歩により搾乳した母乳を専用パックに入れて冷凍保存できるようになった．これを受け，就労などで直接授乳できない母親のために冷凍母乳を預かる保育施設もある．

冷凍母乳は保存や管理を厳密に行わないと細菌感染の原因となる．冷凍保存は自宅での清潔管理や，保育施設に持ち込むまで溶けないような冷凍方法などを保護者と話し合う必要がある．保育施設で預かったらすぐに-18℃以下の冷凍庫に保存し，使用直前に解凍する．一度，解凍した母乳はすぐに使用し，使用しなかった場合は再冷凍や冷凍庫での保存はせずに処分する．

## 冷凍母乳の扱い方

| 手順 |
|---|
| ① 子どもの名前・日付を確認して，冷凍庫から冷凍母乳を取り出す |
| ② 解凍する<br>　流水か自然解凍をする．熱湯やレンジは使わない |
| ③ 必要に応じて40℃程度の湯煎で温めて適温にする |
| ④ 消毒済みのはさみで母乳パックの端を切り，哺乳瓶に入れる |
| ⑤ よく振ってから，授乳する<br>　名前をもう一度確認する |

1 生活の援助 食事編

**表3 授乳の手順**

| 準備 |
|---|
| 用意するもの：担当する子どもの調乳済みの哺乳瓶，ガーゼ<br>・静かで落ち着いた環境を整える<br>・手を洗い，椅子に座ってやや縦抱きに抱っこし，腕に頭をのせ，膝の上で安定させる<br>・子どものあごの下にガーゼを当てる |

| 手順 |
|---|
| ① 「〇〇ちゃんミルクですよ」などと声をかけて授乳を始める．子どもの唇に乳首の先を触れさせ，子どもが自ら吸いついてくるように促す |
| ② 子どもが乳首を根元まで口に含むようにし，空気を飲み込まないように，哺乳瓶の底を上げるように傾ける |
| ③ うまく飲めているか，ミルクの出具合を確認しながら授乳する<br>口の周りやあごの下にミルクがこぼれていないか，随時チェックする<br>10〜15分を目安に飲ませる |
| ④ 飲み終わったら，排気（げっぷ）をする<br>子どものあごの下にガーゼを当てる<br>胃内空気を排出させ，吐乳や窒息を防ぐ<br>子どもの体を縦の姿勢にし，背中をさすったり軽く叩いて排気をする<br>ミルクを吐くこともあるので子どものあごの下にガーゼを当てる |
| ⑤ 授乳時間と分量を記録する |

## 5. 授乳・離乳に関する家庭との連携

　子どもの栄養についてはきめ細かい配慮が必要なので，保護者との信頼関係を築きながら授乳・離乳食を進めるとともに，保護者からの相談に応じていくことが求められる．毎日，連絡ノートを利用して，家庭と保育施設での授乳量を相互に確認していく．その際，個人情報の取り扱いに配慮しつつ，子どもの生育歴や発達過程など，必要な情報を得ながら柔軟に対応する．

> **考えてみよう**
> 　授乳に適した場所の条件を考えよう．具体的な場所をイメージして書き出してみよう．

**演習編**

# 離乳食と幼児食

## 1. 離乳食の役割

成長するにしたがって母乳や育児用ミルクだけでは栄養が不足してくる．固形物を取ることで消化機能の働きを促し，食物をつぶし噛めるようにすることで咀嚼（食物をつぶして唾液と混ぜる），嚥下（咀嚼された食物を飲み込む）機能の働きを促す．食物の味付けと視覚，聴覚，臭覚，触覚から，基本的な味覚が形成され，家族や仲間とともに食べることで精神的な発達が促される（農林水産省，2021）．

### 離乳食の開始時期

離乳とは，母乳や育児用ミルクだけでは不足するエネルギーや栄養素を補完するために，乳児食に移行する過程をいい，その時期に与えられる食事を離乳食という．開始時期の目安として，首のすわりがしっかりして寝返りができ，5秒以上座れること，スプーンなどを口に入れても舌で押し出すことが少なくなること，食べ物に興味を示すことなどがあげられる．生後5～6月ごろが適当であるが，発育や発達には個人差があるため月齢は目安とされている．

### 離乳食の進め方

食事の前には手を洗い，テーブルを拭く，おしぼりを準備する．エプロンをかけて保育者と一緒に「いただきます」の挨拶をする．

口唇や舌の働き，消化機能に合わせて離乳食の硬さや大きさを変えていく（図1）．

子どもの食べる様子を見ながら，量や食品の種類を増やしていく．欲しがらないときは子ども自身の食べたい意欲を大事にする．内臓の働きに負担がかかるので，塩分，脂肪，糖分は控えめにする．味覚の発達には素材そのものの美味しさや「だし」のうま味を生かした味にしていく．

9～11か月ごろになるとスプーンにも興味をもつので，保育者が手を添えたり，自由に持たせたりする機会をつくっていく（図2）．

12か月ごろには自分自身で食べたいという意欲が育ち，手づかみ食べが中心となる．持ちやすいスティック状の物を加えていく．手づかみ食べは1歳6か月まで十分に行う．十分に行った子は1回で飲み込める量が自分でわかるようになる．個々に合わせながら図1を参考に進める．注意する食材として，ハチミツは乳児ボツリヌス症を起こしやすいので1歳までは与えない．

---

**！知っておこう**

食育基本法では「食育は命の源．食育は生きる上での基本であり，知育・徳育・体育の基礎となるべきものと位置付け」と示されている．

食育推進会議．第4次食育推進基本計画（令和3～7年度）の概要．農林水産省．2021.

1 生活の援助 食事編

図1 離乳の進め方の目安
〔参考：授乳・離乳の支援ガイド（2019年改定版）p34.〕

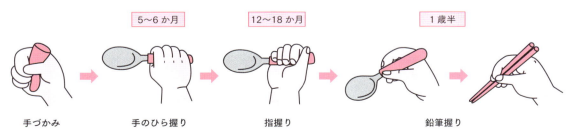

図2 手づかみからスプーン・箸への移行

演習編

## ▌家庭との連携

初めて口にする食材は家庭で2回以上試してもらい，食材の大きさや硬さなど，様子を聞きとっていく．また，食物アレルギーなども事前に確認しながら進めていく．連絡帳などで毎日の保育施設での離乳食を報告し，同時に家庭の離乳食の様子についても共有する．

**離乳の進み方について不安を感じる保護者もいるが，保護者の思いを受け止めながら，個人差があるので保護者が焦らず精神的なゆとりをもって進めることが望ましいと伝えることも大切である．**

事故防止と安全対策
➡ p.99 を参照

## 2. 食物アレルギーとその対応

食物アレルギーとは，食べたり触ったり吸い込んだりした食物に対して，体を守るはずの免疫のシステムが過剰に反応して起きる有害な症状をいう（表4）．元々，「人間の体には，ウイルスや細菌などの異物が侵入してきたときに，それらを攻撃・排除するという働きがある．これを免疫反応」という（環境再生保全機構，2016）．ところが，食物などの本来は体に害を与えない物質も異物と判断し，免疫が過敏に働いてしまうことがある．その結果，じんま疹やかゆみ，咳などが引き起こされる．これがアレルギー疾患である．

環境再生保全機構．ぜんそく予防のために食物アレルギーを正しく知ろう．2016.

### ▌食物アレルギーの症状

食後2時間以内に以下のような症状が出てくる，即時型と呼ばれるタイプが一般的で，最も重症な症状は**アナフィラキシー**である．

### ▌主要なアレルゲン

鶏卵・牛乳・小麦が主要なアレルゲン（または抗原）の場合，食物に含まれるたんぱく質がアレルゲンとなる．ただ，どの食物のたんぱく質がアレルゲンになるかは，人によってさまざまである．

日本で最近増えてきているのは，ピーナッツと魚卵（イクラ）によるアレルギーである．ごまとカシューナッツ，アーモンドもアレルギー表示の品目となる．アレルギー症状を起こさないためには，さまざまな対応が必要となる．

### ▌食物アレルギー疾患への対応

食物アレルギーの診断は，アレルギーに詳しい医師に診てもらう必要がある．そして医師に「食物アレルギー生活管理指導票」（最低でも年に1回提出）を作成してもらう．

保育施設でアレルギー対策の体制を整え，緊急時を含めてマニュアルを作成

---

**🔑 キーワード**

**アナフィラキシー**
1つの臓器にとどまらず，複数の臓器に重い症状が表れる場合をいう．
血圧低下や意識障害などのショック状態を伴う場合をアナフィラキシーショックと呼び，生命を脅かす可能性がある非常に危険な状態である．

### 表4　食物アレルギーの症状の主なもの

| | |
|---|---|
| 皮膚 | かゆみ，じんま疹，紅斑 |
| 目 | 充血，かゆみ，まぶたの腫れ |
| 口・のど | 口腔内やのどの違和感，唇や舌の腫れ |
| 鼻 | くしゃみ，鼻汁，鼻づまり |
| 呼吸器 | 声がかすれる，咳，息苦しさ，ぜん鳴，低酸素血症 |
| 消化器 | 腹痛，吐き気，下痢 |
| 循環器 | 頻脈，不整脈，手足が冷たい，チアノーゼ，血圧低下 |
| 神経 | 元気がない，意識がもうろうとする，不機嫌，失禁 |

ぜん鳴：息がゼーゼー・ヒューヒューする様子.
〔参考：環境再生保全機構．ぜんそく予防のために食物アレルギーを正しく知ろう．2016．p.2．〕

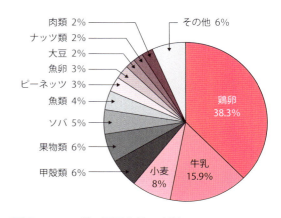

**図3　アレルギー原因食品の内訳**
〔日本小児アレルギー学会食物アレルギー委員会．宇理須厚雄，近藤直美，監『食物アレルギー診療ガイドライン2012』協和企画．2011．〕

し，保育施設内の職員で共通理解を深める．また，発想を転換させて，全員でアレルゲンの入っていない給食を食べる取り組み（ユニバーサル給食）などを行うとよい．

　医師の作成した生活管理指導票をもとに，保護者と綿密に連携し，除去を行っていく．除去食を行う場合はできる範囲で代替食を考える．家では少しなら食べられても，基本的に保育施設では安全を重視し完全に除去する．なお，年齢が高くなるにしたがって食べられるようになる子どもが多くなる．

> **キーワード**
> **ユニバーサル給食**
> みんなで一緒に食べられる給食のこと．

#### 引用文献
- 食育推進会議．第4次食育推進基本計画（令和3～7年度）の概要．農林水産省．2021．
- 環境再生保全機構．ぜんそく予防のために食物アレルギーを正しく知ろう．2016．
- 日本小児アレルギー学会食物アレルギー委員会．宇理須厚雄，近藤直美，監『食物アレルギー診療ガイドライン2012』協和企画．2011．

#### 参考文献
- 厚生労働省．「日本人の食事摂取基準（2020年版）」策定検討会報告書．2019．
- 奈良間美保ら『小児看護学［1］小児看護学概論 小児臨床看護総論 第14版』医学書院．2020．
- 児玉浩子ら『子どもの食と栄養 改訂第3版』中山書店．2022．
- 厚生労働省．保育所におけるアレルギー対応ガイドライン（2019年改訂版）．2019．
- 茶々保育園グループ社会福祉法人あすみ福祉会，編『見る・考える・創りだす乳児保育Ⅰ・Ⅱ』萌文書林．2019．
- 菊地篤子，編『ワークで学ぶ乳児保育Ⅰ・Ⅱ』みらい．2022．
- 善本眞弓ら『演習で学ぶ乳児保育』わかば社．2020．

# 生活の援助　排泄編

> **学習のポイント**
> ❶ 乳児の排泄機能の発達を理解する
> ❷ この時期の子どもたちに必要な援助・配慮事項を理解し，実践方法を学ぶ

## 排泄機能とおむつ交換

　排泄とは，さまざまな生命活動によって生じる老廃物や有害物を体外に排出行為である．排泄には，肺から二酸化炭素を排出する"呼吸"，腸から食べかすを排出する"排便"，代謝産物の大部分を腎臓を中心とする泌尿器系によって排出する"排尿"がある．

　乳児期は大脳の発達が未熟のため，直腸や膀胱に溜まった排泄物は，反射的に排泄される．2～3歳ごろになると尿意や便意を感じて自分の意思でトイレに行き排泄できるようになる（図1）．

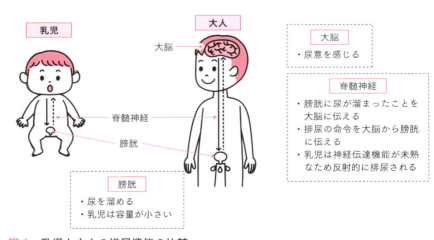

**図1　乳児と大人の排尿機能の比較**
〔参考：高内正子ら『改訂 子どもの保健演習ガイド』建帛社．2015．p.42．〕

## 1. 排尿機能の発達

生後3か月ごろまでは反射的に排尿し，排尿回数は1日に15～20回であり，1回の尿量は少ない．生後6か月過ぎから膀胱の容量が大きくなり，排尿の回数は減ってくる．

個人差があるので，個々の排尿リズムを把握して対応する．なお保護者や保育者による排泄の世話により，乳児は汚れによる"不快"から気持ちよさに対する"快"を感じる．言葉をかけながら清潔にすることで乳児との信頼関係を深めることが重要である．

1歳ごろになると，神経系統や大脳も徐々に発達し，尿意を感じて足を交差させてもじもじしたり足踏みをしたりする．1歳半～2歳ごろにかけて膀胱容量はかなり大きくなり排尿の間隔も2時間程度となる．

## 2. 排便機能の発達

乳児期の排便は，離乳食開始前，つまり生後5か月ごろより前では，1日3～4回程度である．排便行為の発達は神経系の発達と関係している．生後5～6か月ごろまでは排便反射であり，6か月過ぎから排便を感じると立ちつくし腹圧をかける，顔を真っ赤にしていきむ様子がみられる．

保育者は穏やかに言葉かけをして，排便後は清潔なおむつと交換し，皮膚の状態や便の状態などを確認し健康状態を把握する．規則的な排便は身体的な健康だけでなく，精神的な健康にとても大切である．

1歳半過ぎから排便を自覚し，身近な人にわかるような動作や言葉で知らせるようになる．2歳ごろにコントロールができるようになり便意を伝えるようになる．そして5～6歳ごろには自分で排便の後始末ができるようになる．

## 3. おむつ替えの手順と注意事項

前述のとおり，乳児は尿意や便意の自覚がないうえに排尿や排便の回数が多いため，おむつを着用する．

おむつには布おむつと紙おむつがあり，子どもの月齢・年齢や家族の生活状況により使い分けることができる．おむつ交換は，保育者と子どもが1対1で関わることができる時間なので，体をさすったり優しく声をかけたりしながら行う．

おむつの交換は専用の交換台や一定の場所にマットを敷くなどして決めておくと，子どもが安心し落ち着きやすい．準備するものを確認した後，おむつ交

---

**ポイント**

**おむつを替えるタイミングの例**

- 泣いているとき
- におってきたとき
- 排泄した表情をしたとき
- 生活リズムの区切りのとき
- その子の排泄タイミングを見計らって
- なかなか寝付かないとき

など

---

**ポイント**

おむつ交換を担当するのは，その乳児が最も親しみを感じている保育者が望ましい．

## 表1 布おむつと紙おむつの比較

| 布おむつ | 紙おむつ |
|---|---|
| ・素材は天然素材の綿100％で，色は白が好ましい* <br> ・毎日洗濯するので丈夫なものがよい．折り方を工夫することで，乳児の月齢・体形・性別に対応できる <br> ・正方形のおむつやパット型になっている成形おむつもある．成形おむつはコンパクトでたたむ手間はかからないが厚手のため乾燥しにくいなどの特徴がある <br> ・おむつカバーが必要で，通気性のよいものを使用する | ・子どもの体型や発育の状態によりさまざまな種類が市販されている <br> ・多層構造になっており，素早く多量の尿を吸収することができる <br> ・尿や便に長時間触れさせたままにしておくとかぶれの原因となるためこまめに交換する <br> ・洗濯する手間は省けるが，経済的な負担は大きい |

＊：乳児の皮膚は刺激に弱くかぶれやすいため．また，排泄物の観察のためには真っ白なものがわかりやすい．

> **ポイント**
> **おむつかぶれ**
> 尿中のアンモニアによって皮膚が赤くただれる状態をいう．排尿の気配がしたらおむつ交換をし，温かいシャワーで洗い流すか，お湯で濡らしたガーゼなどで汚れを拭きとった後に，臀部や外陰部は乾かすようにする．
> おむつかぶれに似た状態の病気に，一種のカビが原因となるカンジダ症がある．4〜5日たっても変わらない場合は病院で受診する．

換する子どもに声をかけるようにする．汚れたらそのつど交換する．また活動の節目には交換するようにすることで，おむつかぶれを予防する．

表1に布おむつと紙おむつの特徴をあげる．

### 布おむつ交換の手順

はじめに手を洗うか，手袋を用意し，必要なものを用意する．手順は以下の通りである．

| 用意するもの |
|---|
| 布おむつ，蒸しタオルかおしりふき，おむつ替えシート，汚れ物入れ，おもちゃ，（必要に応じて）おむつカバー，着替え |

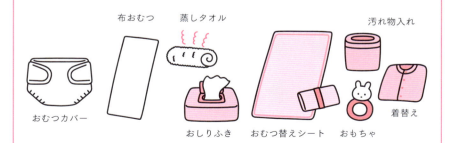

注意①　手元にすべてのものを用意しておく
注意②　尿や便に触れることもあるため，使い捨て手袋を使用することが望ましい．手袋を使用しない場合は1人交換するたびに十分な手洗いをする

## 手順

①布おむつを折る
- あらかじめ，おむつを折る
- 子どもの体形にあわせて折る．男児は前が厚くなるように，女児は後ろが厚くなるように折る

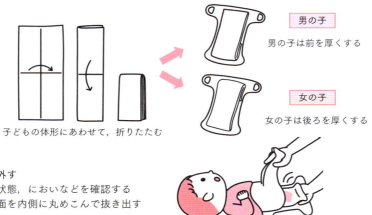

子どもの体形にあわせて，折りたたむ

男の子は前を厚くする

女の子は後ろを厚くする

②汚れたおむつを外す
- 便や尿，皮膚の状態，においなどを確認する
- おむつの汚れた面を内側に丸めこんで抜き出す

③汚れをふき取る
- 男児は，陰嚢の裏側の汚れなどに気を付けて足を持ち上げて拭く
- 女児は，前から後ろに向けて拭く

④清潔なおむつと交換する
- 4か月未満の乳児は，股関節脱臼を誘発しないように，お尻の下に手を入れて持ち上げる．強く引っ張らないようにする

⑤おむつを当てる
- 足が自然な形に開くようにする

⑥おむつを整える

股関節脱臼を誘発するので，足を強くひっぱらない

①で用意したおむつをお尻の下に差し込む

腹部を圧迫しないように，おへその下あたりでテープを止める

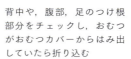

おむつと肌の間に指が1〜2本入る程度の余裕をもたせる

- 左右が均等になるようにする
- おむつが整ったら服を着せる
- 汚れたおむつはすぐに汚物入れにしまう
    - ＊：便の場合は排泄物をトイレで流す．おむつを家庭へ持ち帰る場合は，水洗いをしてビニール袋に入れておく．貸おむつの場合は業者の指示に従う

背中や，腹部，足のつけ根部分をチェックし，おむつがおむつカバーからはみ出していたら折り込む

⑦手を洗い，記録をつける
- おむつ交換台を素早く清掃してから手を洗う
  - ＊：おむつ交換の際に尿・便に触れることもあるため，個別に使い捨て手袋を使用することが望ましいが，使用できない場合は，1人交換するたびに，十分な手洗いをする
- 時間，状態(便の硬さや形状，色，においなど)，量，肌の状態(湿疹やかぶれなど)を記録する
- 必要に応じて，保育者同士で情報共有する

## 紙おむつ(テープ型)交換の手順

事前準備は布おむつと同様である．

| 用意するもの |
|---|
| テープ型紙おむつ，蒸しタオルかおしりふき，おむつ替えシート，汚れたおむつ入れ，汚れ物入れ，おもちゃ，(必要に応じて)着替え |

| 手順 |
|---|

①前後，上下を確認して開いておく

②布おむつ交換手順の②③と同様に，汚れたおむつを外し，汚れをふき取る

③清潔なおむつと交換する
布おむつ交換④と同様に，股関節亜脱臼にならないように気をつけて足を持つ
左右が均等になるように当てる

④おむつを整える
布おむつ交換⑥と同様，おへその下あたりでテープを止め，おむつと肌の間に指が1～2本入る程度の余裕をもたせる
背中に隙間がないか確認する
足の付け根のギャザーが内側に入り込んでいないか確認する
おむつが整ったら服を着せる

⑤汚れたおむつを片付ける
便はトイレに流す
汚れたおむつは，手前から巻いて丸める．両端のテープで留めて，小さくまとめてから汚れ物入れに入れる

> **演習 練習してみよう**
> 人形などを使って，おむつ交換の練習をしてみよう．

# 排泄の自立

## 1. 排泄の自立に向けた援助，環境設定

　子どもにとって，新生児期からおむつが汚れたら交換してもらい常に清潔に保たれるような配慮をされたなかで過ごすことは，気持ちのよいことを覚えると同時に，排泄の自立に繋がる大切な習慣である．

### ■排尿の自立の援助

　排尿の自立のためには，次のような発達条件が目安となる．
　①一人歩きができるための運動発達がみられる．
　②簡単な言葉の理解ができ，尿意の表現などの言語発達がみられる．
　③膀胱の容量が大きくなり，1回の尿量が多くなる．
　トイレットトレーニングの時期にはおむつから紙パンツやトレーニングパンツを使用し，着脱の自立へと繋いでいく．
　その後，3歳ごろから睡眠中の排尿の抑制ができるようになり，夜のおむつが不要になる子どももいるが個人差が大きい．夢中で遊んでいて失敗することもあるが，4〜5歳ごろには尿意を感じたらトイレで排尿できるようになる．一方，排泄の自立は，子どもによって大きく異なると同時に，家庭での過ごし方でもその様子はさまざまであることも留意する必要がある．
　このように排尿の自立は乳児保育の時期では完成しないので，個人差に合わせ長期的な支援を心がけることが求められる．

## ▌排便の自立の援助

　排便時のいきみと肛門感覚や臭気などから感じとることにより，便意の自覚のほうが尿意より早いといわれている．1歳前後から食事の後に腸のぜん動運動が起こり排便が促される．そこで食事の後1時間以内におまるに誘い，座ることに慣れるようにする．排便は1日のなかでも排尿に比べて回数が少なく，食後いつ頃，というようにパターンが決まりやすいので，声をかけるタイミングもつかみやすいといえる．

　排便できたときにはほめて，排泄した便を視覚で認識させることも大切である．排便できなかったときは無理強いせずにおむつをする．

　1歳半ごろ，おまるに座り排便が成功するようになったら，子どもがいきみを覚えてからおむつを外し，おまるに座るようにする．回数を重ねることによって，子どもはおまるに座って排便することを知っていく．保育現場では子ども同士でトイレでの排便をお互いに学んでいくこともある．

## ▌トイレなどの環境設定と援助の工夫

　子どもがトイレに行くのを躊躇したり嫌がったりしないような環境を整える．

### トイレ環境の留意点

- 照明は明るめにする．
- 常に清潔にする．
- においに配慮して換気をする(排泄物のにおいや消毒液のにおい)．
- 落ち着いた雰囲気(暖色の色合いを多用する，温かみのある床材を用いる)．
- 親しみのある雰囲気(子どもが好むイラストやマークを用いる，飾りつけを工夫する)．
- 動線を意識する(保育室からトイレへ行きやすい動線，トイレを済ませた後に手洗いしやすい動線など)．

### 援助の工夫

- 個別に丁寧に援助する．
　発達の個人差，一人ひとりのリズムの違い，性質の違いなどに考慮する．
- 視覚的な工夫をする．
　床にトイレまで続く足跡や道を描いたり，トイレのマークを見せたりする．
- 服の着脱も援助する．
　排泄そのものの行為だけでなく，靴を履き替えることや服を脱いだり履いたりすることも個別に援助する．

2 生活の援助 排泄編

- トイレットペーパーの使い方を援助する.
  1回にどれくらいの長さを使うのか, 視覚的にわかりやすい目印を用意する.
  トイレットペーパーをたたんで子どもが自分で拭くことを見守り, 保育者は必ず仕上げ拭きをする.

## ▌家庭との連携

保育者は, 保護者に対し子どもの様子を丁寧に伝え, 以下の内容に留意していく.

- 自立に向けては無理強いすることなく, 便器で排泄ができたときはほめて意欲的に習慣が身につくよう, 焦らずゆとりをもって進めることを共有しあう.
- どのタイミングでトイレに誘うか, 1日に何回誘うかなど, 話し合ったり報告しあったりしながら進める.
- 自立し始めた2歳過ぎの子どもが, おむつの使用が必要になることがある. 退行現象がみられることもある.
- 排便・排尿で異常があったときは家庭と連絡を取り合って体調改善に努める.

### 参考文献
- 髙内正子ら『改訂 子どもの保健演習ガイド』建帛社. 2015. p.42.
- 鈴木美枝子, 編著『これだけはおさえたい! 保育者のための「子どもの健康と安全」改訂二版』創成社. 2024.
- 茶々保育園グループ社会福祉法人あすみ福祉会, 編『見る・考える・創りだす乳児保育Ⅰ・Ⅱ』萌文書林. 2019.
- 小林美由紀. 榊原洋一, 監『これならわかる! 子どもの保健演習ノート 改訂第2版─子育てパートナーが知っておきたいこと』診断と治療社. 2013.

---

### ☝ ポイント
女児の場合は排尿・排便の後. 男児の場合は排便の後. 自分で拭くのは3歳未満児は難しいので保育者がそのつど, 丁寧に拭く. ウンチは汚いものということを伝え, 手や服や便器につけないように伝える. 排便のときは保育者が拭きながら, 前から後ろに拭く方向を教える.

### 🔑 キーワード
**退行現象**
弟・妹が生まれ, 環境の変化により, 排泄習慣が後退することがある. 心理的原因も関係がある. 遊びや接し方の工夫をすることが必要である.

演習編

# 生活の援助　睡眠編

> **学習のポイント**
> ❶ 1日の生活リズムと睡眠を学ぶ
> ❷ 午睡環境について学ぶ

## 1日の生活リズムと睡眠

### 1. 睡眠の発達

**子どもの成長に睡眠はなくてはならないもの**

　人間形成の基礎づくりでは，乳幼児期が重要な時期であることを意識して保育することが保育者に求められている．養護と教育は，本来，一体化されているもので切り離しては行えない．

　教育的な側面を常に意識しながら保育をしなければ，子どもが将来豊かな生活や人間関係を作り上げ，人生を楽しみながら生き生きとたくましく生きる力が育たない．したがって，睡眠，食事，排泄，清潔，衣服の着脱などにおける養護とそれに伴う優れた教育的な働きかけにより健康習慣の基礎が作られるように導く（中根，2017）．

　子どもの睡眠は，1日の流れのなかで自然に任せておけば身についていく習慣ではなく，子どもを取り囲む保育者や保護者によって意図的に正しい睡眠の知識を身につけていくことが重要である．

　正しい眠り方を毎日の生活のなかで丁寧な関わりをもって基本的な生活習慣として身につけるためには，まず環境から整えていかなければならない．そこで，近年話題にあがることも多くなった，運動や言葉，認知力，意欲，コミュニケーション能力などが脳の発達と深く関係していることに着目して学びを深める．

　昔からよく言われる「早寝早起きは三文の徳」という諺からも，睡眠は健康的な生活を送るための必須条件であり，当たり前のことという認識がある．し

中根淳子．子どもの保健と環境．佐藤益子ら，編『新版子どもの保健Ⅱ』ななみ書房．2017．p.33．

かし，幼稚園教諭の免許や保育士資格をもって子どもに携わる保育者として，科学的な根拠に基づいて取り組む姿勢が求められる．

特に乳幼児の睡眠時間は家庭での影響を受けやすく，個人差も大きいことに留意しなければならない．そのため保育の現場では，連絡帳などで家庭での睡眠習慣について情報を共有するなどの工夫をし，一人ひとりの子どもにとっての睡眠が心地よい時間となるように十分な配慮が求められる．そこで，安定した睡眠リズムの育成をめざして，正しい睡眠の知識を次項から学んでいこう．

## 2. 睡眠の正しい知識

睡眠は脳の発達の基盤となる重要な生活習慣である（三池，2016）ことから，子どものすこやかな発達を支える睡眠について学び，家庭と協力しながら毎日の生活のなかで子どもに規則正しい睡眠の習慣を教え身につけさせていく必要がある．

三池輝久『赤ちゃん学で理解する乳幼児の発達と保育第1巻睡眠・食事・生活の基本』中央法規．2016．p.6.

### 乳児の睡眠サイクルとその後の睡眠サイクル

乳幼児の睡眠時間に着目してみよう．乳幼児の睡眠のパターンは，胎児期から乳児期にかけて急速に発達（図1）し，遅くとも5歳までに成人とほぼ同じ睡眠パターンとなる（奈良間，2020）．

新生児と乳児の睡眠パターンを比較（図1）すると，新生児は授乳以外の時間はほぼ眠っている．

奈良間美保．睡眠の世話．『系統看護学講座 小児看護学概論 小児臨床看護総論 小児看護学1』医学書院．2020．p.104.

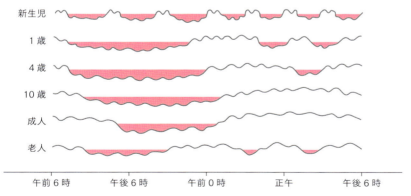

乳幼児期の「多相性睡眠型」が，成長に伴い昼夜1回の「単相性睡眠型」に移行するが，老人になると再び多相性睡眠型に対抗することを示す．

図1　ヒトの睡眠リズムと年齢の関係
〔参考：大熊輝雄『睡眠の臨床』医学書院．1981．p.12.〕

| 胎児期 | 誕生～1か月 | 3か月 |
|---|---|---|
| 子宮内での生活．母親の睡眠のリズムに同調して命を育んでいる | 1日の睡眠時間（目安）15～20時間．昼夜関係なく1日の大半を眠っている．2～3時間ごとに目を覚まし排泄や授乳，再び寝る | 1日の睡眠時間（目安）おおむね14時間．昼間の覚醒時間も夜の睡眠時間も長くなる．日中に短い睡眠が複数回ある |
|  |  |  |

| 6か月 | 7～9か月 | 10か月～2歳 |
|---|---|---|
| 昼と夜の区別が明確になる．覚醒から睡眠への移行時間も定着する．日中の活動量が増えると夜はぐっすり眠るようになってくる | 夜に寝て朝まで起きない睡眠の習慣がついてくる．夜は寝るもの，という社会生活に必要な生活リズムが定着してくる．生後6か月から1歳半ごろの乳児は，夜中に急に激しく泣き出すことがある（夜泣き） | 1歳児では12時間，幼児期には10～12時間．2歳ごろまでに集団生活で必要な早寝早起きの生活リズムがおおむね完成する．2歳までに「自分で寝て，自分で起きる」習慣を身につけたい |
|  |  |  |

図2　2歳までの睡眠

〔参考：三池輝久『赤ちゃん学で理解する乳幼児の発達と保育第1巻 睡眠・食事・生活の基本』中央法規．2016．p.7．／奈良間美保『系統看護学講座 小児看護学概論 小児臨床看護総論 小児看護学1』医学書院．2020．p.67, 68, 103, 104．〕

両角理恵．子どもの生活習慣．鈴木美枝子．編集『これだけはおさえたい！ 保育者のための子どもの健康と安全』創成社．2020．p.193．

中根淳子．佐藤益子．編『新版子どもの保健Ⅱ』ななみ書房．2017．p.37-8．

奈良間美保．睡眠の世話．『系統看護学講座 小児看護学概論 小児臨床看護総論 小児看護学1』医学書院．2020．p.103．

1日の睡眠時間は，おおよそ15～20時間で，2～3時間ごとに睡眠と覚醒を繰り返す単調なリズムである．生後6週間ごろから睡眠時間がまとまり始め，生後6か月ごろまでに覚醒から睡眠への移行時間も定着する．

さらに1日の睡眠時間は，生後3か月では14時間，1歳では12時間，幼児期では10～12時間と年齢が進むにつれ減少する（図2）．また，8か月ごろから日中は午前・午後各1回の睡眠の形となり，日中の睡眠が午後1回になるのは1歳2か月ごろといわれ（両角，2020．中根，2017），3～4歳ごろには昼寝をしなくなる．そして5歳ごろにはほぼ成人と同じ睡眠パターン（奈良間，2020）となる．

 調べてみよう

子どもに必要な睡眠時間（年齢別）について調べて一覧表を作ってみよう．

■生体時計（概日リズム・サーカディアンリズム）

人間の身体は，意識しなくても身体と心が日中は活動状態になり，夜間は休

3 生活の援助 睡眠編

息状態に切り替わる。この1日24時間周期の生体時計を概日リズム、あるいはサーカディアンリズムと呼び、血圧、体温、ホルモン分泌などの生理現象によって多少の違いはあるが、24時間よりも少し長いことが多い。また、生体時計のままの生活を送ることになるとわずかに地球の時間とのズレが生じ、それが重なると昼夜が逆転してしまうことにつながる可能性も出てくる。

また、眼から脳に入った朝の光刺激が影響し、14～16時間後に環境が暗くなると、松果体からメラトニンという睡眠を誘導するホルモンが分泌され夜中に分泌が増加する。生体時計は、朝の光、食事、活動により毎日24時間のリズムをつくりあげる機能がある。規則正しい覚醒と睡眠のリズム(周期)に連なって人間の体は体温ホルモン分泌、交感神経、副交感神経、免疫の働きなどが調整されていく。この規則正しい覚醒と睡眠のリズム(周期)は、朝の光を浴びることにより調整されている。これらのことから睡眠と覚醒のリズム(周期)は、子どもの心身の健康に欠かせないものとわかる。

中根淳子, 佐藤益子, 編『新版子どもの保健Ⅱ』ななみ書房. 2017. p.36.

大川匡子. 睡眠の生物学的発達—睡眠とそのリズム. 小児看護. 2005：28(11). 1451.

### ■ノンレム睡眠とレム睡眠

眠りには、ノンレム睡眠とレム睡眠があり、ノンレム睡眠は通常の深い眠りをさし、知的活動の疲労の回復に役立つといわれ、レム睡眠は、浅い眠りで、循環器や呼吸器官および肉体の疲労回復に役立つ。

新生児は授乳以外の時間はおおむね眠っている。生後6週ごろには睡眠時間がまとまり始め、さらに月齢が進むにつれて睡眠は夜間に集中し昼間の覚醒時間が長くなる。1～2歳では昼寝が1回になって、3～4歳ごろには昼寝をしなくなる。少しずつ昼間に覚醒し、夜間に眠るという睡眠−覚醒リズムが定着していく(奈良間, 2020)。

レム睡眠は、覚醒時に似た脳波を示し身体や眼球の動きがみられ、ノンレム睡眠は身体や眼球などの動きのない状態である。レム睡眠とノンレム睡眠が規則的にかつ交互に繰り返すが、乳児期は中枢神経系の成熟に伴ってレム睡眠の割合が減少する(奈良間, 2020)。

大橋喜美子. 乳児の保育と思春期の育ち. 『新時代の保育双書 乳児保育 第2版』みらい. 2016. p.28.

また、夜泣きについてはさまざまな原因が考えられ、夜中に泣くことが何日も続いている状態をいう。

夜泣きが始まる月齢や続く期間などには個人差(おおむね生後6か月が～1歳半ごろ)がある。この夜泣きに対しては空腹、暑さや寒さ、おむつの汚れや衣服の締めつけ、重い寝具など、想定される原因を取り除いて様子をみる。それでも泣き止まない場合は、覚醒—睡眠リズムが確立する過程における一過性の現象と考えて様子をみる。その後、睡眠パターンが安定してくると減少していく。

奈良間美保. 睡眠の世話. 『系統看護学講座 小児看護学概論 小児臨床看護総論 小児看護学1』医学書院. 2020.

演習編

### ■保育施設の1日・健康な生活リズムの理解と形成

デイリープログラムとは，子どもの食事や排泄，午睡など生理的欲求や望ましい体験活動に基づいて1日の保育の流れを考えて計画されたもので，このデイリープログラムの時間を基本として日々の保育の計画が立てられる．子どもが保育施設で過ごす時間は長く，日々の生活にもリズムが必要である．子どもは毎日同じ生活を繰り返し，同じリズムで生活することで精神的にも身体的にも安定するようになる．そのためデイリープログラム（保育施設によって異なる）については，生活のリズムが乱れないように日々適切な保育を行っていくことが望まれる．

1日の生活は，朝の起床（覚醒）に始まり，朝食の摂取，排便，登園，日中の活動，昼食，午睡（昼寝，児童福祉施設では午睡と呼ぶことがある），午後の活動，帰宅，夕食，睡眠などが毎日規則的に繰り返し行われることで子どもの意欲や健康状態が維持される．保育施設における睡眠の援助は，個人の睡眠リズムに合わせて行う．特に0・1歳児は年齢や月齢による発達の違いが大きく個人差がある．そのことから0歳児，1歳児のデイリープログラムは計画通りにはいかないことが多い．1年を通して計画された流れに生活のリズムをもっていくことは必要であるが，生理的欲求「食べる」「寝る」「排泄する」に重点をおきながら個人差を踏まえ，その日，その時々の様子を第一に考えて保育することが大切である．

**デイリープログラム**
➡ p.124 を参照

## 午睡環境

### 1. 保育施設の午睡環境

乳児の場合は，まだ多相性睡眠（1日に複数回睡眠をとること）のため，午前中に眠る午前寝をする場合もある．連絡帳などでの保護者とのやりとりを通して一人ひとりの様子を理解しておくことが必要である．

生後6か月を過ぎると，昼間に起きている時間も長くなり，睡眠と覚醒に個人差が出てくる．近年，コットベッド（図3）と呼ばれる簡易ベッドを用いる保育施設が増えてきた．子どもの動きが活発になるこの時期は，寝返りなどで転倒・転落する事故について，睡眠中の観察を怠らないことが大切である．

石丸るみ．保育の基本用語の意味を確認しよう．長島和代．編『これだけは知っておきたい わかる・書ける・使える 保育基本用語 改訂2版』わかば社．2021．p.73．

図3 コットベッド

## 2. 午睡チェック

### ◼初期における睡眠の援助

前述したように人間の体には生体時計というしくみがあり，眠りのリズムや体温はこの生体時計がコントロールしている．新生児は睡眠と覚醒を繰り返し，静かに覚醒しているときは外の世界に興味を示しているので積極的に接し，眠っているときは成長・発達のための貴重な時間なので，眠りを妨げないようにする（堀，2020）ことが大切である．

1歳2か月ごろを過ぎると，日中午後の睡眠（午睡）が1回となりデイリープログラムの形で一斉に行われることが多い．給食のあとに絵本や紙芝居などで室内の落ち着いた雰囲気のなかから午睡に導入していく．

しかし，なかなか眠りにつけない子もいる．そのような場合はやさしく背中をトントンしたり小さな声で歌を歌ったりして入眠への誘導をする．うつ伏せで眠ってしまった場合は，SIDS（乳幼児突然死症候群）や窒息のリスクを下げるため上向きに寝かせなおすなどの援助が必要となる．気温や湿度，風通しなど季節や環境に合わせて快適に眠ることができるように丁寧な関わりと配慮が求められる．

堀妙子．睡眠の世話『系統看護学講座 小児看護学概論 小児臨床看護総論 小児看護学1』医学書院．2020．p.67．

**演習　考えてみよう**
保育施設において午睡を嫌がる子どもの理由およびその対応を考えて表にまとめてみよう．

### ◼午睡チェック表の例

保育施設では，SIDSを防ぐ観点から，午睡チェック表を利用し，乳幼児の様子を観察する必要がある．0歳児で5分おきに呼吸，顔色，姿勢，溢乳や吐乳がないかなどを観察しチェックリスト（図4）に記入をする．また，1歳児では10分に1回のチェックが必要である．また，午睡チェックを担当するときは他の業務と「重複しない，させない」などの全職員の周知，つまり命を預かるという認識が必要となる．

また保育者は，心肺蘇生法（呼吸確認，気道確保，胸骨圧迫マッサージなど）を習得しておくことが望ましい．保育施設に小児仕様の自動体外式除細動器（AED）が設置されていれば全職員が使い方を習得しておくことで，いざというときに大切な命を守るために迅速な対応がとれる．さらに低年齢児の保育では，家庭との連携（体調や生活の変化など）や職員同士の情報の共有などを密に行うことも重要なポイントとなる．

善本眞弓．乳児生活の基本．小山朝子．編『講義で学ぶ乳児保育』わかば社．2019．p.89．

AED：Automated External Defibrillator

**演習　考えてみよう**
子どもの睡眠時間を確保するために保護者とどのような連携をとる必要があるか考えよう．

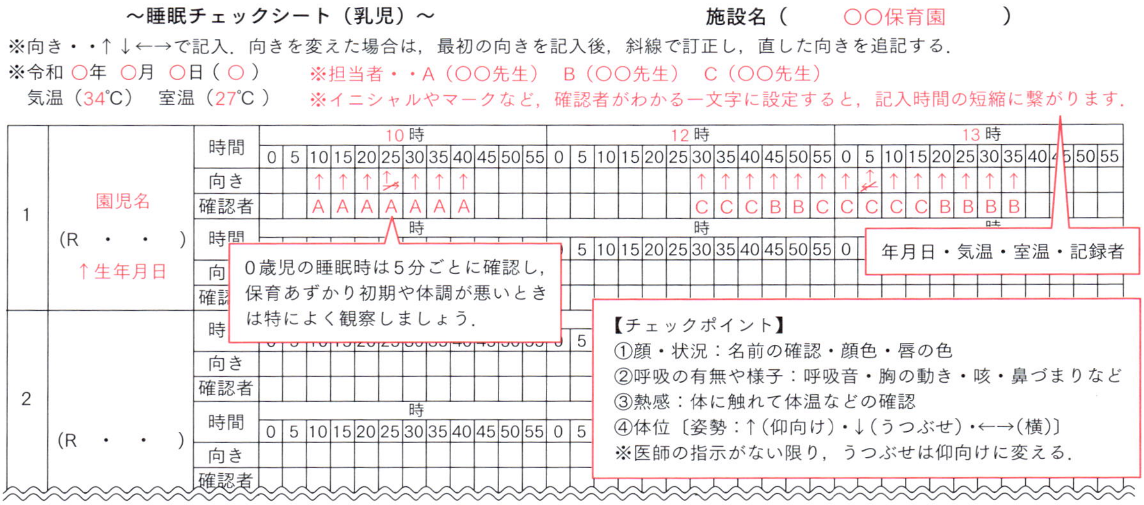

～睡眠チェックシート（乳児）～　　　　　　　　　　施設名（　　　○○保育園　　　）

※向き・・↑↓←→で記入．向きを変えた場合は，最初の向きを記入後，斜線で訂正し，直した向きを追記する．
※令和 ○年 ○月 ○日（○）　　※担当者・・A（○○先生）　B（○○先生）　C（○○先生）
　気温（34℃）　室温（27℃）　　※イニシャルやマークなど，確認者がわかる一文字に設定すると，記入時間の短縮に繋がります．

| | | 時間 | | | | | | | | 10時 | | | | | | | | | | | | | 12時 | | | | | | | | | | | | | 13時 | | | | | | | | |
|---|---|---|---|---|---|---|---|---|---|---|---|---|---|---|---|---|---|---|---|---|---|---|---|---|---|---|---|---|---|---|---|---|---|---|---|---|---|---|---|---|---|---|---|---|---|
| | | | 0 | 5 | 10 | 15 | 20 | 25 | 30 | 35 | 40 | 45 | 50 | 55 | 0 | 5 | 10 | 15 | 20 | 25 | 30 | 35 | 40 | 45 | 50 | 55 | 0 | 5 | 10 | 15 | 20 | 25 | 30 | 35 | 40 | 45 | 50 | 55 |
| 1 | 園児名 | 向き | | ↑ | ↑ | ↑ | ↗ | ↑ | ↑ | ↑ | | | | | | | | ↑ | ↑ | ↑ | ↑ | ↑ | ↑ | ↑ | ↗ | ↑ | ↑ | ↑ | ↑ | ↑ | ↑ | | | | | | |
| | (R ・ ・) ↑生年月日 | 確認者 | | A | A | A | A | A | A | A | | | | | | | | C | C | C | B | B | C | C | C | C | C | B | B | B | B | | | | | | |
| | | 時間 | 時 | | | | | | | | | | | | 時 | | | | | | | | | | | | 時 | | | | | | | | | | | |
| | | 向き | | | | | | | | | | | | | | | | | | | | | | | | | | | | | | | | | | | | |
| | | 確認者 | | | | | | | | | | | | | | | | | | | | | | | | | | | | | | | | | | | | |
| 2 | (R ・ ・) | 時間 | 時 | | | | | | | | | | | | 時 | | | | | | | | | | | | 時 | | | | | | | | | | | |
| | | 向き | | | | | | | | | | | | | | | | | | | | | | | | | | | | | | | | | | | | |
| | | 確認者 | 0 | 5 | 10 | 15 | 20 | 25 | 30 | 35 | 40 | 45 | 50 | 55 | 0 | 5 | | | | | | | | | | | | | | | | | | | | | | |

0歳児の睡眠時は5分ごとに確認し，保育あずかり初期や体調が悪いときは特によく観察しましょう．

年月日・気温・室温・記録者

**【チェックポイント】**
①顔・状況：名前の確認・顔色・唇の色
②呼吸の有無や様子：呼吸音・胸の動き・咳・鼻づまりなど
③熱感：体に触れて体温などの確認
④体位〔姿勢：↑（仰向け）・↓（うつぶせ）・←→（横）〕
※医師の指示がない限り，うつぶせは仰向けに変える．

**図4　睡眠時観察表の例（0歳児用）**

0歳児は5分ごとにチェックする．
〔沖縄県ホームページ．～睡眠チェックシート（乳児）～．https://www.pref.okinawa.jp/_res/projects/default_project/_page_/001/008/203/suimin_check-rei.pdf〕

## 乳幼児突然死症候群

SIDS : Sudden Infant Death Syndrome

　乳幼児突然死症候群（**SIDS**）とは，「それまでの健康状態および既往歴からの死亡が予測できず，しかも死亡状況調査および解剖検査によってもその原因が同定されない，原則として1歳未満の児に突然の死」をもたらす症候群である（厚生労働省，2012）．

　SIDSは12月以降の冬期に発症しやすい傾向があることから，平成11年度から毎年11月をSIDSの対策強化月間と定め，SIDSに対する社会的関心を喚起するため，発症率を低くするポイントなどの重点的な普及啓発活動（表1）を実施している（厚生労働省，2012）．

厚生労働統計協会『国民衛生の動向2022/2023』2022. p.104.

　新生児・乳児の死因の第1位は，先天奇形，変形および染色体異常，第2位は周産期に特異的な呼吸障害などであり，それに次ぐ第3位がSIDSである．死因総数に対する割合では，日本のSIDSによる年間の乳児死亡数は2021年では68人，出生10万に対する死亡率は8.4と平成9年の538人に比べ減っている（厚生労働統計協会，2022）．

　SIDSは主に睡眠中に発症し，2〜6か月の乳児期に多いが，まれに1歳以上で起こることもあり，その原因についてはさまざまな角度から検討されているが明らかではない．また，SIDSのリスク因子として1998年に厚生省（現厚生労働省）では「うつぶせ寝」「父母の習慣的喫煙」「非母乳栄養」などを公表し，医療従事者・保育関係者・一般の人々に対して，SIDSの予防に関する啓発活動として母子健康手帳への情報記載やポスターやSNSでの発信により広く情報提供を行っている．

**3　生活の援助　睡眠編**

#### 表1　SIDS の発症リスクを低くするための 3 つのポイント

| ポイント 1　1 歳になるまでは，寝かせるときはあおむけに寝かせる |
|---|
| SIDS は，うつぶせ，あおむけのどちらでも発症しますが，寝かせるときにうつぶせに寝かせたときの方が SIDS の発症率が高いということが研究者の調査から分かっています．医学上の理由でうつぶせ寝を勧められている場合以外は，赤ちゃんの顔が見えるあおむけに寝かせましょう．この取組は，睡眠中の窒息事故を防ぐうえでも有効です． |
| ポイント 2　できるだけ母乳で育てる |
| 母乳育児が赤ちゃんにとっていろいろな点でよいことはよく知られています．母乳で育てられている赤ちゃんのほうが SIDS の発症率が低いということが研究者の調査から分かっています．できるだけ母乳育児にトライしましょう． |
| ポイント 3　保護者などはたばこをやめる |
| たばこは SIDS 発症の大きな危険因子です．妊娠中の喫煙はおなかの赤ちゃんの体重が増えにくくなりますし，呼吸中枢にも明らかによくない影響を及ぼします．妊婦自身の喫煙はもちろんのこと，妊婦や赤ちゃんのそばでの喫煙はやめましょう．これは，身近な人の理解も大切ですので，日頃から喫煙者に協力を求めましょう． |

〔子ども家庭局母子健康課．11 月は「乳幼児突然死症候群(SIDS)」の対策強化月間です．厚生労働省．2022.〕

**引用文献**
- 厚生労働省『乳幼児突然死症候群(SIDS)診断ガイドライン 第 2 版』2012.
- 沖縄県ホームページ．～睡眠チェックシート(乳児)～．https://www.pref.okinawa.jp/_res/projects/default_project/_page_/001/008/203/suimin_check-rei.pdf(最終閲覧：2025 年 1 月 8 日)
- 子ども家庭局母子保健課．11 月は「乳幼児突然死症候群(SIDS)」の対策強化月間です．
- 厚生労働省．2022. https://www.mhlw.go.jp/stf/houdou/0000181942_00007.html(最終閲覧：2024 年 9 月 6 日)

**参考文献**
- 中根淳子，佐藤益子，編『新版子どもの保健Ⅱ』ななみ書房．2017. p.33，36-8.
- 三池輝久『赤ちゃん学で理解する乳幼児の発達と保育第 1 巻 睡眠・食事・生活の基本』中央法規．2016. p.6.
- 大熊輝雄．『睡眠の臨床』医学書院．1981. p.12.
- 奈良間美保．日常生活の自立と世話 睡眠の世話．『系統看護学講座 小児看護学概論 小児臨床看護総論 小児看護学 1』医学書院．2020. p.67，68，103，104
- 両角理恵．子どもの生活習慣．鈴木美枝子，編集『これだけはおさえたい！保育者のための子どもの健康と安全』創成社，2020. p.193.
- 三池輝久『赤ちゃん学で理解する乳幼児の発達と保育第 1 巻 睡眠・食事・生活の基本』中央法規．2016. p.7.
- 大川匡子．睡眠の生物学的発達―睡眠とそのリズム．小児看護．2005：28(11)．1451.
- 大橋喜美子．乳児の保育と思春期の育ち．『新時代の保育双書 乳児保育 第 2 版』みらい．2016. p.28.
- 永渕美香子．デイリープログラムの実際について学ぶ．相浦雅子ら，編『Let's have a dialogue! ワークシートで学ぶ保育実習』同文書院．2020. p.52-3.
- 石丸るみ．保育の基本用語の意味を確認しよう．長島和代，編『これだけは知っておきたい わかる・書ける・使える 保育基本用語 改訂 2 版』わかば社．2021. p.73.
- 堀妙子．睡眠の世話．『系統看護学講座 小児看護学概論 小児臨床看護総論 小児看護学 1』医学書院．2020. p.67.
- 善本眞弓．乳児生活の基本．小山朝子，編『講義で学ぶ乳児保育』わかば社．2019. p.89.
- 厚生労働統計協会『国民衛生の動向 2022/2023』2022. p.104.

演習編

# 生活の援助　着脱編

**学習のポイント**
1. 衣服の種類と選び方について学ぶ
2. おんぶ紐・抱っこ紐の使い方を知り，手順を身につける
3. 着替えの自立に向けた援助，配慮について学ぶ
4. 発達に沿った援助方法を理解する

## 衣服の機能と着脱援助

　子どもたちは，生活のなかで「暑いな」「(服が汚れて)気持ち悪いな」「(服がゴワゴワして)窮屈だな」といったような"不快"が，着替えたり脱ぎ着をしたりすることで「さっぱりした」「気持ちよくなった」という"快"の感覚に変わる．

　このように毎日の繰り返しの経験を通し，清潔で着心地のよい衣服に対する感覚が育っていく．そして，必ず「気持ち悪かったね」「嫌だったね」または「さっぱりしたね」「気持ちいいね」と，心を込めた言葉かけをしながら着脱援助をすることを忘れないように心がける必要がある．

### 1. 衣服の種類と選び方

　子どもは保育施設で鬼ごっこをしたり，遊具で遊んだり，砂遊びをしたりして体を動かして過ごす．その際に衣服が汚れたり，ドアや遊具などに引っかかるなどの危険があること(図1)を入園前の説明会などで具体的に保護者に伝える．

図1 注意が必要な服装

## ■首が座る前（ねんね）の時期

- 乳児は体温調節機能がまだ十分でないため，季節や室温に応じて，ベストなどを重ねたりして衣服を調節する．
- 実際に乳児の背中に手を入れたり，えり首を触ったりして汗ばんでいないか，手足が冷たくなっていないかを確かめたりするとともに，顔色や機嫌を見て判断する．
- 前開きの服が脱ぎ着をさせやすい．着替えるときは，肌着と衣服を合わせて準備しておくとよい．
- 首が座る前（ねんね）の時期は，背中側の衣服にしわが寄っていると，寝心地が悪くなるため，最後に衣服のしわを伸ばす．

## ■寝返り，ハイハイの時期

- 寝返りやハイハイでの移動のときにお腹が出ないように，上下つなぎのロンパースやカバーオールのような服がよい．

ロンパース　　カバーオール

▍つかまり立ち，一人歩きの時期

- 自分で着替えようとする時期以降は，脱ぎ着しやすい衣服（柄があり前後がわかりやすいもの，上下分かれたタイプのもの）を選び，シャツの絵柄などを見せて，一緒に前を確認しながら着脱援助をする．

柄のついたTシャツ　　ゴムの短パン

**演習　考えてみよう**

子どもにとって適切な衣服とは，どんな衣服か考えてみよう．

**衣服選びのポイント**

1. 清潔な衣服の着用：保育施設では，子どもたちが清潔な状態で過ごせるよう，毎日清潔な衣服を着用させることが重要である．とくに季節や天候に合った服装を選ぶよう心がける．
2. 季節に応じた服装：寒い季節には暖かい服を，暑い季節には涼しい服を選ぶ．適切な素材の衣服を選ぶことで，子どもたちが快適に過ごせるようにする．
3. 動きやすい服：子どもたちは遊びや学習を通じて活発に動く．動きやすく，子どもたちが自由に遊べる服装を選ぶ．
4. 安全性：衣服にはボタンやジッパーなどの小さな部品が付いていることがある．子どもたちが安全に過ごせるよう，衣服のデザインに注意する．

## 2. おんぶ紐の使い方（図2）

　乳児は，不安なときには，保育者の体に密着する抱っこやおんぶにより安心感をもつ．泣いたときなどには，赤ちゃんの気持ちに共感しながら抱っこやおんぶで対応するとよい．

　また，おんぶ紐は手が空くため，災害時の避難にも活用できる．おんぶ紐を使うときには使用方法を確認し，乳児を落とすことがないよう安全に気を付ける．

4 生活の援助 着脱編

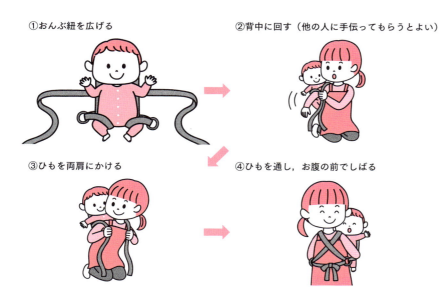

- 授乳直後は嘔吐予防のためにもおんぶを避ける．
- 途中で眠った場合は降ろす．あまり長時間おんぶしたままにしない．
- 保育者の髪，ヘアピンなどが子どもに当たらないように注意する．
- 体が離れないように密着させておんぶする．
- おんぶにも抱っこにも使用できるものや，バックルタイプなどもある．

図2　おんぶ紐の使い方（ひも式タイプ）

## 着脱の自立

　1歳以上3歳未満児の子どもは，毎日繰り返されることについては，その流れや手順について「こうすればこうなる」とある程度の予想ができるようになってきており，自分なりに工夫して取り組もうとする姿がみられることも多い．

　保育者は，こうした子どもの自分でしようとする気持ちを尊重して見守ることが重要であり，毎日の繰り返しの生活のなかでさまざまな習慣が身に付く．たとえば，おやつを食べたら外に行くことが習慣となり，おやつが終わると，今か今かと，帽子を取りに行ってかぶろうとしたり，靴下を持ってきて履こうとしたりするような**主体的な行動がみられる．このようなときは，急かしたり手伝ってしまったりするのでなく，子どもの行動をゆとりをもって見守り，さり気なく手助け**しながら，「できたね！外に行こうね」と，行動と言葉を一致させながら援助すると，子どもたちは，「帽子かぶったから，外に行けるんだ」という生活の見通しをもてるようになる．

　また，着脱に興味がもてるように，遊びながら楽しく着脱援助をしたり，できたらほめたりするなどの対応も大切である．

## 1. 着脱援助の基本

### 安心できる保育者との関係性

着脱のような生活行為は，汗をかいたり汚れたりして着替えるとき，おむつを替えるときなど，毎日必ず複数回行われる．

子どもの情緒の安定を図るためには，保育者が一体となって援助や関わりを行うことが必要である．

### 子どもがやってみようとする気持ちをもてるように

自分で着脱することが難しい，首が座る前の乳児でも，子どもと目を合わせながら，「お着換えをしようね」と声をかけることで，着脱に意識が向き，手足を動かそうとするような協力動作がみられるようになる．今何をしているかわかるように声をかけることは，安心するだけでなく，着脱という行為を理解することにもつながり，いつか「自分でやってみよう」につながっていく．

子どもの行為をスモールステップで（細かく区切って）とらえると，手助けをするポイントがみえやすくなる．

ズボンをはく行為は，つま先からズボンに入れる→かかとをズボンの裾から出す→足元からズボンを引っ張り上げる→おしりのところを引っ張り上げたら完了であるが，どこを手伝いしてあげればいいのか？この部分は自分でできるかな？と，子どもの発達や性格に合わせて見極めることが大切である．

- 簡単なことからやるよう促す：着るより脱ぐほうが，上着よりズボンやパンツのほうが，簡単で取り組みやすい．
- 最後のところをやるように促す：そしてできないところは，さり気なく手伝うと，自分でやれたという気持ちが，より感じられる．

### 身につくまでは，まだまだ支えが必要

- 2歳ごろになると，なんでも自分でやりたい気持ちが強い一方で，できるのに「やって」というときもある．
- やることを保育者が見守ってくれたり，ほめてくれたりするから頑張れるなど，まだまだ支えは必要な時期である．

---

**ポイント**

ズボンは引っかかりやすいおしりの部分で上げるのを手伝うとよい．また，靴下はかかとを合わせるのが難しいが正しい向きで履かせると，引っ張り上げることはできる乳児も多い．

 **考えてみよう**
着替えをぐずる子どもに対して,そのほかにどんな関わりがあるか考えてみよう.

**言葉かけの注意点**
　子どもの気持ちを理解しようとせず,自分で着替えることを強要するような言葉かけは不適切な可能性がある.とくに言葉で表現できない子どもたちは,家庭の様子を聞いたり,子どもをしっかり観察したり,保育者間で話し合ったりし,子どもの思いに気づいてあげたい.

### ▍家庭と連携し,家庭の様子も踏まえて子どもの把握をする

　家庭と連携し,子どもの把握をすることが,子ども理解の手がかりとなる.子どもの好きなものは何か,子どもの苦手なものは何か,家庭環境に変化はないか,などを把握することで,子どもの行動が何を表しているのかが理解しやすくなる.

　保育施設での子どもの様子を家庭に伝えることで,家庭と保育施設が同じ目線で子どもに対応できることも重要である.

> **演習 考えてみよう**
>
> 主体的に行動できる自立心を育てるためには，どんな声かけや働きかたが適切だろうか．考えてみよう．
>
> できないところをさり気なく手伝う場面を具体的に想定してみよう．

> **自立心を育てるためのポイント**
>
> 子どもの主体的な行動を否定せず，見守ることが大切である．そして，その行動に言葉を添えて援助することで，子どもたちは今していることが少しずつわかり，生活の見通しがもてるようになる．
>
> 子どもたち自らが，「自分でやっている」という気持ちや，見守られるなかで「認められている」という気持ちが育ち，自己肯定感の育ちにつながっていく．

> **演習 考えてみよう**
>
> 衣服の着脱における，子どもの思いを汲み取った援助をするための視点について考えよう．

> **援助にあたっての視点の例**
>
> 例1：メグちゃんは，猫ちゃん（ぬいぐるみ）が好きだから，猫ちゃんに見てもらえると頑張れるかな．
>
> 例2：最近夜泣きがあるみたい．何が原因かわからないけど，お昼ごろから機嫌が悪くなるのはそのせいかな．早く寝られるよう，昼寝前は保育者が着替えさせようかな．
>
> 例3：リクくんは，ズボンをはくのは難しそうだけど，家で挑戦しようとしてるんだ．やれないところを少し手伝って，はけた！という気持ちをもたせたいな．

## 2. 年齢発達に沿った援助方法―まとめ

### ■ 0歳児に対する援助

- してもらうことが多くても，行為の主体は子どもだと意識して援助する．
- 大人のペースで，「さっさとやってしまおう」とするのでなく，子どもが理解できるペースに合わせる．
- 保育者は，「今何をしているか」を言葉にして子どもに伝える．子どもが行為に意識を向け，自分の行為ととらえられることが大切である．

## 1，2歳児に対する援助

- 自我の芽生えの時期の子どもは，なんでも自分でやりたがるため，子どもにできることは任せる．
- 「ジブンデ」できるよう環境を整える．
- 家庭との連携により，脱ぎ着しやすい服を用意してもらう．

## 2歳児に対する援助

- 子どもの自尊心を損なわないように「少し手伝ってもいい？」と確認し，必要な個所を援助する．
- 子どもが自分でできたことを認め，子どもの満足感，達成感を受け止め，次への意欲を育てる．ただほめるだけでなく，何がどのようにできたかを具体的に伝え，子ども自身ができたことをわかるようにする．

　保育者という仕事のやりがいは，子どもの成長を保護者とともに喜び合えることである．

　保護者と保育者の思いにずれがあり，子どもへの目標が一致しないこともある．しかし，保育のなかでの具体的な子どもの姿を伝えたり，保護者の思いをしっかり聞いたり，家庭と保育施設が子どもの育ちの目標を共有していくことで，両者が温かく子どもの育ちを見守ることができるのである．

> **ポイント**
> 
> **ただほめるだけの例**
> 「〇〇ちゃん上手〜！」
> 具体的なほめ方の例：
> 「〇〇ちゃん，今日はズボンはけたね．おしりのところ，難しかったよね．先生手伝おうと思ったら，「えい！っておしり入っちゃったね！すごいね」

**参考文献**
- 厚生労働省『保育所保育指針〈平成29年告示〉』フレーベル館．2017．
- 志村聡子ら．『はじめて学ぶ乳児保育 第三版』同文書院．2022．
- 経済産業省．子ども服の安全基準，知っていますか？（JIS L4129）．

子どもがズボンをはきやすいように
牛乳パックで作成した椅子

演習編

# 生活の援助　清潔編

> **学習のポイント**
> ❶ 沐浴と清拭の仕方を学ぶ
> ❷ 清潔習慣（手洗い，歯磨き，鼻かみ）と援助方法を学ぶ

## 沐浴と清拭

　清潔の習慣は，体験を通してその意味を知ることで，子どもは行動に伴う心地よさの感覚を覚え，その必要性を少しずつ理解できるようになる．子どもと一緒に行いながら，自分の体が清潔になることが"気持ちがよい"という体験を重ねていく．

### 1. 沐浴

　沐浴は乳児の体の清潔を保つために行う．なお沐浴は血行がよくなり新陳代謝を促す，食欲が増し，寝つきをよくする，全身の観察ができ，スキンシップをとることができるなど，汚れを落とすだけでなく，乳児と保育者のコミュニケーションの場面としての効果もある．

　そのため，沐浴の援助が作業的にならないよう，「お風呂に入るよ」「お顔拭くね」「気持ちがいいね」など，大人が乳児にしている動きを言葉にしながら関わり，乳児が沐浴の時間を楽しく心地よいものだと思えるよう，笑顔で優しく関わることが大切である（表1）．

　沐浴は保育のなかでも，準備や片づけを含めとても大変な作業となるため，保育者は腰を痛めないよう，膝から体を下ろす．なお保育施設では，温かいタオルでの清拭での代用や，汗の多い夏季にはシャワーを行う場合もある．

**表 1　沐浴のポイント**

- 日中の毎日同じぐらいの時間に入れる
- 空腹時や授乳後すぐの沐浴は避ける
- お湯につかる時間は 7 分程度にする
- 急に服を脱がせると不安に思うため，胸にガーゼを当てるとよい
- 体調がすぐれないとき（発熱，機嫌が悪い，元気がなくぐったりしている，下痢がひどいとき）は沐浴を避ける

## 沐浴の手順

　沐浴は以下の手順で行う.

| 手順 |
| --- |

①子どもの衣類を脱がせ，胸にガーゼを当てる

②子どもの頭部，おしりを支え，足からお湯に入れる

③沐浴槽とは別の容器（洗面器）の中にガーゼを入れて湿らせ，固く絞ったら図 1 の番号順に顔を拭く

④頭，首，脇の下，お腹の順に洗う

⑤腕や手，足，性器，肛門を洗う

⑥子どもを支える手を替え，後ろ向きの状態にしたら，首の後ろ，背中，おしりの順に洗う

⑦体を洗い終えたら，お湯に入れ，体を温め，最後に上がり湯をかける

⑧お湯から上がったら，バスタオルで全身をくるみ，身体を拭く

⑨子どもの顔を横向きにして，綿棒で水分を拭き取る

⑩服を着せ，水分補給をする

> **演習 考えてみよう**
> 乳児が沐浴の時間を楽しく心地よいものだと思えるようにするためには，どのような援助がよいか考えよう．

### ■清拭

　清拭は沐浴ができないときに，全身を清潔にするために行う．また，排便後や発汗時などには部分的に行うこともある．室温は24〜26℃くらいが適温で，お湯につけて絞ったガーゼを使用し，拭くときにガーゼの温かさが40℃程度になるよう調整する(図1)．

　沐浴と異なりお湯につからないため，拭く部分以外はバスタオルで覆ったり，服を着せておくなどし，手早く行うようにする．

　また，清拭の際は顔も一緒に拭く．乳児の肌は新陳代謝が活発なため，お湯で湿らせたガーゼで拭き取るだけで清潔を保つことができる．ガーゼが目に入らないよう気をつけながら，丁寧に素早く拭き取る．

　ガーゼで顔全体を覆ってしまうと乳児が不安に思うため，少しずつ拭くようにする．

> **演習 やってみよう**
> 人形などを使って実際に清拭をしてみよう．

- 顔と頭から拭く．40℃ぐらいが適温だが，すぐにタオルが冷えてしまうので，熱めのお湯にタオルをつけて絞る．保温庫があると便利である．
- 上から下方向に拭く．最後に陰部と肛門を拭く．乾いたタオルで水分を拭き取る．

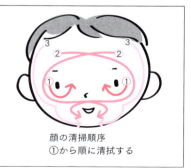

顔の清掃順序
①から順に清拭する

**図1 清拭のポイント**

5 生活の援助 清潔編

## 清潔習慣の始まりと援助

　清潔習慣に関して，1歳ごろになると手の汚れが気になり洗いたがるようになるが，習慣づけの始まりは乳児からと意識して，保育者が，さっとやってしまうのでなく，丁寧に声をかけながら援助する．

　また，習慣の形成は，保育施設だけでなく家庭との連携も必要で，個々の家庭での様子を聞いたり保育施設での様子を伝えたりするなど，共有して進めることが大切である．

### 1. 手洗い

　手を拭く習慣は，乳児期においては大人が拭くようにする．その際に「きれいきれいしようね」など，やさしく声をかけながら清潔になることの心地よさを伝えていく．

　1歳ごろからは，自分で洗うことを徐々に体験できるようにする．手が汚れていたら「汚れちゃったから，きれいにしようね」などと声をかけ，洗面台の前

▎**手洗いの手順**

| 手順 |
|---|
| ①手を水でぬらす |
| ②石鹸を手に取り泡立てる |
| ③手のひらを洗う |
| ④手の甲を洗う |
| ⑤指の間を洗う |
| ⑥指先を洗う |
| ⑦親指を洗う |
| ⑨手首を洗う |

きらきら星の替え歌で
「手のひら洗おう
手の甲も洗おう
指の間と
爪の中も
親指ぐりぐり
手首でおしまい」

179

で保育者も一緒に手を洗う．「せっけん，いいにおいだね」「バイキン，バイバイしようね」など，親しみのもてる声かけをしながら子どもの手洗いを援助する．洗った後は，手の匂いをかぎながら「いいにおいだね」「きれいになったね」「気持ちいいね」など，きれいになることの心地よさを伝えながら，習慣づけていく．

また，子どもが自分ですぐに手を拭けるように近くにタオルを用意する．保育施設のような複数の子どもがいる場所での手洗いは個人のタオルを使い，自分のものとして管理できるような工夫をする．

汚れたものをきれいにすることは大切だが，大人が神経質になりすぎると子どもが汚いものに触ることを嫌がるようになり，その結果，遊びの幅が広がらなくなることもあるため，声のかけ方には気を付ける．

**考えてみよう**

- さっき洗ったばかりなのに，また汚しちゃった．
- 牛乳に手を突っ込んじゃって，服もまた着替えさせなくっちゃ．

このようなとき，どのように声をかけるか考えてみよう．

**汚れることのとらえ方**

大人でも，きれいにすることに対し価値観が異なります．自分本位の価値観を押し付けていませんか？

子どもは汚すもの（好奇心旺盛で主体性があるととらえましょう），汚れたってまた洗えばいいよね，というおおらかな気持ちで接しましょう．

## 2. 歯磨き

　家庭における歯磨きは，落ち着いた環境でじっくりできるが，保育施設では複数の子どもが同時に同じ場を共有して歯を磨くため，歯ブラシを口に入れたまま友達と話したり，動き回ったりするなどの危険を伴う可能性がある．

　そのため，保育施設では子どもが落ち着いて歯磨きができるよう，その危険性について伝える，食事が終わった子どもから順番に手洗い場を使用するなどの指導の工夫が必要である(表2)．さまざまな条件とリスクを考慮したうえで歯磨きの習慣作りをしていくが，食後にお茶を飲む，口をすすぐことから始め，3〜4歳児ごろから歯磨きを行うことが多い．

#### 表2　歯磨き援助のポイント

- 歯ブラシの持ち方を伝える
  おはようの持ち方(上向き)とさよならの持ち方(下向き)がある[*1]
  3分ぐらいを目安に，毎日は難しいが虫歯予防デーなどには正しい磨き方を伝える
- 歯磨きをしながら歩き回ると危険であることを伝える
- 歯ブラシは広がったら取り換える
- 毎日の習慣がとても大切．歯磨きシールカレンダーなどを活用し，習慣づくようにする[*2]
- 歯磨きをする前は，年齢に応じて食後にガーゼを湿らせ歯を拭いたり，お茶を飲ませたり，うがいをしたりすることから，歯の清潔について伝えていく

*1：上の歯の裏側はさよなら持ち，下の歯の裏側はおはよう持ち．右側と左側は歯ブラシを持ち替える．
*2：とくに家庭の協力が必要．便りなどを通し，家庭の協力を呼びかけるとよい．また，家庭ではゆったりとした環境のなかで，仕上げ磨きの習慣も作れるとよい．

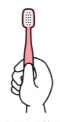 

おはよう持ち　　さよなら持ち

## 3. 鼻かみ

　子ども自身が鼻をかむことができるまでは，保育者が援助しながらその手順を示す（図2）．子ども自身でかむことができるよう，声かけや援助をするが，3歳未満児はまだ上手にできないため，自分でやりたがっても仕上げで拭き取ってあげることが大切である．

　子どもが鼻をかむときは，鏡を使って子どもに汚れている部分を見せ，「汚れているからきれいにしようね」などと声をかけて気づかせる．その後，保育者が鼻をかむ動作を一つひとつ丁寧にゆっくりと子どもの目の前で実際にやって見せる．そして，子どもにテイッシュを渡し，かみ方を教えることが大切である．

お鼻いっぱい出てるね．きれいきれいしようね．

テイッシュを折ってお鼻につけて「フーン」ってできるかな．

わあ！すっきりしたね．鏡見てごらん．（可愛くなったよ．お姫様みたいね．）

- このフーンが難しい．できなくても根気強く伝える．偶然できたときには，しっかりほめてあげるとよい．
- 鼻の左側と右側を交互に軽く押さえてあげる．両方押さえると耳に負担がかかるので気を付けたい．

- 子どもが喜ぶことを言ってあげる．

図2　鼻かみ時の声かけの工夫

**参考文献**
- 高内正子ら，編著『健やかな育ちを支える 乳児保育Ⅰ・Ⅱ』建帛社．2019.
- 西村真美『育児担当制による乳児保育──子どもの育ちを支える保育実践』中央法規．2019.

演習編

# 体を動かす遊び

**学習のポイント**
❶ 身体を使った遊びにおける保育者の役割や援助のポイントを学ぶ
❷ 3歳未満児の身体を使った遊びの具体例を知る
❸ 園外保育時の援助と配慮事項について学ぶ

## 室内遊び

### 1. 発達の特徴と遊びの紹介

#### ■0歳児前半

　子どもは生まれながらに母親の顔を認識できる程度の視力や，敏感な聴力をもっている．生後間もない子どもにとって「見ること，聞くことが遊びの始まり」（金子ら，2011）であり，音のするものやゆっくりと動くものに興味を示し，じっと見つめたり聞いたりする．

　生後2～3か月ごろになると**ハンドリガード**がみられるようになり，自分の身体を見たり，なめたりすることを通して，自分自身の身体を認識していく．

　首すわりは，子どもの運動機能の発達をみるうえで重要なポイントである．2か月ごろから，**機嫌のよいときには遊びのなかに腹ばいの姿勢を取り入れ，いつもと違う視界を一緒に楽しむことで発達を促していきたい**．首がすわったら「たかいたかい」や体を揺らす遊びなど，全身を使う遊びを取り入れていく．いずれの時期も，子どもと目を合わせながら温かい言葉をかけ，優しくゆったりとした動きで遊ぶことを心がける．

金子龍太郎，吾田富士子，監『保育に役立つ！子どもの発達がわかる本』ナツメ社．2011．p.40．

### ■0歳児後半

おすわりやハイハイができるようになると，周囲にある物への興味がますます強まる．好奇心にあふれ，自分の意志と力で自由に移動できることを喜び**探索行動**が活発になる．この時期には「待て待て遊び」や，トンネルくぐりなどを通してハイハイで移動する動きを促し，平衡感覚や腕で上体を支える力を養う．子どもをつかまえたときや目的を達成したときに，ぎゅっと抱きしめながら共感する言葉をかけると，遊びにめりはりが出て満足感にもつながる．

10か月ごろになるとつかまり立ちをはじめ，その後，伝い歩きへと発展していく．子どもの胸あたりの高さの台やついたてなどを用意し，立ったまま遊んだり，伝い歩きをしたりできる環境を用意する．応答的な関わりを大切にして，立ったり歩いたりできることの喜びに共感し，意欲につなげていく．

子どもの行動範囲が広がり動きも活発になるこの時期は，室内に誤飲につながる危険な物はないか，転倒の危険がないか，万が一転倒してもけがにつながらないかどうかなど，安全面に十分気を付ける．

また，おすわりが安定してくると，両手を活発に動かして遊ぶことができるようになる．手の平全体で物をつかんだり，それを左右の手で自由に持ち替えたり，さらには両手に持った物を打ち合わせたりする動きが可能になる．子どもが握りやすい大きさや形のおもちゃを用意して，一人ひとりの遊ぶ様子をじっくりと観察しながら，子どもがどんなことを発見し，どこに面白さを感じているかを汲み取り，共感していくことが大切である．

**遊びの紹介（0歳児後半） イモムシさんぽ**

- 足の親指を立てて床を蹴っているか，手の平と手指を広げて床につけているかを確認しながら，必要に応じて保育者が手を添えて，感覚をつかめるよう援助する．
- 保育者が食べ物のイラストを付けたタンバリンを持ち，子どもの正面から声をかけ，ハイハイの動きを誘導する．保育者のところまで来た子どもがタンバリンにタッチして音を鳴らしたり，保育者と「あむあむ…おいしいね」と食べる真似をしたりすることで，遊びにめりはりがでる．

### 1歳児

　1歳児前半には一人歩きができるようになり，積極的に歩こうとする姿がみられるようになる．自分で歩きたいという意欲を大切にして，十分なスペースと安全を確保し，保育者は温かく見守りながら歩ける喜びに共感していく．

　1歳児後半には歩く方向や速度を変えるなど，歩き方に変化がつけられるようになり，さらに，横たわる，座る，立つというような体位の変換を自在にできるようになる．巧技台®で四つばいになったり，小さな段差を登り降りしたりと，遊びながら自然に全身を使う動きを誘導し，運動機能の発達を促していく．

　また，このころには手指操作も発達が進んでくる．押す，つまむ，めくる，積む，入れる，出す，開ける，閉める，なぐり描きをするなど，さまざまな動きが可能になる．子どもの発達段階と興味・関心に応じて一人でじっくりと取り組める環境を設定し，手指の発達だけでなく思考力や創造力の育ちにもつなげていく．

> **キーワード**
> 巧技台®
> 組み合わせ方によって，はしご渡りやすべり台などとして使用でき，乳児期に経験しておきたい「登る」「降りる」「渡る」「すべる」などの多様な遊びを経験できる室内遊具．
> 〔オオニシ体育株式会社．巧技台®．〕

### 2歳児

　2歳児前半には歩行が安定し，鉄棒のぶら下がり，地面に手をついて片足を上げる，股のぞきをするなど，複雑な動きが可能になる．また，速い―遅い，強い―弱いなど，動きの調整も可能になり，保育者の言葉に合わせて動きを変える遊びを楽しむことができるようになる．

　2歳児後半には早さを意識して走ることができるようになり，片足立ち，両足ジャンプも可能になる．手作りの簡易平均台でバランスをとりながら歩いた

**遊びの紹介（2歳児）　ワニに気をつけて！**

- 牛乳パックで作った平均台を置き，バランスをとりながら落ちないように渡っていく．
- 子どもが「少し難しいな」と感じられるようにあえて平均台の幅は狭めに作り，挑戦する楽しさを味わえるようにする．
- 周りを海や川に見立てて，「落ちたらワニに食べられちゃうから，ゆっくりね！」と「つもり」の世界を楽しみながら，身体の動きをコントロールして渡れるように促す．

り，縄跳びを踏まないようにまたいだり飛び越したりして，バランス感覚や身体の動きをコントロールする力を養っていく．この時期には，平均台を橋に見立てたり，縄跳びをヘビに見立てたりして，つもりの世界を楽しむことで遊びも一層盛り上がる．

このころになると，手指は細部の運動機能の発達期に入る（金子ら，2011）．ボタンをはめたり，粘土をねじったり，引っ張ったりする，はさみを使うなど，目と手の協応や左右の手の協応が可能になる．洗濯ばさみ遊び，ひも通し，粘土遊びといった手指を使った遊びを取り入れ，「できた！」という達成感や満足感を味わいながら自信につなげていく．保育者は子どものイメージを引き出せるような言葉をかけ，見立てたりつもりになったりして遊ぶことを楽しめるようにする．

金子龍太郎，吾田富士子．監『保育に役立つ！子どもの発達がわかる本』ナツメ社．2011．p.114．

### 事例　ハイハイ，楽しいね（0歳児〈11月〉）

0歳児クラスの子ども達が室内遊びをしていたときのこと．おすわりをしていたカナの姿に気づいた保育者が，少し離れた場所からぬいぐるみを持って「カナちゃん，いないいな〜い，ばぁ！」と言って自分の背中からぬいぐるみをのぞかせた．するとカナはニコッと笑い，そのぬいぐるみをめざしてハイハイしてきた．その後も，ぬいぐるみがカナから逃げるような動きを保育者がしてみせると「キャッキャッ」と声を出して喜びながら，ハイハイで追いかけて楽しんでいた．

#### 考えてみよう

ハイハイで移動する動きは，子どもの身体機能の育ちにおいて大切であり，歩きはじめた後でも積極的に遊びのなかで取り入れ経験できるとよい．そこで，乳児期の子ども達がする遊びを想定し，ハイハイを取り入れた遊びを考えてみよう．

### 考えてみよう

乳児期の身体の発達を理解したうえで，以下の設問について考えてみよう
①リズム体操や絵本には，子どもが楽しみながら自然に身体を動かすことを促せるものがたくさんある．そのなかで，各年齢の子どもが楽しめるものを調べ，実践してみよう．
②さまざまな手指操作ができるようになる1歳児の保育室には，子ども達の安全面，そして遊びの面でどのような環境構成が工夫されているのだろうか．実際に見たり聞いたりしたことも踏まえて，考えてみよう．

# 戸外遊び

## 1. 発達の特徴と遊びの紹介

### ■0歳児

　まだ自分の力では移動できない低月齢児にとっても，体調や機嫌，気候に気を付けながら外気浴をすることで，風を感じたり，鳥の鳴き声を聞いたり，草花に触れたりして五感を刺激することができる．

　ハイハイ，つかまり立ち，伝い歩きと，月齢によって個人差の大きい0歳児は，半戸外のような環境で自由に探索行動をしながら，全身を動かして遊べるようにする．子どもの成長に応じて，手押し車や可動遊具を用意し，身体機能の発達を促していく．子どもの行動範囲が広がり，室内以上に目が行き届きにくくなるため，思わぬ事故につながらないように安全面には十分配慮する．

　おすわりが安定してきたら，保育者がそばで見守りながら砂遊びも取り入れていく．まずは保育者が砂に触れて遊ぶ姿を見せて興味をもたせる．そして少しずつ手の平に砂を乗せて，感覚を味わえるようにする．慣れてくると自ら手指全体でかき寄せてつかんだり（熊手状把握），小さなシャベルや型抜きなどを握ってみたりするので，砂を口に入れないよう気を付ける．

**遊びの紹介（0歳児）** 立っちで遊ぼう

- 伝い歩きをはじめた子どもにとってつかまりやすい，胸あたりの高さの可動遊具を用意し，自分のペースで自由に移動できるような環境を設定する．
- 保育者は傍で見守りながら，励ましたり，歩ける喜びに共感するような言葉をかけたりして，意欲につなげていく．

### ■1歳児

　歩くことに慣れてきたら，ボール遊びを取り入れ，転がったボールを追いかける．保育者が転がしたボールを蹴るなどの経験を通して走る感覚やバランス感覚を養う．また，木製の板や台を組み合わせて傾斜をよじ登ったり，タイヤ

の上にマットを敷いてその上を歩いたりして，足の指を使うことを促したり，平衡感覚を養ったりするとともに，「できた！」という達成感を味わう経験につなげていく．

またこのころには，すくった物を容器に入れる，それを別の容器に移し替えるといった動きができるようになる．砂場遊びではシャベルやバケツを用意し，自分で砂を入れたり出したりすることを楽しめるようにする．

■2歳児

2歳ごろになると基本的な運動能力が高まってくる．戸外の広い空間で保育者や友達と追いかけっこをしたり，ボールを蹴ったり投げたりするボール遊びをしたりして，力いっぱい走ったり，身体の動きをコントロールしたりする力を養っていく．動きがダイナミックになる一方で，まだまだ周りに注意を払いながら遊ぶことは難しい．保育者は遊びの内容や子どもの人数に対して十分な広さを確保すると同時に，子ども同士がぶつからないように配慮することが大切である．

また，三輪車，フラフープ，滑り台，鉄棒などの運動遊具を使って，遊びながら全身のさまざまな動きを自然に引き出し，運動機能を高めるとともに，平衡感覚や空間認識力を養っていく．

手指の運動機能が発達してくるこの時期には，小さな木の実やさまざまな形や大きさの葉っぱを砂のケーキに飾り付けるなどして見立て遊びを楽しむ姿もみられる．自然物を使った遊びを通して，指先を使うこともさらに上手になっていく．

遊びの紹介（2歳児） こぶたとおおかみ

・保育者がオオカミ役になり，こぶた役の子ども達を追いかける．それぞれにお面があるとイメージを共有でき，遊びが盛り上がる．
・『オオカミなんかこわくない』の歌をみんなで歌う．歌い終わったら，オオカミにつかまらないように逃げる．
・逃げてもいい範囲をあらかじめ決めておくと，子ども達も遊びやすい．ただし，子どもの人数に応じて，危険のない十分な広さは確保する．

演習編

## 2. 園外保育

### 園外保育における安全を確保する

　子どもにとって園外保育は，五感を用いて見て，聞いて，触って，さまざまな発見や出会いを経験できるとても刺激的な時間である．保育者が子どもの指さし，つぶやき，目の輝きを逃さず受け止め，一緒に感動を味わうことで，その体験は子どもの心により深く刻まれる．

　しかしそのような楽しい体験を保障するためには，子どもの安全確保が重要である．子どもの人数確認は，出発時，到着時には必ず行うが，目的地で遊んでいる最中も複数の保育者で絶えず子ども達の居場所を把握できるように連携をとる．また，たとえ慣れている目的地であっても，事前にルートや目的地の安全確認をし，同行する保育者間で情報共有をする．さらに，子どもの人数に対して十分な保育者を配置し，先頭，最後尾はもちろん，必要に応じてどこに位置すると子どもが安全に歩行できるかを決めておくことも大切である．

　必要に応じてベビーカーや散歩車も活用し，歩行が安定していない子どもも安全に移動できるようにする．散歩車には複数の子どもが立った状態で同乗することも想定されるが，つかまったり踏ん張ったりする力には個人差があるため，転倒やそれによる他児への被害につながらないように気を付ける．場合によっては子ども同士のトラブルが発生し，噛みつきや引っ掻きが起こることもある．適切な人数を乗せることや，子どもの立つ位置を工夫することも大切である．また，子どもが興味をもった物に手を伸ばしたり，身を乗り出したりして転落するような事故が起こらないよう，散歩車に子どもが乗っているときは常に目を離さないようにする．

### 持ち物

　園外保育に出かける際は，急なアクシデントに備えるため，また子どもにとってより楽しい園外保育にするため，以下のものを基本にしてリュックサックなどの両手がふさがらない入れ物に入れて持っていく．

> ・緊急の連絡先　　・携帯電話　　・救急用品　　・着替え　　・おむつ
> ・おしり拭き(ウェットティッシュ)　　・ティッシュ
> ・ビニール袋(子どもの収集物を入れる際にも使うため，複数枚)
> ・水筒　　・タオル(手拭き用，濡れている遊具を拭く用)
> ・ブルーシート　　・おもちゃ(シャボン玉，パペットなどなじみのもの)

---

**キーワード**

**散歩車**
複数人の子どもを乗せて移動できる大型乳母車．保育施設では散歩時以外に緊急時の避難車としても活用する．

## 事例　そ〜っと，そ〜っと（2歳児〈9月〉）

　今日は保育者がトイレットペーパーの芯で作った望遠鏡を首からかけている．子ども達は興味津々で保育者を見ていた．保育者が「今日は探検に行くよー！」と言って元気に歩き出すと，子ども達も嬉しそうに後をついてくる．牛乳パックで作った平均台の近くまで来たときに，保育者が神妙な声で「この川にはワニがいるよ．橋から落ちないように，気を付けてね」と言うと，子ども達も真剣な顔で「うん」とうなづいた．

　平均台を渡るときの子ども達は，保育者の見本をよく見て，両手でバランスをとりながら「そ〜っと，そ〜っと」と歩き，無事に渡り終えると「やったー！もう1回やるー」と言って何度も楽しんでいた．

#### 考えてみよう

　この事例では，冒険ごっこを通して平均台を渡るという経験をした子ども達の姿が描かれていた．この冒険ごっこにはまだまだ続きがあると想定し，この後どのような体を使った遊びをするか考えてみよう．また，2歳児の発達の特徴をふまえ，保育者はどんな工夫をすると子ども達が安全かつ楽しめるか，援助のポイントについても考えてみよう．

### 引用文献

- 金子龍太郎，吾田富士子．監『保育に役立つ！子どもの発達がわかる本』ナツメ社．2011．p.40, 114．
- オオニシ体育株式会社．巧技台®．https://oonishitaiiku.com/kougidai/（最終閲覧：2024年12月11日）

### 参考文献

- 山本秀人．編著『0．1．2歳児　発達をおさえた運動遊び──経験してほしい粗大運動・微細運動』学研プラス．2018．
- 大豆生田啓友，おおえだけいこ『0・1・2歳児クラスの現場から　日本が誇る！ていねいな保育』小学館．2019．
- 菊地篤子．編『ワークで学ぶ乳児保育Ⅰ・Ⅱ』みらい．2022．

演習編

# 人と関わる遊び

> **学習のポイント**
> ❶ 人と関わる遊びにおける保育者の役割や援助のポイントを学ぶ
> ❷ 3歳未満児の人と関わる遊びの具体例を知る

## ● 大人との遊び

### 1. 発達の特徴と遊びの紹介

#### ■0歳児

　子どもは生まれたときから自己表現をしている．生後3か月ごろには社会的微笑がみられるようになり，喃語を発するようにもなる．子どもがどんな気持ちでいるのかを汲み取りながら，目を合わせ，応答的に優しく語りかけることで心が通い，基本的な信頼関係を築いていく．このような子どもと大人の<u>二項関係</u>の時間は，<u>愛着（アタッチメント）</u>が形成されていくうえでとても重要になる．1対1の関わりを大切にし，いないいないばあや，くすぐり遊びなどで，人と関わることの安心感や心地よさを味わえるようにしていく．

　生後9〜10か月ごろになり指さしが始まると，子どもと大人が同じ物を共有できる<u>三項関係</u>が成立する．たとえば子どもが犬を見て関心を示したときに，保育者が「ワンワンだね」と言うと，子どもは"自分が見ている物に相手も関心をもってくれた"と喜び，さらに言葉の獲得にもつながる．このころには，「ボール，ちょうだい」と子どもが持っているおもちゃを受け取ったり，「どうぞ」と差し出したりしてやり取り遊びを楽しむことで，互いの表情に目を向けて楽しい気持ちを共有し，コミュニケーション能力を育んでいく．

#### ■1歳児

　1歳ごろになると，盛んに大人のまねをするようになる．保育者が簡単な手遊びをやって見せると，子どもは興味を示して自分でもやってみようとする．

> **キーワード**
> **二項関係**
> 「子×人」「子×物」のように1対1で関係を結んでいる状態のこと．
> ➡ p.38を参照

7　人と関わる遊び

**遊びの紹介（0歳児）　パン屋さんにおかいもの（ふれあい遊び）**

ふたりで向かい合って座り，遊びます．最後は抱きしめてあげましょう．

①パンパンパンやさんにおかいもの♪
- 歌に合わせて手拍子をします．

②サンドイッチに♪
- おとな（お客さん）が子ども（パン屋さん）のほっぺを，両手ではさみます．

③メロンパン♪
- 子どもの両目の下に指をあてて下に推して"あっかんべー"の形にします．

④ねじりドーナツ♪
- 子どもの鼻をつまみ，優しくひねります．

⑤パンのみみ♪
- 子どもの両耳を優しく引っ張ります．

⑥チョコパンふたつくださいな♪
- 子どもの脇の下をくすぐり，手拍子を2回します．

〔小規模保育園ソラーナ目白『子どもの世界を構成する「ふれあい歌遊び・手遊び」』2020．https://ameblo.jp/mejiro-solana/image-12597153337-14758962713.html（最終閲覧：2024年9月25日）〕

例えうまくまねられなくても，「上手だね」とほめてあげることで喜び，何度も繰り返そうとする．子どもがまねしながら一緒にやろうとする意欲を大切にして，保育者は子どものペースに合わせながら動いたり表情豊かに関わったりして，遊びの楽しさを伝えていく．

1歳半ごろになると，簡単なままごとのような再現遊びを楽しむようになる．子どもは身近な大人の行動に関心をもち，机を拭く様子や料理をする様子などをまねる．このような見立てや，ふり行為は周囲の人の役割を理解することにつながり，再現遊びを通して物事の全体を理解する力を育んでいく．保育者は一人ひとりの遊びの様子を見守りながら，必要に応じて「おいしそうだね，食べてもいい？」「いただきまーす！おいし～い」など，言葉をかけて，遊びのイメージがより具体化されるような援助をしていく．

■2歳児

2歳前後になると発語が急激に増え，言葉でのコミュニケーションも盛んになる．再現遊びでは発想をふくらませ，さまざまな素材やおもちゃを別の物に見立てて遊ぶことを楽しむようになる．不要になった食器や調理器具など，本物を遊びに取り入れても喜ぶが，大きな布，長さや太さの違う棒など子どもの想像力を刺激するような素材を十分に用意しておくとよい．たとえば，布をエ

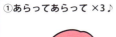 **遊びの紹介（2歳児）** あらってあらって（ふれあい遊び）

① あらってあらって ×3♪

・横抱きで揺れる

② ひとまわり♪

・その場で1周する．

③ すすいですすいで ×3♪

・対面で抱っこして屈伸する

④ ひとまわり♪

・その場で一周する．

⑤ しぼってしぼって ×3♪

・対面抱っこのまま，ぎゅ〜と抱きしめる

⑥ ひとまわり♪

・その場で1周する．

⑦ ほしてほして ×3♪

・高い高いする

⑧ ひとまわり♪

・その場で1周する．

プロンのように腰に巻き，長めの棒を掃除機に見立てて前後に動かしている子どもがいたら，「お母さんのおかげで部屋がきれいになったわ，ありがとう」「あ，こっちの方も汚れているみたい」と子どもとイメージを共有しながら遊びがより盛り上がるような関わりをしていく．

また，この時期は自分の思い通りに手指を動かせるようになってくる．そのため，これまで以上に手遊びの楽しさがわかり，積極的にやりたがるようになる．人と動作を合わせることが必要な手遊びでは，協調性も育つ（金子ら，2011）．保育者はテンポを変えたり，あえて間をおいたりして，子どもが集中し「先生，次はどんな動きをするのかな？」と想像をふくらませられる工夫をすると一層盛り上がる．

金子龍太郎，吾田富士子．監『保育に役立つ！子どもの発達がわかる本』ナツメ社．2011．p.132.

### 事例　ツンツンツン　でにっこり笑顔（0歳児〈5月〉）

入所して1か月が経って少しずつ担任の保育者にも慣れてきたが，まだまだ緊張して笑顔があまりみられないタクミ．そこで保育者はタクミがゴロンと寝っ転がっているのを見て傍に行き，「タクミく〜ん」と笑顔で目線を合わせながら声をかけ，「ツンツンツン」とお腹を優しく突くように触ってみた．するとタクミは嬉しそうに笑い，じっと保育者のほうを見つめた．保育者は「もう1回？いくよ〜，ツンツンツン」と繰り返すと，今度は手足をバタバタと動かしながら喜んでいた．

#### 考えてみよう

事例を読んだうえで，以下の設問について考えてみよう

①この事例では，保護者と離れた保育施設での生活に不安や緊張を感じているタクミに対して，担任である保育者がふれあいを通して笑顔を引き出した．この事例を参考に，0歳児との関わり方のポイントを考えてみよう．

②ふれあい遊びはどの年齢の子どもにとっても保育者と1対1で関わり，安心感や心地よさを実感できる大切な時間である．ここでは乳児期の子どもを想定し，各年齢にあったふれあい遊びを実践してみよう．

演習編

# 子ども同士の遊び

## 1. 発達の特徴と遊びの紹介

パーテン（Parten, M.B.）は以下のとおり遊びの分類をした．
①何もしていない状態，②一人遊び，③傍観，④並行遊び，⑤連合遊び，⑥協同遊び

本節ではこれを基に遊びの発達段階を説明するが，詳細については講義編6章に記載されている．

### ■0～1歳児

特定の保育者との1対1の関わりのもとで遊ぶことが中心であった0歳児期を経て，1歳ごろになると一人遊びをする姿がみられるようになり，興味をもった物でじっくり遊ぶことで，思考力や創造力を養う．他児に邪魔されることなく満足するまで集中して遊べるよう，ついたてで仕切ったり，コーナーを分けたりして環境を整えることが重要である．

保育者は見守りの姿勢を大切にして，遊びに区切りがついたタイミングで新たな遊び方を提案したり，同じ遊びに取り組んでいる他児の様子に目がいくようなきっかけを作ったりしていく．一緒には遊ばないものの，他児が遊んでいる様子を傍で見ている傍観的行動がみられたら，他児に関心が向き始めたこと

パーテンによる遊びの分類
➡ p.56 を参照

遊びの紹介（0～1歳児）　新聞紙遊び，玉入れ遊び

- のびのびと楽しめるように，十分な量の新聞紙を用意する．
- 丸めた新聞紙を的に当てたり，大きなカゴやボールプールなどに投げ入れて，玉入れ遊びに発展させてもよい．
- 最後はみんなで使った新聞紙を1つの袋に集める遊びをして，「○○ちゃん，いっぱい持ってるね～」「◇◇くん，速い速い～」と一人ひとりの姿を認める言葉がけをすることで，満足感が得られるとともに，友達の姿に目が向くきっかけを作っていく．

196

を示す．保育者は無理やり子ども同士をつなげようとせず，「他児の遊びを見る」という遊びをしていると捉え，温かく見守っていく．

■2歳児

　2歳ごろになると，少しずつ他児との関わりを求め，一緒に遊びたいという気持ちが芽生えてくる．しかし，まだまだ自分のペースで遊びたいという思いが強く，互いに一緒に遊んでいるつもりでいても，同じ場所でそれぞれが一人遊びをしている様子がみられる．これを並行遊びという．遊びの場を共有しながら，次第におもちゃの貸し借りや，他児の遊びを真似したりして子ども同士の関わりがみられるようになる（連合遊び）．この時期は，おもちゃの取り合いなどのトラブルも多いが，保育者は子どもの様子をしっかり観察し，互いの思いを代弁したり「貸してって言うんだよ」と伝え方を示したりして丁寧に関わることで，思いの伝え方を知ったり，気持ちをコントロールする力を身に付けたりしていく．

　2歳代後半になると，簡単なルールの鬼ごっこや，ままごとなど，他児と関わり合いながら遊びを展開していく協同遊びを楽しめるようになる．連合遊びや協同遊びは3歳児以降により多くみられるようになっていくが，この時期でも保育者が一緒に遊びながら，ルールの確認をしたり，イメージの共有を図ったりし，他児と関わり一緒に遊ぶ楽しさを十分に味わえるようにする．

遊びの紹介（2歳児）　しっぽとり

- 勝ち負けよりも，保育者や友達と追いかけたり追いかけられたりすることを楽しめるようにする．
- しっぽを取ることに集中したり，逃げようとして後方に気を取られたりして，転倒やぶつかりの危険がある．危険なものがなく，十分に広い場を確保するとともに，保育者は子どもたちの様子を注意深く見て，適切に声かけしていく．

〔参考：金子龍太郎，吾田富士子，監『保育に役立つ！子どもの発達がわかる本』ナツメ社．2011.〕

**演習編**

> **演習** **事例** **ぜーんぶ，ぼくのだもん（2歳児〈10月〉）**
>
> 　今日は子ども達とジュース屋さんごっこをして遊んでいる．保育者がお客さんになって子ども達に注文をすると，それぞれが「はい，どーぞ！」と自分のペースで保育者に紙コップを渡しに来る．すると「これリンちゃんの！」「ちがう，マサくんの！」というリンとマサトの言い合う声が聞こえてきた．傍に行くとマサトは1人でたくさんのコップを持っており，そのなかの1つがリンが使おうとしていた物だった．
>
> 　保育者は「マサくん，いっぱいジュース作ってくれようとしてたの？すごいね．けどこのコップ，リンちゃんも使いたいんだって」というと，マサトは「だって，ぜーんぶマサくんのだもん」といって離そうとしなかった．
>
> > **考えてみよう**
> >
> > 　事例を読んだうえで，以下の設問について考えてみよう
> > ①この事例はパーテンの示した遊びの分類では，どの段階からどの段階の様子が書かれているか，考えてみよう．
> > ②マサトの最後の発言後，保育者はマサトやリンにどのような言葉がけをしただろう．自分が担任保育者になったつもりで，考えてみよう．

**参考文献**
- 金子龍太郎，吾田富士子，監『保育に役立つ！子どもの発達がわかる本』ナツメ社．2011.
- 山本秀人，編著『0．1．2歳児　発達をおさえた運動遊び―経験してほしい粗大運動・微細運動』学研プラス．2018.
- 大豆生田啓友，おおえだけいこ『0・1・2歳児クラスの現場から 日本が誇る！ていねいな保育』小学館．2019.
- 菊地篤子，編『ワークで学ぶ乳児保育Ⅰ・Ⅱ』みらい．2022.
- Parten, M. B. Social participation among pre-school children. Journal of Abnormal and Social Psychology. 1932：27. 243-69.

7 人と関わる遊び

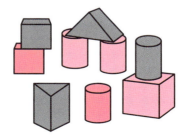

演習編

# 物と関わる遊び

> **学習のポイント**
> ❶ 0〜3歳の発達を踏まえ，道具やおもちゃを用いた遊びについて学ぶ
> ❷ 絵本などの児童文化財や生活のなかの物への興味を捉え，多様な物との関わりを保障し，子どもの経験を支える保育者の役割について学ぶ

## ● 遊具やおもちゃを用いた遊び

### 1. 乳児期の遊具やおもちゃ

　乳児期は，生後2か月ごろから音，光，風を感じるようになり，周囲の環境との相互作用のなかで，人として育っていく．このころは視力も0.02程度で，近距離しか物が見えない．仰向けの姿勢で，徐々に刺激によって手足を上下にバタバタと動かすようになる．おもちゃを用いた遊びでは，「見る・目で追う遊び」として，吊りおもちゃ（モビール）や追視を可能とするおもちゃを用意するとよい．

　手が開くようになってきたら，握るおもちゃを持たせる目安となる．リングィリングは，握る部分が細く乳児でも持ちやすい．木のカラカラとした音も心地よい（図1）．

　4〜6か月ごろでは寝返りがはじまる．そのため，乳児が寝返る方向に手を伸ばしておもちゃを見せたり，取りたい気持ちを高めたりするとよい．乳児は新生児期より人の顔に興味をもつ，という実験結果もある．人の顔への興味をもっているため，顔のある握るおもちゃを仰向けになっている乳児の正面から見せて横へ移動させていくと追視し，寝返って腹這いになった後も見続けている．網目状のボール「オーボール」は，軽くて網目状の形が握りやすく，なめたり，転がしたボールを目で追ったりすることもできる（図1）．ベビージム「ムジーナ」を仰向けの乳児の上に設置すると，揺れるおもちゃに興味をもち，自分から手を伸ばして触ったり握ったりする．乳児から働きかけ，周囲の世界を

200

8 物と関わる遊び

リングリィリング

オーボール

**図1** 乳児期の握るおもちゃ

ワイヤーネットを使ったおもちゃ

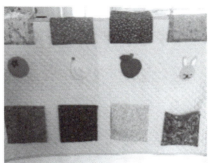
布のかくれんぼおもちゃ

**図2** 壁面手作りおもちゃ

> **ポイント**
> 図2の左の写真は，ダンボールに布を貼り，ワイヤーネットを取り付けたものを土台にし，握ったり触ると音がしたりするさまざまな手触りのおもちゃをぶら下げた壁面手作りおもちゃである．
> 図2の右の写真は，手作りの布おもちゃでキルティングの布にフェルトで乳児の身近な動物や果物を縫い付け，正方形の布で隠し，乳児がめくって楽しむおもちゃである．

認識しようとする．このように，発達の姿をみながらおもちゃを提供したい．

　乳児は自分が発見したことを，視線や声で身近な大人に伝えるようになる．そのため，保育者は，そのような姿を丁寧に受け止め，受容的・応答的に関わるようにする．

　ミルク缶を転がして中に入れた物を乳児が触ると，カランカランと音が鳴り，保護者に視線を送り「ママ，音がするよ」と言っているかのようである．再び，ミルク缶に触れると音が鳴り，その都度，保護者に視線を送る乳児の姿がみられる．

　6～7か月ごろになると座りの姿勢が安定してくるため，座位の姿勢で触ったり，握ったりできる壁面の手作りおもちゃも用意するとよい（図2）．乳児が手に持っているケルンボールは良質な木のおもちゃであり，乳児が何度も手に取っている．また，このころは「いないいないばぁ」遊びが楽しめる時期となる．視野の遮りが楽しめるように，保育者自ら，「いないいないばぁ」とシフォンやカーテン，鏡などを利用して乳児と一緒に楽しめるとよい．

201

そのうち，「いないいない……」と言葉がけをすると，乳児から「ばぁ」と言って顔を出すようになる．さらに，いないいないばぁ人形（図3左）を使って，わらべうたなどに合わせて人形の顔が出るようにしたり，引っこめたりすると喜ぶ姿がみられる．ペットボトルおもちゃは，容器の大小や中に入れる素材の違いによって音の違いを楽しむことができるので，複数作るとよい（図3中央）．

8〜9か月ごろになると，ハイハイができるようになり，目と手の協応が可能になる．手や指を使う遊び（引っ張る，つまむ，握る，出し入れする，打ち合わせる）を促すおもちゃを用意するとよい．自分で左右の手に1つずつお手玉などを持つことができるようになる．お手玉は乳児が手で握りやすい細長い棒状の長手玉を作るとよい．中の素材はペレットを入れると重量感があり乳児が好んで手で持つ（図3右）．

ミルク缶のおもちゃは，取り外し可能な布カバーで覆うとよい．缶の中にシフォンや大きいチェーンやお手玉などを入れたり，つまんで引っぱったりして楽しめる．お手玉は両手に持って「ちょちちょち」と言葉がけをしながら，保育者が両手を合わせて見せると，模倣してお手玉を両手で持って打ち合わせる姿もみられる．

10か月から1歳ごろになると，つかまり立ちから伝い歩き，そして歩行が始まる．

身体を使った遊具では，新聞紙を丸め，石に見立てたネットの上をハイハイしたり，歩行してくぐったりする（図4左）．牛乳パックを使ったトンネル（図4中央）では，長短の調節ができ置き場も小スペースに納まるようになっている．ハイハイしながら登ったり，滑ったりできる粗大運動を可能にする遊具もある．ボール落としでは，座位から立った姿勢でボールを無理なく落とせるように，ペットボトルに大きめの穴が開けられている（図4右）．

いないいないばぁ人形

音の出るおもちゃ

長手玉

図3　目や耳，手の感覚を養うおもちゃ

8 物と関わる遊び

　　手作り遊具　　　　　　手作りトンネル　　　　　ボール落とし
図4　身体を使う遊具やおもちゃ

## 2. 1〜2歳ごろの遊具やおもちゃ

　1歳半ごろになると歩行が安定し，引っ張るおもちゃを持って歩いたり，コンビカーや手押し車などを持って歩いたりできるようになる．戸外では，花や草を手で感触を確かめたり，水遊びではジョウロを持って水を入れたり，流したりしながらさまざまな自然物にも興味をもつ姿がみられる．

　室内遊びでは，手や指先を使って，タッパーに形ごとに分けた「ポットン落とし」のおもちゃで遊ぶ姿がよくみられる（図5左）．穴の形に合わせて落としたり，チェーンを入れたりして繰り返し遊ぶ．指先を上手に使えるようになるため，机上遊びでは，「型はめ」のおもちゃ（図5右）を難易度が低いものとやや高いものを複数用意し，月齢の発達や興味に応じて提供できるとよい．

　指先が発達してくるので，壁掛けの布おもちゃは，マジックテープやスナップボタンやファスナーの開閉，ボタンはめなど，発達に応じて指先を多様に使えるものもよい．子どもにとって身近な動物や果物，乗り物などを取り入れて製作するとよい．果物のフェルトでは，保育者が「リンゴ」，「バナナ」と1つずつ果物の名前を知らせ，果物のフェルトを取るという遊びもできる．

　　ポットン落とし　　　　　　　　型はめ
図5　室内遊びでの遊具やおもちゃ

## 3. 2〜3歳ごろの遊具やおもちゃ

　運動面では、跳んだり、ぶらさがったり、股覗きができるようになり、三輪車にまたがって、足で地面を蹴って進む姿がみられる。言葉では、語彙の増加がめざましく、2歳で200〜300語、2歳半ごろで500語、さらに、3歳ごろには800〜1,000語となる。「ちょうだい」「もういっかい」などの要求を表せるようになる。その一方で、自我の拡大期で「イヤ」「ダメ」「キライ」など、拒否を示す言葉も頻発する。

　遊びでは、生活のなかで覚えた言葉を使いながら、見立て遊びが充実してくる時期である。自分の経験したことのなかから、イメージを重ねて遊ぶ。したがって、子どもの発想やイメージが膨らむような素材やおもちゃを用意するとよい。具体的には、ままごと遊びで、お鍋に入れて食材となるようなお手玉やフェルトに綿を入れた食材、チェーンリングや花はじきを繋げた物を食材に見立てたものなどがある(図6左)。また、さまざまなおままごとの食材を使って、フライパンなどに入れてかき混ぜたり、白いチェーンリングはご飯に見立ててお茶碗に入れたりする子どももみられる。子どもたちは生活のなかで見たり経験したりしていることを遊びで表現しようとするため、さまざまな食材の玩具に加えて、ボール、まな板、鍋、包丁、おたま、フライ返し、スプーン、コップなどの食材を扱う道具も用意し、場を整えておくと多様な見立て遊びを楽しむことができる。

　友達への関心も高まり、同じ空間で並行遊びをすることが多くなる。そのため、手作りおもちゃや道具は、同じ物をできるだけ十分に揃え、物の取り合いなどを避けられるような配慮も大切である。たとえば、節分の鬼の的当てのボールの数や手作りマイク、音を出す棒の数である(図6中央、右)。一方で、一人遊びも想像力や思考力を育むことができるため保障し、机上遊びとして、型はめ、パズル、マグネット板、ひも通しなどのおもちゃを用意するとよい。

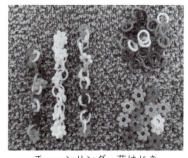
チェーンリング・花はじき

鬼の的当て

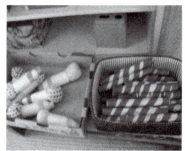
手作りマイク・棒

図6　見立て遊びや並行遊びの道具

## 児童文化財との触れ合い

### 1. 乳児期の児童文化財との触れ合い

　児童文化財とは，子どもの成長や発達を支える児童文化から産み出される物である．保育の場では絵本，紙芝居，ペープサート，パネルシアター，エプロンシアター，手遊びなど，児童文化財の活用を通して保育実践が行われている．乳児期の子どもから受容的・応答的な関わりを意識してさまざまな児童文化財を活用できるとよい．

　乳児から絵本を与えるのは早いと思うかもしれない．確かに，なめたり，破ったりするのではないかと心配になることもあるだろう．しかし，**大人も絵本を通して乳児に語りかけることで穏やかな気持ちになったり，泣いていた乳児に絵本を見せると泣き止みじっと見たりする**．絵本は乳児とコミュニケーションを図るツールとなる．

> **キーワード**
> ブックスタート®
> 市区町村自治体が行う0歳児健診などの機会に，絵本をひらく楽しい「体験」と「絵本」をセットでプレゼントする活動(NPO ブックスタート)．

---

**0～1 歳児　おすすめ絵本**

- 松谷みよ子『いないいないばあ』童心社
- 松谷みよ子『もうねんね』童心社
- 柿木原政広『ぽんちんぱん』福音館書店
- せなけいこ『にんじん』福音館書店
- 小風さち『ぶーぶーぶー』福音館書店
- 安西水丸『がたん ごとん がたん ごとん』福音館書店
- 林明子『おつきさまこんばんは』福音館書店
- 平野剛『ぴよぴよぴよ』福音館書店
- 林明子『おててがでたよ』福音館書店
- せなけいこ『ねないこだれだ』福音館書店

---

### 2. 1～2 歳ごろの児童文化財との触れ合い

　1～2 歳ごろは，単語が話せるようになり，0 歳児のころから楽しんできた絵本の言葉を大人と一緒に言ったり，指差しで知らせたりする．

> **かがくいひろし『だるまさんが』,『だるまさんと』ブロンズ新社**
> 　かがくいひろしの「だるまさんシリーズ」は，2000年代，ブックスタートの普及を追い風にミリオンセラーとなった．絵本に伝承遊びを取り入れ，「だ・る・ま・さ・ん・が」の文字と絵の動きが一体となり，読み手の語りに自然とリズムを生み出す．

　1〜2歳の子どもたちには，わらべうたを歌って聞かせる際に，わらべうた人形や布で作ったおもちゃなどを見せながら歌うと楽しむことができる．

> **わらべうたを豊かにする絵本やおもちゃ**
> 　**こばやしえみこ『ととけっこう よがあけた』こぐま社**
> 　わらべうた「ととけっこう よがあけた」を歌いながら見せよう．また，わらべうたを歌いながら，ニワトリの人形に手を入れて朝の会や午睡から起きるときに，「○○ちゃん，おきてきな」と子どもの名前を入れるとよい．

　わらべうたの道具となる，にわとり人形に手を入れてわらべうた「ととけっこう」を歌ったり，桃の布おもちゃを揺らしながら，わらべうた「しんわり たんわり」，柿の布おもちゃを揺らしながら，わらべうた「ゆすりゃ ゆすりゃ」を歌ったりするとよい．

　さるの人形ではわらべうた「さるのこしかけ」を歌いながら，人形を揺らして見せると喜ぶ．また，わらべうた「ひとやまこえて」では，たぬきときつねのぶらぶら人形を交互に動かしながら，聴かせることもできる．

にわとり人形

ぶらぶら人形

## 2. 2〜3歳ごろの児童文化財との触れ合い

### 生活絵本

> **きむらゆういち『ひとりでうんち できるかな』偕成社**
> 　生活を題材とした絵本では，このころの生活面を考えると，おむつからパンツへとトイレットトレーニングの時期である．
> 　『ひとりでうんち できるかな』も排泄への興味や関心を促すことができる．絵本には，排泄後にペーパーで拭いたり，手洗いをしたりする場面も描かれている．子どもは保育者に直接言われると「イヤ」と拒否することもあるが，絵本を通して間接的に教育的なねらいを含ませることで，子どもが自分からしようとする姿もある．

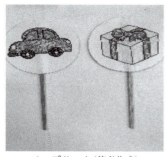 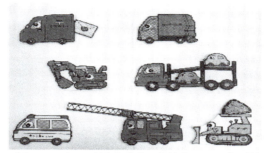

ペープサート（筆者作成）　　パネルシアター：はたらくくるま（広前ひさし：作・絵）

図7　ペープサートとパネルシアター

### ペープサート，パネルシアター，人形劇

　絵本以外の児童文化財として，2～3歳の子どもが楽しめるペープサート，パネルシアター，人形劇について紹介する．ペープサート（図7左）では，誕生日会などに，プレゼントの絵を（表面に）描き，車，ケーキ，恐竜，カレーライス，宝石などの絵を（裏面に）描く．「どのプレゼントがほしいかな～？」と語りかけ「クルクル……ポーン！」などと子どもと一緒に合図を決めてペープサートを裏返して絵を見せるとワクワク感も高まる．パネルシアター『はたらく くるま』（図7右）は，「乗りもの集まれ いろんなくるま～」と歌いながらさまざまな種類の車を順番に貼っていく．子どもたちも口ずさむ姿がみられる．

　人形劇では，よく知られている『おおきなかぶ』を保育者集団で演じて見せると，子ども達は大喜びする．クラスの友達と一緒に人形劇を見るなかで，人形の動きからも喜怒哀楽を感じることができ，自ら好きな登場人物に心を寄せて見る姿がある．「うんとこしょ，どっこいしょ」と一緒に掛け声をかけ，部分参加しながら友達や保育者との共感関係を育むことができる．

> **キーワード**
>
> **ペープサート**
> ペープサートとは紙の人形劇のことである．ペーパーパペットシアター（Paper Puppet Theater）とも呼ばれている．人や動物などのキャラクターを紙に描き，割り箸などの棒に取り付けて演じる．
>
> **パネルシアター**
> パネル板に白色のコットンフランネルを貼った舞台に，不織布で作った絵人形や文字を貼ったりはがしたり，動かしたりして演じる．

#### 参考文献

- 田中真介．監．乳幼児保育研究会．編『発達がわかれば子どもが見える―0歳から就学までの目からウロコの保育実践』ぎょうせい．2009．
- 『最新保育士養成講座』統括編纂委員会編『最新 保育士養成講座 第6巻 子どもの発達理解と援助』全国社会福祉協議会．2020．
- 加藤繁美『対話的保育カリキュラム（下）実践の展開』ひとなる書房．2008．
- 中坪史典．編著『児童文化がひらく豊かな保育実践』教育情報出版．2022．
- コダーイ芸術教育研究所『いっしょにあそぼうわらべうた―0・1・2歳児クラス編』明治図書出版．2018．
- 瀧薫『保育とおもちゃ―発達の道すじにそったおもちゃの選び方』エイデル研究所．2018．
- 子どもの生活と遊び研究会．増山由香里．編著『子どもの生活と遊び Vol.1 具材―ごっこ遊びを支える道具』庭プレス．2017．
- 久津摩英子『心と心がつながる わらべうたあそびのレシピ』メイト．2003．
- NPOブックスタート　https://www.bookstart.or.jp（最終閲覧：2024年9月25日）

> **演習　話し合ってみよう**
>
> ① 一人遊びを十分に楽しめるには，どのような環境構成や保育者の配慮が必要か，話し合ってみよう．
>
> ② お散歩は3歳未満児にとってどのような経験ができるのか，話し合ってみよう．

# 索引

太字は用語が図表中にあることを示す

## あ

| | |
|---|---|
| 遊び | 64 |
| 　大人と | 192 |
| 　子ども同士 | 196 |
| 遊びの発達段階 | **57** |
| アタッチメント | 20, 38 |
| アナフィラキシー | 89, **91**, 150 |

## い

| | |
|---|---|
| 育児担当制 | 21 |
| 育児用ミルク | 145 |
| 意見書 | 87 |
| 移行期 | 62 |
| 一語文 | 44 |
| 一時預かり | 130 |
| 一次的ことば | 52 |
| 衣服 | |
| 　選び方 | 168 |
| 医療的ケア児 | 131 |
| インクルーシブ保育 | 131 |

## う

| | |
|---|---|
| 運動 | 58 |
| 運動機能の発達 | 42 |

## え

| | |
|---|---|
| 衛生・安全 | 96 |
| 衛生管理の留意点 | 97 |
| エピペン | 90, 91 |
| 絵本 | 205 |
| 園外保育 | 190 |
| 園庭 | **97** |

## お

| | |
|---|---|
| 起こりやすい事故 | 100 |
| おむつ | 153 |
| おむつ交換 | **97** |
| おもちゃ | **97** |
| 　1～2歳ごろ | 203 |
| 　2～3歳ごろ | 204 |
| 　乳児期 | 200 |
| おやつ | **97** |
| おんぶ紐 | 170 |

## か

| | |
|---|---|
| 外国籍の子ども | 132 |
| 概日リズム | 162 |
| 紙おむつ | 154 |
| 感染経路対策 | 85 |
| 感染症対策 | 85 |

## き

| | |
|---|---|
| 気になる子ども | 72 |
| 基本的生活習慣 | 63, 76 |
| 　保育施設における | 77 |
| 虐待への対応 | 93 |
| 休日保育 | 131 |
| 教育 | 136 |
| 行政機関との連携 | 73 |
| 協同遊び | 197 |
| 記録と評価 | 127 |

## く・け

| | |
|---|---|
| クーイング | 38 |
| 健康状態調査票 | 87 |

209

| | | | | |
|---|---|---|---|
| 健康状態等把握シート | 83 | 児童委員 | 75 |
| 原始反射 | **36** | 児童虐待 | 8 |
| | | 児童虐待相談対応件数 | **9** |
| **こ** | | 指導計画 | 118 |
| 合計特殊出生率 | **9** | 児童相談所 | 74 |
| 戸外遊び | 188 | 児童福祉施設 | 25 |
| 心の育ち | 53 | 児童福祉施設の設備及び運営に関する基準 | 79 |
| 心の発達 | 38 | 児童福祉法 | 3, 4, 13 |
| 午睡環境 | 164 | 児童文化財 | 205 |
| 午睡チェック | 165 | ジブンデ | 112 |
| 子育て安心プラン | 6 | 自閉スペクトラム症 | 92 |
| 子育て支援センター | 73 | 社会性 | 59, 64 |
| ごっこ遊び | 61 | 社会的微笑 | 38 |
| 言葉 | 59 | 出生数 | **9** |
| 言葉の育ち | 51 | 出席停止期間 | **86** |
| こども家庭庁 | 8 | 授乳 | 145 |
| こども基本法 | 8 | 　　　　手順 | **147** |
| 子ども子育て関連3法 | 15 | 障害児保育 | 131 |
| 子ども・子育て支援新制度 | 6, 12, **15**, 29, 128 | 障害への対応 | 92 |
| こども政策の基本理念 | **10** | 象徴機能 | 44, 56 |
| 子どもの権利条約 | 25 | 消毒方法 | |
| 子どもの最善の利益 | 25 | 　　　　遊具 | **98** |
| 個別の指導計画 | **126** | 食事 | 78, 97 |
| 混合栄養 | 145 | 　　　　0歳児 | 39 |
| | | 　　　　1歳児 | 46 |
| **さ** | | 　　　　2歳児 | 53 |
| サーカディアンリズム | 162 | 食物アレルギー | 88, 150 |
| 災害時の対応 | **106** | 所有意識 | 112 |
| 災害対策 | 103 | 寝具 | **97** |
| 再現遊び | 193 | 人工栄養 | 145 |
| 三項関係 | 192 | 身体的発育・発達 | 34 |
| 散歩車 | 190 | 身長，体重測定 | 84 |
| | | | |
| **し** | | **す** | |
| 事故 | | 随意運動 | 36 |
| 　　　　起こりやすい | **100** | 睡眠 | 78, 160 |
| 仕事・子育て両立支援事業 | 128 | 　　　　0歳児 | 40 |
| 事故防止のためのガイドライン | 99 | 　　　　1歳児 | 47 |
| 室内遊び | 184 | 　　　　2歳児 | 55 |
| 疾病対策 | 85 | 睡眠サイクル | 161 |

索引

砂遊び ……………………………… 188

## せ
生活 …………………………………… 59
生活管理指導表 ……………………… **88**
生活リズム …………………………… 76
清潔 …………………………………… 78
　　　2 歳児 ………………………… 55
清拭 …………………………………… 178
清掃の留意点 ………………………… **97**
生体時計 ……………………………… 162
生理的機能の発達 …………………… 42
生理的微笑 …………………………… 38

## そ
粗大運動 ……………………………… 36
育ってほしい姿 ……………………… **22**

## た
待機児童 …………………………… 6, 12
待機児童解消加速プラン …………… 6
待機児童数 …………………………… **7**
多職種との連携 ……………………… 68
短期的な指導計画 …………………… 118
探索行動 ……………………………… 185
担当養育制 …………………………… 28

## ち
地域型保育事業 ……………………… 29
　　　分類 …………………………… 30
地域子育て支援センター ………… 73, **74**
地域子ども・子育て支援事業 ……… 32
地域の専門機関 ……………………… 71
着脱 …………………………………… 78
　　　1 歳児 ………………………… 47
着脱援助 ……………………………… 172
長期的な指導計画 …………………… 118
長時間保育 …………………………… 129
調乳 …………………………………… **97**
　　　手順 …………………………… **146**

## て
手遊び ………………………………… 195
手洗い ………………………………… 179
定期的な健康診断 …………………… 83
低年齢幼児 …………………………… 14
デイリープログラム ……… 79, 113, 119, **124**, 164
手づかみ食べ ………………………… 148

## と
トイレ ………………………………… **97**
トイレットトレーニング …………… 47, 157
登園届 ………………………………… 87
共働き世帯 …………………………… 12

## な・に
喃語 …………………………………… 38
二項関係 ……………………………… 192
二語文 ………………………………… 44
二次的ことば ………………………… 52
乳児院 ……………………………… 4, 27
　　　設備と運営基準 ……………… **28**
乳児期 ………………………………… 2
乳幼児身体発育曲線 ………………… **84**
乳幼児突然死症候群 ………………… 166
人形劇 ………………………………… 207
認定こども園 ………………………… 26
　　　類型 …………………………… **27**

## ぬ・の
布おむつ ……………………………… 154
ノンレム睡眠 ………………………… 163

## は
パーテン ……………………………… 56
　　　遊びの分類 …………………… 196
排泄 …………………………………… 152
　　　0 歳児 ………………………… 39
　　　1 歳児 ………………………… 47
　　　2 歳児 ………………………… 54
　　　自立 …………………………… 157

| | | | | |
|---|---|---|---|---|
| 排尿 | 153 | 保育所保育指針 | 5, 16 |
| 排便 | 153 | 　生活習慣 | 77 |
| 育みたい資質・能力 | **22** | 　年齢区分 | **5** |
| 発育曲線 | 84 | 　保育所の役割 | 3, 16 |
| 発熱した場合の対応 | **92** | 保育所保育指針の変遷 | 5 |
| 鼻かみ | 182 | 保育担当制 | 21 |
| パネルシアター | 207 | 保育の5領域 | 18 |
| 歯磨き | 181 | 保育利用率 | **7** |
| ハンドリガード | 184 | 防災設備 | 103 |
| | | 防災マニュアル | 105 |

**ひ**

ボール遊び ……… 188

| | | | |
|---|---|---|---|
| 微細運動 | 36 | 保健師 | 71 |
| 備蓄品 | 104 | 保健所 | 71 |
| 一人遊び | 196 | 保健センター | 71 |
| 避難訓練 | 105 | 歩行の発達 | **43** |
| 避難経路 | 103, 104 | 保護者支援 | 3 |
| 飛沫感染対策 | 86 | 保護者との連携・協働 | 69 |
| ヒヤリ・ハット | 102 | 保護者に対する子育て支援 | 70 |
| ヒヤリ・ハット事例 | 99 | 母乳栄養 | 144 |
| 病児保育 | 129 | | |

**ま・み・も**

| | |
|---|---|
| ままごと | 193 |
| 見立て遊び | 189, 204 |
| 民生委員 | 75 |
| 沐浴 | 176 |

**ふ**

| | |
|---|---|
| ファミリー・サポート・センター | 73 |
| プール | **97** |
| 　水質検査 | 97 |
| 複数担任制 | 66, 119 |

**や・ゆ**

| | |
|---|---|
| 夜間保育 | 130 |
| 有意味語 | 44 |
| 遊具 | |
| 　1〜2歳ごろ | 203 |
| 　2〜3歳ごろ | 204 |
| 　乳児期 | 200 |
| 遊具などの消毒方法 | **98** |
| 緩やかな担当制 | 66 |

**へ**

| | |
|---|---|
| 並行遊び | 60, 197, 204 |
| ペープサート | 207 |

**ほ**

| | |
|---|---|
| 保育環境 | 140 |
| 保育室 | **97** |
| 保育士の配置基準 | **25** |
| 保育者と保護者の連携 | 70 |
| 保育者の存在 | 109 |
| 保育所 | 24 |
| 　機能と役割 | 24 |
| 保育所型認定こども園 | 26 |

**よ**

| | |
|---|---|
| 養護 | 136 |
| 養護と教育の一体化 | 17, 19 |
| 幼保連携型認定こども園 | 26 |

幼保連携型認定こども園教育・保育要領 ……… 16
夜泣き ……………………………………… **162**, 163
予防接種 ……………………………………… 87
　　健康状態調査票 …………………………… **87**

## り
離乳食 ……………………………………… 148
療育機関 …………………………………… 72

## れ
冷凍母乳 …………………………………… 146
レッジョ・エミリア・アプローチ …………… 142

レム睡眠 …………………………………… 163
連合遊び …………………………………… 60, 197

## 数字・欧文
1.57 ショック ……………………………… 15
3 つの視点 ………………………………… 19, 118
5 領域 …………………………… 18, 19, 63, 118
10 の姿 …………………………………… **22**
PDCA サイクル …………………………… 127
SDGs ……………………………………… 133
SIDS ……………………………………… 166

中山書店の出版物に関する情報は，小社サポートページを
御覧ください．
https://www.nakayamashoten.jp/support.html

 本書へのご意見をお聞かせください
https://www.nakayamashoten.jp/questionnaire.html

## 乳児保育Ⅰ・Ⅱ

2025年3月15日　初版　第1刷発行

編　著　──　後藤由美　菊地篤子

発行者　──　平田　直

発行所　──　株式会社 中山書店
　　　　　　〒112-0006　東京都文京区小日向4-2-6
　　　　　　TEL 03-3813-1100（代表）
　　　　　　https://www.nakayamashoten.jp/

本文デザイン──　ビーコム
装　丁　──　ビーコム
イラスト──　あきんこ
印刷・製本──　三報社印刷株式会社

Published by Nakayama Shoten Co., Ltd.　　　　Printed in Japan
ISBN 978-4-521-75114-6
落丁・乱丁の場合はお取り替え致します

本書の複製権・上映権・譲渡権・公衆送信権（送信可能化権を含む）
は株式会社中山書店が保有します．

JCOPY 〈(社)出版者著作権管理機構　委託出版物〉
本書の無断複写は著作権法上での例外を除き禁じられています．
複写される場合は，そのつど事前に，(社)出版者著作権管理機構
（電話 03-5244-5088，FAX 03-5244-5089，info@jcopy.or.jp）の許諾を
得てください．

本書をスキャン・デジタルデータ化するなどの複製を無許諾で行う行為は，著
作権法上での限られた例外（「私的使用のための複製」など）を除き著作権法
違反となります．なお，大学・病院・企業などにおいて，内部的に業務上使用
する目的で上記の行為を行うことは，私的使用には該当せず違法です．また私
的使用のためであっても，代行業者等の第三者に依頼して使用する本人以外の
者が上記の行為を行うことは違法です．